하늘문을 여는 대표기도

하늘문을 여는 대표기도

초판1쇄 | 2008. 1.31
초판3쇄 | 2010.11.20

엮은이   안광현
펴낸이   방주석
책임편집   설규식
영업책임   유영채
디자인   전찬우

펴낸곳   도서출판 소망
주소   (우)110-740 서울 종로구 연지동 136-56 기독교연합회관 1309호
전화   02-392-4232   I 팩스   02-392-4231
이메일   somangsa77@hanmail.net

출판등록   1977년 5월 11일(제 11-17호)
ISBN   978-89-7510-033-8 03230
책값   뒤표지에 있습니다.

하늘문을 여는
대표기도

안광현 엮음

도서출판 소망

에벤에셀 하나님께 영광을 돌립니다.

성경에는 쉬지 말고 기도하라고 하십니다. 기도는 놀라운 기적을 일으킵니다. 여호수아가 "태양아 너는 기브온 위에 머무르라 달아 너도 아얄론 골짜기에서 그리할지어다"라고 기도했을 때, 태양이 머물고 달이 멈추기를 백성이 그 대적에게 원수를 갚기까지 하였습니다(수 10:12~13). 기도는 태양도 멈추게 하는 능력이 있습니다.

'그런데 기도를 어떻게 해야 하지?

기도란 무엇일까?

기도는 어떤 목적으로 해야 하는가?

어떤 기도가 응답을 받는가?

기도는 어떤 형식으로 해야 하는가?

대표기도는 어떻게 해야 하는가?

많은 성도들이 이런 고민들을 하고 있을 것입니다. 특히 자신이 교회나 모임에서 기도를 해야 할 차례가 되든지 기도담당 순서가 다가오면 가슴이 답답하고 입맛이 없다는 성도들까지 있습니다.

험하고 악한 세상 중에 예수 믿는 사람이 누릴 수 있는 가장 큰 복 중의 하나는 기도하는 것입니다. 우리가 하나님의 은혜의 보좌 앞에 담대히 들어갈 수 있도록 하기 위해 예수님은 자기 피로 그 길을 열어놓으셨습니다. 이것은 믿음으로 의롭다함을 얻은 자들이 누리는 은혜입니다. 당신은 기도라는 도구를 가지고 기쁜 마음으로 은혜의 보좌 앞에 날마다 나아가고 있습니까?

하나님께서 원하시는 기도는 특별한 형식에 의한 기도가 아니라 진실한 고백과 간구임을 먼저 이해해야 합니다. 아르헨티나의 영적 갱신운동에 앞장섰던 『제자입니까?』라는 책으로 유명한 후안 까를로스 오르띠즈 목사는 기도가 우리의 삶이라고 말합니다. 나는 이 말에 전적으로 동의합니다. 기도는 예배당이나 기도원에서 해야 한다고 생각하는 사람들도 많이 있습니다. 그러나 교회나 기도원에서 예배시간과 기도회 시간에만 기도해야 하는 것은 아닙니다. 성경을 읽다가, 길을 걸으면서, 일을 하면서, 설거지를 하면서, 취미활동을 하면서, 차를 타고 운전을 하면서, 여행을 하면서도 하나님께 기도할 수 있습니다. 기도는 하나님과의 대화이므로 자신의 삶의 자리에서 언제 어디서나 할 수 있는 것이기 때문입니다.

그런데 문제는 소위 대표기도라는 것 때문에 성도들이 고민을 한다는 것입니다. 형식과 절차를 따르는 교회의 공중예배 때나 기도회에서는 나 혼자만의 기도나 하나님과의 대화를 할 수 없게 됩니다. 형식이나 절차를 무시하는 기도는 개인적인 넋두리가 되기 때문입니다. 그러기에 공적인 기도시에는 기본적인 절차나 형식에 따라 기도문을 작성하든지 미리 기도에 대한 내용을 구상하게 됩니다. 물론 그 내용은 개인적으로 하나님께 아뢰는 것이 아니라 모임에 참석한 회중이나 예배를 드리는 교회 성도들을 대표하는 기도내용이 되어야 합니다.

많은 성도들이 대표기도 때문에 고민하는 모습을 보고 저의 작은 정성이라도 도움이 될까 생각되어 그동안 제가 속한 교회와 성도들의 대표기도문 등을 수집했던 것을 엮어보았습니다. 대표기도 때문에 염려하시는 분들에게 도움이 되어서 대표기도를 준비할 때 조금이나마 도움이 되기를 소망해봅니다. 물론 신학적으로나 문학적으로 정제된 문장으로 구성되지 못한 기도문도 있습니다. 그러나 가장 평범한 성도들이 있는 모습 그대로 기도했던 것을 옮긴 것이기에 오히려 풋풋함이 있습니다.

부족한 사람이 엮은 책을 출판해주신 도서출판 소망 방주석 사장님에게 감사를 드립니다. 항상 저에게 사랑을 베푸시는 많은 분들이 계십니다. 기도하시는 과천교회 김찬종 목사님과 어머니, 믿음의 벗들에게 감사한 마음을 실어드립니다. 저를 사랑하는 모든 분들과 가족들이 주님의 사랑을 나누며 주님과 동행하시길 기도드립니다.

저는 이 시간 주님께 기도합니다. 주님! 저를 늘 겸손하게 하시고 오늘 하루도 성령의 인도를 받게 하옵소서! 예수님 이름으로 기도합니다. 아멘.

2008년 1월

관악산 아래서 **안광현**

|목|차|

제1부

기도란
무엇인가?

캐더린마샬이라고 하는 유명한 기도의 영웅이 이런 말을 했다. "우리가 기도학교에 입학하려면 두 가지 질문에만 답을 쓰면 된다. 첫째는 '네가 꼭 필요한 것이 있느냐?' 라는 질문에 대해, '예. 있습니다.' 하는 것이고, 둘째는 '필요한 것을 네 힘으로 도저히 얻을 수 없느냐? 네가 그렇게 무기력하다고 느끼느냐?' 라는 질문에 '예, 그렇게 느낍니다.' 라고 답하면 된다. 그리고 나서 그 답안지를 들고 당당하게 예수 이름을 가지고 하나님 앞에 나아가면 된다."

이 이야기처럼 우리에게 필요한 것이 있을 때마다, 내 힘으로 도저히 해결할 수 없다고 생각될 때마다, 당당하게 하나님 앞에 나아가는 것이 기도이다. 그리고 담대하게 달라고 기도하는 것이 우리의 입장이다. "주여! 좋은 것, 모든 것 주신다고 약속하지 않으셨습니까? 주십시오." 이것이 기도에 대한 기본적인 우리의 태도다. 이런 의미에서 기도는 구걸이 아니다. 그럼에도 우리의 기도가 당당하지 못한 경우가 자주 있다. 그래서 그 동안 손해를 많이 보았다고 할 수 있다.

"그리스도 예수 안에서 영광 가운데 그 풍성한 대로 너희 모든 쓸 것을 채우시리라"(빌 4:19)고 하였다. 마태복음 7장 9~11절을 보면 하나님께서 절대로 나쁜 것을 주시지 않는다는 것이다. 돌이 아니라 떡을, 뱀이 아니라 생선을 주신다고 하셨다.

약 1세기 전 인물로서 우리가 설교를 통해 자주 듣기도 한 죠지 뮬러라는 기도의 영웅이 있다. 그분의 기록을 보면 일생동안 2만 5천 번의 기도의 응답을 받았다고 한다. 이것은 그가 은혜 받고 기도하기 시작한 20세 전후부터 80세가 넘기까지 매일 한 번씩 응답을 받았다는 말이나 다름없다. 그는 자기 돈 한 푼 없이 일생동안 만 명 이상의 고아를 먹여 살렸다고 한다. 한 명의 고아를 성탄절이나 연말에 도와주는 일도 우리는 이리저리 계산하는데 어떻게 만 명이 넘는 고아들을 평생 먹여 살릴 수 있었을까? 또 그는 중국 선교지에 이백만 권 이상의 성경과 삼백만 권 이상의 신앙도서를 보냈다고 한다. 그리고 십만 명의 주일학생을 평생 교육했다고 한다. 그래서 그를 잘 모르는 불신자들은 숨겨 둔 막대한 재산이 있는 모양이라고 수군거렸다고 한다.

죠지 뮬러가 81세 때 신학교 특강 강사로 초빙되어 갔는데, 그때 신학생들이 돈 한 푼 없이 어떻게 일생동안 그렇게 넘치도록 받아 일할 수 있었는지 그 비결을 말해달라고 하자, 그는 앉아 있던 의자에서 일어나 무릎을 꿇고 의자에 팔을 기대고 기도하는 모습을 보이며 "이것이 비결입니다."라고 했다는 유명한 일화가 전해지고 있다. 똑같은 기도를 하는데도 어쩌면 그는 그토록 놀라운 응답을 받으면서 살았을까? 참 부러운 이야기이다. 그래서 기도하면

죠지 뮬러를 생각하게 된다. 또 그의 일대기를 읽을 때마다 "기도는 능력이 있구나, 기도는 참 놀라운 성도의 특권이구나, 기도의 응답은 정말 엄청나구나." 하는 것을 알 수 있다.

1. 기도란 무엇인가?

"내가 여호와께 간구하매 내게 응답하시고 내 모든 두려움에서 나를 건지셨도다 그들이 주를 앙망하고 광채를 내었으니 그들의 얼굴은 부끄럽지 아니하리로다 이 곤고한 자가 부르짖으매 여호와께서 들으시고 그 모든 환난에서 구원하셨도다" 시 34:4-6

우리는 하나님을 믿는 성도들이다. 성도는 하나님께 기도해야 한다. 그때 전능하신 하나님은 큰 복을 예비하시고 기도하는 자에게 주신다. 기도는 이론이 아니라 실제다. 내가 기도해야 한다. 기도하는 교회가 되어야 한다. 기도하는 교역자, 장로, 집사, 권사, 구역장, 교사, 성가대원이 되어야 한다. 교회 지도자는 모두 영적 지도자다. 그러므로 기도해야 한다. 모든 종교에는 주문, 예불, 기원, 주술, 예문 등 저마다 독특한 기도의 형태가 있다. 기독교의 기도는 무엇이며, 다른 종교와의 차이점은 무엇일까? 우리의 기도는 하나님 앞에서 자기를 부정하는 행위이며, 하나님을 긍정하는 행위이다. 더 나아가 하나님나라에서의 삶이 성경적인 기도다.

(1) 기도는 영혼의 호흡

생명을 지닌 존재는 호흡을 해야 그 생명을 유지할 수 있다. 인간도 호흡하지 않으면 죽는 것처럼 성도의 거듭난 영혼은 반드시 하나님께 기도해야만 영적 생명을 유지할 수 있다. 육체의 호흡은 '기도의 그림자' 인 셈이다. 호흡은 내가 아직 살아있다는 것을 확인할 수 있는 증표다. 기도할 수 있는 그 자체가 성도에게는 '나는 하나님의 자녀' 라는 확인이 된다. "호흡이 있는 자마다 여호와를 찬양할지어다"(시 150:6)라고 했는데 '찬양' 은 바로 하나님께 기도하라는 말씀과 같다.

기도를 중단하는 생활을 하면 성도의 영혼에 '질식감' 을 느끼게 된다. 이는 성도의 영혼에 생기를 불어넣어 줄 신령한 공기가 없기 때문이다. 세상의 죄로 오염된 풍조 속에서 성도의 영혼이 염려, 근심, 슬픔, 낙심에 빠져있을 때 기도하면 성령께서 하늘나라의 신령스러운 생기, 즉 하나님께로부터 내려오는 의와 화평과 기쁨과 희망이라는 신령한 공기로 성도의 영혼을 회복시키시고 새롭게 해주신다.

(2) 기도는 하나님과의 대화

"너는 내게 부르짖으라 내가 네게 응답하겠고 네가 알지 못하는 크고 비밀한 일을 네게 보이리라" 렘 33:3

인간은 혼자 살 수 없다. 대화가 있어야 한다. 자식과 부모는 대화가 있어야 한다. 기도는 하나님과 대화하는 것이다. 내가 필요한 것을 전능하신 하나님 아버지께 말씀드리는 것이다. 그러면 우리의 필요를 아시고 계신 하나님 아버지께서 '오냐!' 하시면서 주신다. 생각 않았던 것, 바라지도 않았던 것까지 주신다.

(3) 기도는 문제해결의 열쇠

바울과 실라가 빌립보 성에 가서 전도하다가 귀신 들어 점치는 계집종을 예수 이름으로 귀신을 물리치고 온전하게 하였다. 그랬더니 점치는 것으로 돈벌이하던 자들이 그들을 고소하여 깊은 감옥에 갇히게 되었다.

그러나 그들은 낙심하지 않고 기도하고 찬미했다. 밤중쯤 되었을 때 하나님은 지진을 일으켜 옥문을 열어주셨다. 수갑을 풀어주셨다. 감옥에 구속당함으로 도리어 간수와 그 가족에게 전도할 수 있는 길이 열렸다. 이것은 그들이 기도하고 찬송했기 때문이다. 이렇게 기도는 인간의 어떠한 문제라도 해결할 수 있다.

모세의 기도는 홍해를 갈랐다. 이스라엘이 바다를 육지같이 건너게 했다.

한나의 기도는 아들(사무엘)을 얻게 했다. 하나님은 그녀의 기도를 들으시고, 그녀의 태문을 열어주셨다.

히스기야의 기도는 15년 생명 연장을 받았다. 죽을 병이 치료됨과 동시에 생명을 연장시켜 주신 것이다.

문둥병 환자의 기도는 병의 치료를 받았다.

(4) 기도는 성도의 향기

"그 두루마리를 취하시매 네 생물과 이십사 장로들이 그 어린양 앞에 엎드려 각각 거문고와 향이 가득한 금 대접을 가졌으니 이 향은 성도의 기도들이라" 계 5:8

"향연이 성도의 기도와 함께 천사의 손으로부터 하나님 앞으로 올라가는지라" 계 8:4

기도는 성도의 향기다. 성도가 기도할 때 천사들이 금 대접에 담아서 하나님께 드린다고 했다. 기도는 어떤 것이라도 하나님께서 응답하신다.

기도하는 성도는 성령 충만을 체험케 된다. 성령의 열매를 생활 중에 맺게 된다. 그때 칭찬 받는 그리스도인이 된다. 고임 받는 그리스도인이 된다. 예수 냄새를 풍기게 된다. 이것이 성도의 향기다.

기도는 이론이 아니라 실제다. 아무리 이론이 좋아도 내가 기도하지 않으면 소용없다. 문제가 있으면서 기도하지 않는 것은 게으른 것이다. 성도가 기도하지 않는 것은 영적으로 무감각해진 것이다.

2. 어떤 내용으로 기도해야 하는가?

성경에는 성도가 기도하라고 가르치고 있다. 그러나 기도할 때 분명한 내용이 없다면 응답이 있을 수 없는 쭉정이에 불과하다. 하나님께서 응답하시는 기도는 어떤 내용이 있어야 하는가?

(1) 경배와 찬양
"오라 우리가 굽혀 경배하며 우리를 지으신 여호와 앞에 무릎을 꿇자"
시 95:6

부모를 부모로서 대접해드리는 것이 효도이듯이, 하나님을 하나님으로서 대접해드리고 섬기는 것이 경배다. 경배는 하나님께만 드려야 하며 인간이나 다른 것에게 한다면 그것은 우상숭배다. 찬양은 입술로 드리는 경배다. 인간이나 천사나 모든 피조물들은 언제나 하나님만을 찬양해야 한다. 기도할 때 경배와 찬양을 드리는 이유는 '하나님! 저희가 하나님을 이렇게 신뢰하오니 자비를 베풀어주십시오. 전지전능하신 하나님께서 우리 인간에게 귀하신 뜻을 역사하옵소서.' 라는 하나님께 대한 신앙의 고백이다.

(2) 감사
"아무것도 염려하지 말고 다만 모든 일에 기도와 간구로 너희 구할 것을 감사함으로 하나님께 아뢰라 그리하면 모든 지각에 뛰어난 하나님의 평강이 그리스도 예수 안에서 너희 마음과 생각을 지키시리라" 빌 4:6~7

감사는 베풂을 받은 자가 베푼 이에게 마땅히 드려야 하는 예의다. 성도들이 전심으로 감사할 분은 하나님뿐이다. 독생자 예수님까지 희생하시며 우리를 구속해 주신 거룩하신 분이기 때문이다.

성도들은 기도로 ① 천지를 창조하시고 섭리하시고 거하게 해주신 하나님께 감사해야 한다. ② 하나님의 자녀로서 영생을 상속받은 것에 대한 구속의 은총에 감사해야 한다. ③ 우리를 하나님의 영원한 청지기로 삼아주시고 사명을 주신 은혜에 감사해야 한다. ④ 내가 받은 모든 은혜에 감사하며 감사할 수 없는 환경과 처지를 당한 경우에도 범사에 감사해야 한다.

성도들은 ① 범사에 ② 항상 ③ 밤중에도 ④ 핍박을 받을 때에도 ⑤ 병 고침 받았을 때 ⑥ 기도가 응답되었을 때 ⑦ 감사 절기 때 등 전심을 다하여 정성된 마음으로 감사해야 한다. 기도로 감사하는 성도에게는 감사할 것이 더 많아지도록 하나님께서 복을 주신다. 또한 성령의 인도하심으로 하나님께 기도할 수 있는 지혜를 얻게 되며, 심령이 요동치 않는 평강의 복을 받게 된다.

(3) 고백

"만일 우리가 우리 죄를 자백하면 그는 미쁘시고 의로우사 우리 죄를 사하시
며 우리를 모든 불의에서 우리를 깨끗하게 하실 것이요" 요일 1:9

고백이란 우리가 지은 죄에 대해 통회하고 회개하는 것이다. 우리가 고백해야 할 것은 은밀하게 지은 죄, 하나님에 대한 불신앙, 하나님 뜻대로 살지 못한 우리의 고집이다. 이러한 것들을 하나님 앞에 꾸밈없이 솔직하고, 자세하고, 겸손하게 고백해야 한다. 우리가 이렇게 고백할 때 주님께서 역사하셔서 모든 병을 고쳐주시고, 죄를 사해주시고, 하나님과의 문제를 해결해주시고 하나님과의 관계를 회복시켜주시는 것이다.

(4) 간구

"그러므로 너희 죄를 서로 고백하며 병이 낫기를 위하여 서로 기도하라 의인

의 간구는 역사하는 힘이 큼이니라" 약5:16

간구는 '간절히 요구함' 이란 뜻이다. 누가복음 18장에 나오는 부당한 일을 당한 억울한 과부가 불의한 재판장에게 자주 가서 귀찮을 정도로 탄원하여 재판장이 그 요구를 들어준 것같이 다급하고 절박한 상황을 맞이하여 하나님께 그 사정을 탄원하고 해결해 주시기를 애원하는 기도가 간구다. 마치 어린 아이가 본능적으로 어머니의 젖을 요구하며 우는 것처럼 성도의 영혼에서 우러나오는 본능적인 기도다.

야곱이 형 에서의 복수 앞에서 자신의 힘과 한계를 느끼고 밤새 천사의 다리를 잡고 씨름한 것이 간구하는 기도다. 야곱은 간구하는 기도로 형과 화해했을 뿐만 아니라 이스라엘로 이름이 바뀌었다. 히스기야 왕이 앗수르 군대에게 포위당하여 간구했을 때 하나님이 천사를 보내어 하룻밤 사이에 앗수르 대군 18만 5천 명을 전멸시켰다. 흉악한 귀신 든 딸을 둔 이방 여인이 개 취급을 당하면서도 예수님께 간구했을 때 주님은 그 여인의 믿음을 칭찬하시고 딸을 고쳐 주셨다.

(5) 중재

중재기도는 타인을 위하여 섬기는 자세로 하는 기도다. "나는 너희를 위하여 기도하기를 쉬는 죄를 여호와 앞에 결단코 범하지 아니하고 선하고 의로

운 길을 너희에게 가르칠 것인즉"(삼상 12:23)이라고 사무엘은 민족을 위해 하나님께 중재의 기도를 드렸다.

"그러나 이제 그들의 죄를 사하시옵소서 그렇지 아니하시오면 원하건대 주께서 기록하신 책에서 내 이름을 지워 버려 주옵소서"(출 32:32)라고 모세는 중재의 기도를 하나님께 드렸다. 이렇게 자기 생명을 담보로 한 모세의 기도는 금송아지를 만들어 섬긴 범죄로 말미암아 하나님께 진노를 받은 이스라엘 민족을 구원하였다. 모세는 그의 민족을 하나님과 화해시키고, 구원하기 위해서 자신의 개인적인 구원을 포기하며 희생하고 헌신한 것이다. 이러한 중재의 기도는 하나님께 응답 받는 놀라운 능력이 있다.

혹시, 지금까지 나 자신의 유익과 평안만을 위해서 기도하지는 않았는가? 잘못한 일이 있을 때마다 하나님 앞에 죄를 자백하는 기도를 하고 있었는가? 감사한 일이 생겼을 때마다 하나님께 감사는 하였는가? 이웃과 사회와 민족이 고통 받고 있을 때 나의 일처럼 간절히 하나님께 매달리며 기도해 보았는가?

3. 누구에게 기도해야 하는가?

세상 사람들은 우상에게 기도를 한다. 우상에게 기도하면 응답이 없다. 도리어 화가 따를 뿐이다. 그러나 우리는 살아 계신 하나님께 기도한다. 성도들이 기도하는 대상은 삼위일체 하나님이다. 기도는 성부 하나님, 성자 하나님, 성령 하나님께 드리는 것이다.

(1) 성부 하나님

"너희는 여호와께 감사하며 그의 이름을 불러 아뢰며 그가 행하신 일을 만민 중에 알릴지어다" 대상 16:8

기도는 일방적인 독백이 아니라 인격자 하나님과의 영적인 교제이다. 기도의 대상은 우리를 위로해 줄 수 있는 인격적인 분이어야 한다.

성부 하나님은 무소 부재하시고 능치 못할 일이 없으신 전능하신 분이다. 그러기에 우리가 기도하면 응답하실 수 있는 것이다. 그런데 하나님께서 우리를 사랑하지 않는다면 우리와 아무런 상관이 없다. 하나님은 자신의 독생자를 죽이시면서까지 우리를 사랑하셨다. 그러기 때문에 우리는 안심하고 언제 어디서나 무엇이든 하나님께 기도드릴 수 있고 응답 받을 수 있다.

하나님께서는 우리가 기도하기만 하면 들어주시려고 기다리고 계신다. "그가 내게 간구하리니 내가 그에게 응답하리라 그들이 환난 당할 때에 내가 그와 함께 하여 그를 건지고 영화롭게 하리라"(시 91:15)는 것이 하나님의 마음이다. 그러기 때문에 우리는 기도해야 한다. 기도에 대한 응답은 기도한 후에만 이루어진다.

(2) 성자 예수님

"지금까지는 너희가 내 이름으로 아무 것도 구하지 아니하였으나 구하라 그
리하면 받으리니 너희 기쁨이 충만하리라" 요 16:24

예수 그리스도는 기도의 근거요 통로이다. 예수님은 근본 하나님의 본체
다. 예수님은 만물을 지으신 창조주이시다. 예수님은 바람과 바다도 잔잔케
하시는 능력 있는 분이다. 만왕의 왕이요 만주의 주이신 예수님이기에 기도
의 대상이 되신다. 또한 예수님께 대한 기도는 "내가 곧 길이요 진리요 생명
이니 나로 말미암지 않고는 아버지께로 올 자가 없느니라"(요 14:6)는 말씀처
럼 유일한 구속주로 고백하는 기도여야 한다. 예수님은 자기 백성을 죄에서
구원하시는 인류의 구원자이시다. 예수님은 믿는 모든 자의 유일하신 구원자
이다. 성도와 하나님 사이의 중보자인 영원하신 대제사장 예수님에게 은혜를
간구하는 기도여야 한다.

예수님은 모든 문제의 해결자이다. 예수 이름으로 구하면 무엇이든지 받을
수 있다. 간구하는 것을 물리치지 않고 들어주시는 분이다. 친히 우리의 연약
함을 담당하시고 치료해 주시는 분이다. 예수 이름으로 기도하면 귀신들도
두려워한다. 모든 무릎을 예수님 앞에 꿇게 된다. 앉은뱅이도 걷게 된다. 갖
가지 이적과 표적이 일어난다. 예수 이름으로 구하면 무엇이든지 받을 수 있
다. 하늘에서 즉시 실행하여 주신다.

(3) 성령 하나님

"모든 기도와 간구를 하되 항상 성령 안에서 기도하고 이를 위하여 깨어 구

하기를 항상 힘쓰며 여러 성도를 위하여 구하라" 엡 6:18

성령 하나님께서는 기도의 주관자이시며, 조력자이시며, 기도 응답의 실행자이시다. 우리 성도들이 이 땅에서 하늘에 계신 하나님께 기도할 수 있는 힘, 또 하나님의 뜻을 분별할 수 있는 영적인 능력을 성령께서 주신다. 하나님의 응답을 체험하는 은혜나 모든 기도와 관계된 은총은 성령 하나님의 사역으로 가능하다.

"이와 같이 성령도 우리의 연약함을 도우시나니 우리는 마땅히 기도할 바를 알지 못하나 오직 성령이 말할 수 없는 탄식으로 우리를 위하여 친히 간구하시느니라"(롬 8:26).

성령께서 기도를 주관해 주시지 않는 기도는 독백에 불과하며 하나님과의 대화가 될 수 없다. 그러기에 성령께서 기도를 인도해 주실 것을 간구해야 한다.

성도들은 풍성한 은사 주시기를 기도하고, 성령의 은사가 올바르게 사용되기를 간구해야 한다. 은사는 성령께서 성도들의 유익을 위하여 나누어주시는 하나님의 선물이다. 하나님께서는 성령의 은사를 구하는 자에게 지혜의 말씀, 지식의 말씀, 믿음, 병 고침, 능력 행함, 예언, 영들 분별함, 방언, 방언 통역의 은사(고전 12:8~10)를 주신다.

성도들은 하나님의 뜻을 이루는 생활을 하기 위하여 성령 충만함과 성령의 열매맺기를 기도해야 한다. 그러면 사랑, 희락, 화평, 오래 참음, 자비, 양선, 충성, 온유, 절제의 열매(갈 5:22~23)가 생활 속에서 맺어지게 된다.

우리는 하나님의 뜻을 분별하는 생활을 하기 위하여 매일 매일 성령님께 기도해야 한다. 하나님의 말씀인 성경을 성령의 인도와 도우심을 통해 깨닫고 알 수 있기 때문이다.

4. 기도는 어떻게 해야 하는가?

세상 사람들 중에 기도하지 않는 사람은 없다. 다만 기도의 대상과 목적이 다를 뿐이다. 그러나 기도에는 응답이 있어야 하는데 응답이 있기 위해서는 기도의 바른 자세가 필요하다.

(1) 믿음으로 기도해야 한다.

"오직 믿음으로 구하고 조금도 의심하지 말라 의심하는 자는 마치 바람에 밀려 요동하는 바다 물결 같으니" 약 1:6

기도드릴 때 의심은 금물이며, 믿음과 확신을 가지고 해야 한다. 믿음이란 말씀의 언약을 믿고 의심이 없는 것을 말한다. 믿음은 예수 그리스도가 우리를 구원하셨다는 것과 우리는 하나님의 자녀이며 하나님의 유업을 받게 됨을 전제로 한다. 믿음의 기도는 기도의 대상인 하나님을 신뢰하고 의지할 뿐 아니라 자신이 드리는 기도의 내용이 꼭 이루어지리라고 확신하는 것이다.

의심하는 기도는 하나님에 대한 불신이며, 자신이 기도하는 내용의 성취여부에 대해 흔들리는 바다 물결 같은 신앙이다. 그러므로 우리는 의심하지 말고 기도해야 한다. 오직 기도는 믿음으로 구해야 하며, 꼭 이루어질 것이라는 확신 속에 드리는 기도만이 응답 받을 수 있다. 자신이 기도한 내용을 곧 잊어버리는 것과 기도한 후에 안절부절못하는 것은 합당한 것이 아니다. 빵을 달라고 기도했으면 식탁을 준비하는 것이 바람직한 기도의 자세다.

(2) 간절하게 기도해야 한다.

예수께서 감람산에서 인류의 구원을 위한 대속의 죽음을 앞두고 집중적이고 간절히 기도하시는 모습을 보여주셨다. 하나님께 어떠한 자세로 기도해야 하는 것을 가르쳐주는 이 같은 집중적인 기도는 다른 것들을 부인하는 동시에 닥칠 위험과 장애물에 대한 싸움을 이길 수 있도록 한다. 베드로가 옥에 갇혔을 때 간절하고 집중적으로 기도하는 교회의 힘으로 옥에서 풀려날 수 있었다.

간절한 기도는 마음과 뜻과 정성을 모아서 드리는 기도이다. 입술로만 건성으로 하는 것이나, 이것저것 정신없이 중언부언하는 것은 그릇된 기도다. "하나님이여 사슴이 시냇물을 찾기에 갈급함같이 내 영혼이 주를 찾기에 갈급하니이다"(시 42:1)처럼 목이 말라서 견딜 수 없을 때, 물을 달라고 애원하듯이, 하나님의 응답이 없으면 기도를 멈출 수 없다는 각오로 간절히 기도해야 한다.

(3) 응답의 확신을 가지고 기도해야 한다.

하나님께서 기도에 응답해 주실 것을 확신하는 것은 신앙의 고백이기도 하다. 기도는 놀라운 능력을 나타낸다. "네가 부를 때에는 나 여호와가 응답하겠고 네가 부르짖을 때에는 내가 여기 있다 하리라"(사 58:9)는 말씀처럼 우리가 기도할 때 하나님은 숨으시는 분이 아니라 응답하시는 분임을 확신하고 기도해야 한다. 이런 응답에 대한 확신 없이 기도하는 것은 산에 가서 고기를 구하는 것과 다름없다. 우리는 말씀 안에 거할 때 언제나 확신을 가질 수 있다. 배우고 확신한 일에 거할 수 있기 때문이다. 하나님의 말씀을 듣지 않고 세상의 말을 들으면 확신이 생기지 않는다.

(4) 예수 그리스도의 이름으로 기도해야 한다.

"너희가 내 이름으로 무엇을 구하든지 내가 행하리니 이는 아버지로 하여금

아들로 말미암아 영광을 받으시게 하려 함이라" 요 14:13

예수의 이름으로 기도하면 모두 응답해주시며, 하나님은 아들 예수의 이름을 통하여 영광 받으시기 위해 우리의 기도를 들어주신다는 것이다.

예수 그리스도는 하나님에게서 '하늘과 땅의 모든 권세'를 위임받으셨다고 증거하셨다. 그러기에 예수 이름으로 기도하면 귀신들을 내쫓고, 병마를 물리치며, 모든 족속으로 제자를 삼을 수 있으며, 죄를 사해줄 수 있다. 예수 그리스도의 이름은 오늘도 온갖 우상의 이름에 희망을 걸고 살아가는 불신 세계 속에서 하나님의 참된 권세를 보일 수 있는 성도들의 무기다. 오직 예수 이름만으로 하나님께 기도응답을 받을 수 있다.

(5) 성령 안에서 기도해야 한다.

기도는 성령에 의하지 않고는 불가능하다. 성령 안에서 하는 기도가 아니면 응답 받지 못한다. "모든 기도와 간구를 하되 항상 성령 안에서 기도하고 이를 위하여 깨어 구하기를 항상 힘쓰며"(엡 6:18). 성도가 성령 안에서 기도하는 것은 '하나님 뜻대로' 기도하는 것이다. 그러기 위해서 성도는 ① 성경을 읽고 연구해야 한다. 우리에게 필요한 모든 것을 성경에 약속해놓았기 때문이다. ② 성령의 인도를 받아야 한다. 나의 생각, 지식, 감정, 의지가 성령의 감동에 따라 인도되고 통제되어야 한다. ③ 삶의 목적을 하나님께 두고 전적

으로 순종하는 삶을 살아야 한다. 삶과 일치된 기도가 능력 있는 기도가 된다. 성령 안에서 기도하기 위해서는 항상 성령 충만한 삶을 살아야 한다.

사모하지 않는 기도는 응답 받지 못하는 기도이다. 나의 욕심과 유익만을 위한 기도도 응답 받을 수 없다. 하나님께서 원하시는 기도가 응답 받는 기도다. 매일 매일 성령 충만함으로 확신을 가지고 하나님께 기도하라. 그리하면 하나님께서는 언제나 우리의 기도에 귀 기울여 주실 것이다.

5. 기도의 결과

　과학과 문명의 발달로 인해 성도들에게 기도의 당위성은 점점 희박해져가고 있다. 예전 같으면 기도로 해결해야만 했던 일들을 현대 과학문명과 문명의 이기가 다 해결해주는 것처럼 보이기 때문이다. 그러나 과학으로도 해결할 수 없는 일들이 점점 늘어만 가는 세태 속에서 기도는 초자연적인 하나님의 능력을 체험할 수 있고, 경건하게 살아갈 수 있는 능력을 공급받을 수 있다.

　인간이 멸망의 길에서 빠져 나오려면 하나님의 도우심 없이는 불가능하다. 자신을 낮추고 하나님께 기도하면 하나님은 우리가 지은 죄들을 사하시며, 용서하시고, 마음까지도 새롭게 하신다. 기도의 결과는 기도응답 외에도 여러 가지 유익으로 나타난다.

> "그가 내게 간구하리니 내가 그에게 응답하리라 그들이 환난 당할 때에 내가
> 그와 함께 하여 그를 건지고 영화롭게 하리라" 시 91:15

(1) 사죄의 은총

> "내 이름으로 일컫는 내 백성이 그들의 악한 길에서 떠나 스스로 낮추고 기
> 도하여 내 얼굴을 찾으면 내가 하늘에서 듣고 그들의 죄를 사하고 그들의 땅
> 을 고칠지라" 대하 7:14

　기도의 결과 중에 첫 번째 유익은 사죄의 은총이다. "우리가 아직 죄인 되었을 때에 그리스도께서 우리를 위해 죽으심으로 하나님께서 우리에 대한 자기의 사랑을 확증하셨느니라"(롬 5:8). 우리가 우리 죄를 고백하고 하나님께

구하면 하나님께서는 모든 죄를 용서해 주신다. 그러므로 이제는 그리스도 안에서 정죄함에 대해 걱정하지 않아도 된다.

다른 사람에게 몇 백만 원, 몇 천만 원의 빌린 돈을 누군가 대신 갚아 준다면 얼마나 감사하겠는가? 그러나 이런 물질적인 것들과는 비교할 수 없을 정도로 많은 빚을 하나님께서는 갚아주셨다. 우리가 죄 사함 받은 것에 확신이 있을 때 하나님 앞에서나 사람들 앞에서 담대해지게 된다. 이미 우리 주 예수께서 과거의 모든 죄와 현재와 미래의 죄까지도 다 용서하셨음을 확신해야 한다.

(2) 성령의 은사

"오순절 날이 이미 이르매 그들이 다같이 한 곳에 모였더니 홀연히 하늘로부
터 급하고 강한 바람 같은 소리가 있어" 행 2:1~2

예루살렘 마가의 다락방에서 열심히 기도하던 120문도들에게 성령께서 강림하셨다. 하나님은 성도들이 기도할 때 하나님의 일을 할 수 있도록 성령의 은사를 주신다. 하나님의 일은 영적이며 초자연적인 일이므로 이 일을 수행하기 위해서는 성령의 은사가 필요하다. 성령의 은사는 나를 위해서가 아니라 남을 위해 봉사하도록 주시는 능력이다. 그러므로 모든 성도는 봉사하기 위하여 은사 받기를 기도해야 한다.

고린도전서 12장에는 성령의 은사를 9가지로 말씀하고 있다.

① 신적 인식 능력으로서의 은사 : 지혜의 말씀, 지식의 말씀, 영 분별.

② 신적 행위 능력으로서의 은사 : 믿음, 신유, 능력 행함.

③ 신적 언어 능력으로서의 은사 : 예언, 방언, 방언 통역.

하나님은 사랑이시다. 하나님의 영이신 성령 또한 사랑의 영이시다. 성령이 내주하면 다른 사람을 사랑할 수 있게 만든다. 그러므로 사랑은 모든 은사의 기초이다. 이 사랑의 은사는 많은 기도를 통하여 자신을 훈련하지 않고는 결코 얻을 수가 없다.

(3) 성결한 삶

"하나님이여 내 속에 정한 마음을 창조하시고 내 안에 정직한 영을 새롭게 하소서" 시 51:10

경건하고 바르게 사는 것은 모든 성도들의 간절한 소망이다. 하나님의 말씀에 비추어 흠 없이, 죄 없이 살 수 있다는 것은 성도로서 더없이 흡족한 일이다. 하지만 모든 성도들이 그렇게 살지는 못한다.

그러나 기도하는 자는 죄에 대해서 절제할 수 있도록 하셔서 바르게 살도록 하신다. 기도를 많이 한다는 것은 그만큼 죄를 많이 회개하며 자주 회개한다는 것이다. 이렇게 참된 회개 기도를 드리는 자는 동일한 죄를 범하지 않게 된다. 그러므로 기도를 많이 하는 이들이 경건한 삶을 살게 된다.

또한 기도하는 사람은 거룩한 삶을 살게 된다. 아무리 오랜 신앙의 연륜을 가진 성도라 할지라도 매일 매일 기도하지 않는 사람은 생활 가운데 하나님의 뜻을 알 수가 없다. 그러나 기도하는 사람은 거의 매일 하나님을 대면하게 되므로 행동하기 전에 반드시 하나님의 뜻을 살피게 되고 그 결과로 그만큼 죄를 범치 않게 되는 것이다.

(4) 승리의 삶

성도의 삶이 승리의 삶이 되는 것은 그리스도 안에서 사는 삶이기 때문이다. 그리스도의 삶은 예수님과 하나 된 삶을 뜻하며, 기도하는 삶을 통하여 말씀과 성령의 인도를 받아 끊임없이 교통하는 가운데서 이루어진다. 성도의 기도는 이 세상 죄로부터 승리의 삶을 살 수 있는 능력을 공급받아 우는 사자 같이 삼킬 자를 찾는 마귀를 이길 수 있다. 성도는 예수 그리스도를 믿음으로 영생에 대한 하나님의 약속을 받았다. 하나님의 말씀과 기도는 이 영생의 약속을 유지하고 죽음을 극복하고 궁극적으로 승리하는 삶을 살게 한다.

기도는 남을 사랑하고 봉사할 수 있게 하며, 이기적이고 욕망에 사로잡힌 자기로부터 승리를 얻게 하고 자기를 완성할 수 있게 된다.

6. 기도응답의 종류

하나님께 기도하는 자에게는 반드시 기도응답이 있다. 하나님께서는 다양한 방법으로 응답하시는데, 성도들은 미처 깨닫지 못하고 실망하거나 낙망하는 경우가 많다. 즉시 이루어지는 기도응답만을 바라고 있기 때문이다.

"그는 자기를 경외하는 자들의 소원을 이루시며 또 그들의 부르짖음을 들으사 구원하시리로다"(시 145:19).

(1) 즉각적인 응답

"여호와께서는 자기에게 간구하는 모든 자 곧 진실하게 간구하는 모든 자에게 가까이 하시는도다" 시 145:18

성도들이 기도하고 나서 즉각적인 응답이 이루어졌을 때 그 이상의 기쁨은 없다. 성경에는 이런 기도의 응답이 많이 나온다.

첫째, 믿음으로 기도할 때 즉각적인 응답을 받을 수 있다. 벙어리 귀신들린 아이를 제자들이 고치지 못하고 있을 때 예수님께서는 "할 수 있거든이 무슨 말이냐 믿는 자에게는 능히 하지 못할 일이 없느니라"(막 9:23)고 하시자 그 아이의 아버지가 "내가 믿나이다 나의 믿음 없는 것을 도와주소서"라고 했을 때 아이의 병을 고쳐주셨다.

둘째, 기도의 사람에게 즉각적인 응답이 온다. 베드로와 요한은 성전에 기도하러 가다가 나면서부터 앉은뱅이 된 자를 고쳤다. 엘리야 선지자가 기도했을 때 3년 6개월 동안 비가 내리지 않았고 다시 기도하니까 비가 내렸다.

셋째, 성도의 기도와 하나님의 뜻이 일치할 때 즉각적인 응답이 있다. 그러나 아무리 선한 뜻을 가지고 간구하더라도 하나님의 뜻과 다르면 응답이 없게 된다. 바울이 무시아에 이르러 아시아 선교를 위하여 애를 쓰고 기도했지만 하나님께서는 그의 기도를 거절하셨다.

(2) 점차적인 응답

씨를 뿌리고 나서 바로 추수를 못하는 것처럼 기도의 응답도 시간을 늦춰서 이루어지는 때가 있다. 그러므로 성도들은 기도응답 때까지 참고 기다릴 줄도 알아야 한다. 하나님께서 기도응답을 늦추시는 것은 우리의 신앙성숙을 위해서이다. 즉각적인 기도응답이 이루어지지 않을 때 성도들은 좌절하고 낙망할 수 있다. 그러나 아픈 만큼 성숙해진다는 말이 있듯이 일보 후퇴를 이보 전진의 계기로 삼을 수도 있다.

또한, 조급한 마음으로 기도할 때도 응답을 받기가 어렵다. "범사에 기한이 있고 천하 만사가 다 때가 있나니"(전 3:1)라고 했다. 이 "때"란 거역할 수 없는 하나님께서 정해 놓으신 때이다. 하나님의 기도응답도 이 "때"에 따라 엄정하게 이루어지는 것이다. 그러므로 기도하는 성도들에게는 참고 기다릴 줄 아는 인내가 있어야 한다. 기다릴 때는 쉬면서 기다리는 것이 아니라 충성스럽게 일하면서 계속적으로 기도하면서 응답을 기다려야 한다.

(3) 간접적인 응답

간접적인 응답은 성도들의 요구를 그대로 들어주는 것도 아니고 아예 거절하는 것도 아니다. 바울이 자신의 육체의 가시를 제거해달라고 세 번이나 기도했으나 하나님께서는 "내 은혜가 네게 족하도다" 라고 하셨다. 바울은 치유를 받지는 못했지만 오히려 약함으로부터 강해진다는 것을 깨달았다. 만일 기도가 응답되고 건강했다면 자신감이 넘친 나머지 하나님의 영광을 가로챈다든지, 하나님께서 주신 사명을 감당하지 못하고 영혼이 멸망의 구렁텅이로 빠졌을지도 모른다.

하나님께서는 이세벨에게 쫓긴 엘리야에게 호렙산에서 세미한 음성 가운데 만나주셨다. 하나님은 성경말씀을 통해 세미한 음성으로 응답해주실 때가 많다. 예수께서 사탄의 시험을 물리친 것도 신비한 능력으로 한 것이 아니라 모두 하나님의 말씀으로 하셨다. 기도의 해답이 성경에 기록되어 있는 경우가 많기 때문에 성도들은 기도하면서 말씀도 함께 읽어야 한다.

(4) 침묵의 응답

"여호와여 내가 부르짖어도 주께서 듣지 아니하시니 어느 때까지리이까 내
가 강포로 말미암아 외쳐도 주께서 구원하지 아니하시나이다" 합 1:2

"웅변은 은이요 침묵은 금이다" 라는 격언이 있다. 우리는 가장 진지하고 심각한 문제에 직면했을 때 침묵하게 된다. 침묵은 진지하면서도 강하게 답하는 것이다. 하나님의 침묵에도 이런 의미가 있다.

첫째, 부르짖어도 하나님께서 침묵하시는 것은 전혀 합당하지 않은 잘못된 기도이며, 자신이 얼마나 잘못된 생각을 하고 있는지 스스로 깨닫기를 원하실 때이다.

둘째, 성도를 징계하실 때 침묵하신다. 아브라함이 하나님의 언약을 믿지 못하고 사래의 여종 하갈과 동침하여 이스마엘을 낳았을 때 13년간 만나주시

지 않았다. 사울왕이 하나님의 명령을 어겼을 때 하나님은 그의 곁을 떠났다.

셋째, 성도가 고난의 사명을 지고 있을 때 침묵하신다. 고난당한 욥이 그렇게 청원을 해도 한동안 만나주지 않으셨다. 예수께서 십자가 위에서 "엘리 엘리 라마 사박다니"라고 외쳤지만 끝내 하나님은 침묵하셨다. 이들은 고난을 당함으로써 하나님의 영광을 드러내야 할 사명이 있었던 것이다. 고난의 사명을 진 사람들에게는 반드시 한없는 영광과 칭찬과 상급이 있다.

하나님이 원하시는 모든 선행과 복음전파는 우리의 인내 속에 반드시 결과가 있다. 씨가 뿌려지면 열매의 결과가 있듯이 성도의 기도도 반드시 이루어지는 때가 있음을 알아야 한다. 기도는 우리가 정한 시간이 아니라 하나님의 시간 안에 이루어지는 은혜의 수단이다.

7. 응답받는 기도

하나님께 기도하면 하나님께 상달되지 않을 것이라고 생각하는 성도는 한 사람도 없을 것이다. 그러나 더 어리석은 것은 모든 기도가 응답될 것이라고 생각하는 것이다.

(1) 하나님 뜻대로 하는 기도

"내 아버지여 만일 할 만하시거든 이 잔을 내게서 지나가게 하옵소서 그러나 나의 원대로 마옵시고 아버지의 원대로 하옵소서"(마 26:39)처럼 내 뜻을 앞세우는 기도가 아닌 아버지의 뜻을 앞세우는 기도가 응답 받는 기도다. 하나님은 당신의 뜻대로 행하는 자의 기도에 귀 기울이시므로 먼저 하나님의 뜻대로 삶을 살아야 한다.

성도들이 자기의 뜻을 하나님께 관철시키려는 방편으로 하나님과 일대 격전을 치르는 모습처럼 기도하는 것은 결코 바람직한 것이 아니다. 겟세마네 동산에서 십자가를 피하고 싶은 예수의 생각이 꺾이고 십자가를 져야 한다는 하나님의 의지가 관철된 것처럼 하나님 뜻에 순종하는 마음을 가져야 한다.

(2) 회개의 기도

"세리는 멀리 서서 감히 눈을 들어 하늘을 쳐다보지도 못하고 다만 가슴을 치며 이르되 하나님이여 불쌍히 여기소서 나는 죄인이로소이다" 눅 18:13

죄는 하나님과 성도의 관계를 단절하므로 죄의 담을 회개를 통해 헐어내야 한다. 주님은 회개하는 자의 죄를 용서하신다. "죄인 하나가 회개하면 하늘에서는 회개할 것 없는 의인 아흔 아홉을 인하여 기뻐하는 것보다 더하다"고 했다. 돌아온 탕자는 종으로 받아주는 것으로도 만족했지만 아버지는 아들로 귀하게 맞이한 것처럼 회개하는 자는 감히 좋은 것을 구하지 못하지만 하나님께서는 기쁜 나머지 가장 좋은 것과 가장 값진 것으로 주신다.

(3) 감사의 기도

"기도를 계속하고 기도에 감사함으로 깨어 있으라" 골 4:2

첫째, 일이 순조롭게 풀려나갈 때 하나님께 감사해야 한다. 형통할 때 실패하는 경우가 많다. 사울 왕은 아말렉과의 전쟁에서 승리했을 때 범죄했고, 다윗은 모든 대적을 물리치고 평안했을 때 우리아의 아내 밧세바를 범하는 죄를 저질렀다.

둘째, 범사에 감사해야 한다. 가장 고상하고 소중한 것은 특별한 것이 아니라 평범한 데 있다. 물, 공기, 햇빛 등은 흔한 것이지만 모든 인간이 생명을 지탱할 수 있게 하는 것이다. 정말 기뻐하고 감사할 것은 일확천금이 아니라 이러한 것들이 늘 우리에게 충족되고 있다는 것이다.

셋째, 고난 중에 감사해야 한다. 다니엘이 죽음을 무릅쓰고 하나님께 감사의 기도를 드렸던 것처럼 환경이 주는 어려움을 극복하고 하나님께 감사할 때 기도의 응답이 있다.

(4) 믿음의 기도

"믿음이 없이는 하나님을 기쁘시게 하지 못하나니 하나님께 나아가는 자는

반드시 그가 계신 것과 또한 그가 자기를 찾는 자들에게 상 주시는 이심을 믿

어야 할지니라" 히 11:6

모든 기도는 하나님에 대한 신뢰를 바탕으로 해야 한다. 그러나 많은 사람

들은 하나님과 병행해서 세상의 권력, 지식, 돈, 명예 등을 의지하고 신뢰한

다. 이러한 태도로 기도할 때는 응답 받지 못한다. 또한 세상적인 방법으로

문제를 해결하려 해도 기도응답을 받지 못한다. 하나님은 온전한 믿음을 가

지고 기도하는 자에게 응답하시고 상을 주신다. 믿음의 기도는 우리의 삶을

온전히 그의 섭리와 역사에 맡기는 것이다.

(5) 합심의 기도

"너희 중의 두 사람이 땅에서 합심하여 무엇이든지 구하면 하늘에 계신 내 아

버지께서 그들을 위하여 이루게 하시리라" 마 18:19

이스라엘이 아말렉과의 전쟁 때 아론과 훌이 모세의 손을 들고 기도를 도

왔을 때 승리할 수 있었다. 옥에 갇힌 베드로를 위해 교회가 합심하여 기도하

였을 때 천사를 통해 구출해주셨다. 성도의 기도모임이 중요한 것은 합심하

여 기도하는 곳에 주님이 함께 하시기 때문이다.

(6) 중보의 기도

"그러므로 너희 죄를 서로 고백하며 병이 낫기를 위하여 서로 기도하라 의인

의 간구는 역사하는 힘이 큼이니라" 약 5:16

중보의 기도는 나를 위한 기도가 아니라 이웃을 위한 기도다. 성도들은 세

상의 죄인들, 연약하고 고난에 처한 이웃의 문제와 고통이 나의 것이라고 생

각하고 기도해야 한다. 그것이 진정으로 이웃과 고난의 짐을 함께 지는 이웃 사랑의 참모습이며 예수를 본받는 것이다. 이스라엘의 죄 사함을 위해서 생명책에서 자기 이름을 지워주기를 기도했던 모세의 중보기도나, 형제와 골육 친척의 구원을 위해서는 저주를 받고 그리스도에게서 끊어질지라도 원했던 바울의 중보기도를 배워야 한다. 이러한 기도는 생명을 걸고 감당하는 것이다.

필라델피아에 쫀이라는 13세의 소년이 벽돌공장에서 막노동을 하고 있었다. 쫀은 주일이 되면 어김없이 교회로 향했는데 교회로 가는 길은 비가 조금만 내려도 진창길이 되어 매우 불편하였고, 어른들은 그저 불평만 하였기에 쫀은 매우 우울했다. 어느 주일 교회로 가는 길에 쫀은 하나님께 부탁하면 되겠다는 확신이 들었고, 믿음의 눈을 가지고 7센트의 임금을 아껴 날마다 벽돌을 한 장씩 사서 깔기 시작했다. 혼자 그 길을 완성하려면 2년은 족히 걸릴 것인데 1개월 후에 기적이 일어났다. 쫀의 모습을 보고 신앙생활을 반성한 교인들이 길뿐만 아니라 낡은 교회당도 헐고 신축하기로 한 것이다. 그 소년은 미국의 백화점 왕이 되었고, 미국과 전 세계에 YMCA 건물을 수없이 지었으며, 서울 종로에 있는 YMCA 벽돌 건물도 기증하였다. 실로 믿음의 눈을 가진 이 소년은 진창길 속에서 아름다운 벽돌 포장도로를 보았던 것이다. 이 소년이 바로 쫀 워너메이커이다.

8. 응답받지 못하는 기도

하나님께 기도응답을 받지 못했다면 그 원인이 있을 것이다. 성경에는 응답 받지 못하는 기도가 있다고 가르쳐준다.

(1) 회개치 않는 기도

"그 때에 그들이 여호와께 부르짖을지라도 응답하지 아니하시고 그들의 행
위가 악했던 만큼 그들 앞에 얼굴을 가리시리라" 미 3:4

자기의 죄에 대해 회개하는 빛은 조금도 없으면서 이웃에 대해 원수를 갚아달라거나 욕망을 채워달라거나 하는 이기적인 태도는 하나님께 응답 받을 수 없다. ① 죄는 하나님의 귀를 둔하게 한다. 우리가 하나님의 도움을 얻지 못하는 것은 우리의 죄 때문이다. ② 죄인은 죄 있는 자가 아니라 회개치 않는 자들이다. 하나님이 자신의 기도를 들어주시지 않는다고 원망하기 전에 회개치 않은 죄악이 없는지 자신을 살펴야 한다. ③ 진정으로 회개할 때 기도는 응답된다. 모든 선한 행실은 거룩하고 깨끗한 마음에서 나오므로 죄를 자백하고, 통회하고, 마음을 새롭게 하고, 생활을 변화시켜야 한다.

(2) 의심의 기도

"오직 믿음으로 구하고 조금도 의심하지 말라 의심하는 자는 마치 바람에 밀
려 요동하는 바다 물결 같으니 이런 사람은 무엇이든지 주께 얻기를 생각하
지 말라" 약 1:6~7

의심은 첫째, 응답하마라고 약속하신 하나님의 인격을 의심하는 것이요.

둘째, 우리의 환경을 '변화시킬 수 있을까?' 라는 하나님의 능력에 대한 의심이요.

셋째, 보잘것없고 아무 공로 없는 우리에게 '그만한 은총을 내려 주실까?' 하는 그리스도의 사랑에 대한 의심이다.

넷째, 그리스도의 구속 사역의 효능에 대한 의심이다.

의심이란 이처럼 엄청난 불신앙의 죄이기에 의심하는 자는 기도응답 받을 생각을 아예 하지 말아야 하며, 의심의 기도는 허공을 치는 헛된 몸부림에 지나지 않는다는 것을 명심해야 한다.

(3) 외식의 기도

"바리새인은 서서 따로 기도하여 이르되 하나님이여 나는 다른 사람들 곧 토색, 불의, 간음을 하는 자들과 같지 아니하고 이 세리와도 같지 아니함을 감사하나이다 나는 이레에 두 번씩 금식하고 또 소득의 십일조를 드리나이다 하고" 눅 18:11~12

바리새인의 기도는 외식하는 기도였다. 자기의 의를 하나님께 자랑했다. 자기의 착한 행실을 사람에게 보이려 했다. 사실 이와 같은 행동은 기도가 아니다. 그러므로 응답이 있을 수 없다.

(4) 정욕으로 구하는 기도

"구하여도 받지 못함은 정욕으로 쓰려고 잘못 구하기 때문이라" 약 4:3

정욕으로 구하는 기도란 하나님의 뜻보다 자신의 뜻을 앞세우며, 하나님을 자기 욕망의 성취를 위한 도구로 생각하고 드리는 기도다. 뿐만 아니라 자기의 역량 따위는 염두에 두지도 않고 과욕을 부려 능력 이상의 것을 구하는 기도다. 주제 넘는 과욕의 기도는 파멸의 기도가 될 수 있다. 누가복음 15장의 탕자의 이야기에서 볼 수 있듯이 자기가 감당할 수 있는 것 이상의 것을 소유할 때 성도들에게 돌아올 것은 파멸밖에 없다. 아굴과 같이 '넘치지도 말게 그러나 부족하게도 말게'(잠 30:8~9)라고 구하는 것이 성도에게 가장 좋은 기도다.

부자 신도가 있었다. 그는 기도할 때마다 빈민과 걸인을 불쌍히 여겨 그들의 살 길을 위해 기도하였다. 하루는 기도를 마치고 일어서는데 아들이 금고 열쇠를 달라고 하였다. 이유를 물으니까 "다름이 아니라 아버지의 간절한 기도에 대한 성취를 보여드리려고요."라고 하자 부자는 아들을 책망했다. "기도를 성취하는 일은 하나님께서 하시는 일이지 네가 하는 것이 아니야." 그때 아들은 아버지께 이렇게 말했다. "금고를 열어 놓고 빈민과 걸인을 구제하면서 그런 기도를 해야 할 텐데요."

하나님이 기도를 듣지 않으신다고 원망하지 말아야 한다. 외식하는 기도나 정욕으로 구하는 것을 들어주는 것이 성도들에게 도움이 되지 않기 때문에 기도에 대한 무응답은 오히려 성도들에게 복인 줄 알고 하나님께 감사해야 한다. 하나님은 그만큼 우리를 사랑하시기 때문에 응답하지 않는 것이다.

9. 기도의 종류

신앙생활을 하다보면 기도에 동참하게 되고 또 직접 기도를 드리게도 되는데 기도의 종류마다 내용과 방법이 조금씩 다른 것을 알게 된다.

(1) 합심기도

"진실로 다시 너희에게 이르노니 너희 중의 두 사람이 땅에서 합심하여 무엇이든지 구하면 하늘에 계신 내 아버지께서 그들을 위하여 이루게 하시리라" 마 18:19

합심기도는 성도들이 한 가지 기도제목을 놓고, 혹은 공동의 목표를 가지고 마음을 합하여 함께 드리는 기도를 말한다. 예수님께서는 두 사람 이상이 함께 기도를 하면 기도응답이 반드시 성취된다고 가르치신다.

합심기도에는 사도행전 2장과 같은 성령 충만함을 받는 역사가 나타난다. 전도의 역사가 나타난다. 요나에게 하나님의 심판의 메시지를 들은 니느웨 사람들은 회개의 합심기도를 통해 심판에서 구원받았다.

(2) 금식기도

"이는 금식하는 자로 사람에게 보이지 않고 오직 은밀한 중에 계신 네 아버지께 보이려 함이라" 마 6:18

금식은 사람에게 보이려고 하는 것이 아니라 은밀한 중에 하나님께 하는 것이다. 금식기도는 식음을 전폐하고 만사를 폐지하고 하나님께 온 마음을 바쳐서 부르짖는 기도다. 금식기도는 모든 방해를 이기고 기도에만 전념한다. 예수님은 40일 동안 금식하며 기도하고(눅 4:1~2) 사탄의 시험을 이기셨다. 이스라엘 백성과 사무엘은 미스바에서 회개의 금식기도(삼상 7:5~6)를 통해 영적 각성운동을 일으켰다. 다윗은 밧세바의 일 이후에 금식하며 간구하였고(삼하 12:16), 에스더와 유대민족은 민족의 위기상황에서 금식하며 기도했다(에 4:16).

(3) 새벽기도

"하나님이 그 성 중에 계시매 성이 흔들리지 아니할 것이라 새벽에 하나님이
  도우시리로다" 시 46:5

성경에 보면 새벽에 이적과 기사가 많이 나타난다. 여호수아와 이스라엘 백성이 요단강을 마른땅처럼 건넌 것은 새벽이다. 여리고 성을 무너뜨린 것도 새벽이다. 홍해가 갈라져 모세와 이스라엘 백성이 애굽 군대로부터 구원받은 것도 새벽이다. 예수님이 무덤에서 살아나신 것도 새벽이다.

새벽은 우리들의 일상생활에서 가장 소중하고 영이 맑은 시간이다. 하나님을 만나고 주님의 음성을 들을 수 있는 가장 좋은 시간이다. 새벽기도는 첫 시간을 하나님께 바치는 것이다. 헌신적인 믿음이 없으면 새벽시간을 하나님께 바칠 수 없다. 그러기에 예수님은 새벽에 기도하는 성도들의 외침에 귀를 기울이시고 응답하신다. 반드시 응답 받아야 할 기도제목이 있다면 가장 맑은 정신으로 새벽에 하나님께 부르짖어 기도하라. 반드시 응답을 받을 것이다.

(4) 철야기도

이때에 예수께서 기도하시러 산으로 가사 밤이 새도록 하나님께 기도하시고

눅 6:12

철야기도는 밤이 새도록 간구하는 기도다. 중대한 결정을 할 때 하는 기도다. 야곱은 생사의 기로에서 얍복강 나루에서 밤새도록 천사와 씨름했다. 하나님께 매달려 기도했다. 그 결과 형 에서와 화해했고, 이스라엘로 이름이 바뀌는 복을 받았다. 사무엘은 사울 왕의 변질로 근심하여 온 밤을 여호와께 부르짖었다(삼상 15:11). 그 결과 하나님께서는 이미 다윗을 이스라엘 왕으로 세우신 것을 알았다. 예수님은 제자들을 선택하실 때 철야기도를 하셨고, 따로 홀로 산에서 철야기도 하셨으며, 십자가를 지시기 전에 겟세마네 동산에서 철야기도를 하셨다. 바울 사도와 실라가 감옥에서 찬미하며 철야기도 했을 때 놀라운 역사가 일어났다.

(5) 공중기도

"에스라가 하나님의 성전 앞에 엎드려 울며 기도하여 죄를 자복할 때에 많은 백성이 크게 통곡하매" 스 10:1

공중기도는 예배 시간에 공중을 대표하여 드리는 기도이며 대제사장적 중보의 기도와 비슷한 의미가 있다. 공중기도는 모든 성도들을 대표해서 기도하는 것이기에 충분한 준비를 하고 경건한 자세로 해야 한다. 성도들의 공동관심사와 소원을 바르게 아뢰고 중언부언하거나 혼란스러워서는 안 된다. 기도내용은 교리에 맞고 성령의 감동에 따라 기도해야 한다. 기도의 용어는 단순, 정확하고 회중이 알아들을 수 있을 정도의 큰 소리로 해야 한다. 기도자의 자세는 단정한 복장과 경건한 태도로 하되 기도시간은 3분 정도로 짧게 해야 한다.

미국의 죠지 워싱턴 대통령은 시간을 정해놓고 기도하는 사람이었다. 그는 매일 새벽 4시부터 5시까지 방에 들어가 성경을 한 장 읽고 펼친 성경 앞에서 무릎을 꿇고서 늘 하나님의 인도와 도우심을 구했다.

아브라함 링컨도 기도하는 대통령이었다. 어느 날 한 신사가 대통령을 만나기로 해서 약속시간보다 조금 빨리 관저로 갔다. 그가 응접실에서 기다리고 있는데 방에서 이야기소리가 들렸다. 새벽 5시가 조금 안된 이른 시간인지라 그는 이상하게 생각하여 비서관에게 이유를 묻자 비서관은 "지금 기도하는 중입니다. 대통령께서는 매일 새벽 4시부터 5시까지 기도하신 후 하루를 시작하십니다."라고 대답했다.

하늘문을 여는

제2부

성경에 나오는
기도의 사람들

1. 모세의 기도

모세는 기도하는 지도자였다. 이스라엘 백성이 금송아지를 만들고 섬겼을 때 하나님의 진노로 말미암아 삼천 명이나 죽임을 당했다. 그때 모세는 "그러나 이제 그들의 죄를 사하시옵소서 그렇지 아니하시오면 원하건대 주께서 기록하신 책에서 내 이름을 지워 버려 주옵소서"(출 32:32)라고 기도했다. 자신의 생명을 버려서라도 이스라엘 백성을 구원하고자 했던 희생적인 민족의 지도자였다.

(1) 전방의 전투와 후방의 기도
"모세가 여호수아에게 이르되 우리를 위하여 사람들을 택하여 나가서 아말렉과 싸우라 내일 내가 하나님의 지팡이를 손에 잡고 산 꼭대기에 서리라"
출 17:9

아말렉과의 전쟁에서 이스라엘이 취한 조처는 여호수아가 군사를 이끌고 전방에서 싸울 때 후방에서는 모세와 아론과 훌이 하나님께 기도를 했다는 특성을 가지고 있다. 여기서 우리는 행동(전투)과 기도와의 관계를 알 수 있다. 모세가 손을 들고 기도를 계속할 때에는 여호수아가 승리하고, 기도를 쉴 때는 패배했다고 하는 것은 행동과 기도와의 관계를 잘 설명해주고 있는 것이다. 기도 없는 행동은 승리할 수 없다는 사실을 보여주는 것이다. 기도 없는 삶은 사탄에게 패배하는 삶이다.

(2) 지팡이를 손에 들고 한 기도

모세의 지팡이는 하나님의 지팡이였다. 그 지팡이는 이적을 나타내고 권능을 나타내는 지팡이였다. 그 지팡이는 뱀이 되기도 하고, 강물을 피로 만들기도 하며, 홍해를 육지처럼 가르기도 한 지팡이였다. 이적과 권능은 하나님의 것이다. 모세가 기도할 때 이 지팡이를 들었다고 하는 것은 하나님의 권능과 이적을 간구하기 위함이며, 아말렉과의 전쟁에 있어서 하나님의 권능과 이적이 함께 해주시기를 간구하기 위함이라는 뜻이다.

우리는 권능의 손을 들어 기도해야 하며 하나님의 역사하심(기적)을 간구하며 기도해야 한다. 하나님은 하나님을 향하여 들려진 손을 붙드신다.

(3) 산에 올라가서 손을 든 기도

모세는 산에 올라가 기도했다. 산은 높은 곳이고, 하나님은 높은 곳에 계심을 의미하고 있다. 인류의 역사는 산에서 시작되었으며 많은 구원사역이 산에서 이루어졌다. 노아 가족의 구원도, 율법(십계명)을 받은 곳도, 엘리야의 승리도, 솔로몬의 성전도, 십자가의 구속사역도 산에서 이루어졌다. 손을 들었다는 것은 전적으로 하나님 앞에 항복함을 말한다. "내 뜻, 내 노력, 내 힘, 모든 것을 포기하고 오직 주님만 바라보겠습니다."라는 의미다. 하나님 앞에 완전히 내 것을 포기하고 굴복할 때에 하나님은 승리하게 하신다. 높은 곳에 계신 거룩하신 하나님을 바라보며 나아갈 때 우리는 승리의 승전고를 울릴 수 있다. 모든 것이 주님의 손에 있음을 믿고 두 손 들고 나아갈 때 주님은 역사 하신다.

"모세가 손을 들면 이스라엘이 이기고 손을 내리면 아말렉이 이기더니"(출

17:11). 모세의 손이 올라가고 내려옴에 따라 전황이 달라졌다고 하는 것은 전쟁에 있어서 하나님의 도우심이 승패를 결정한다는 사실을 교훈하는 것이다. 전쟁도 하나님께 속한 것이며(삼상 17:47), 하나님은 전쟁을 통하여 역사에 대한 당신의 의지를 나타내신다. 싸움은 인간들이 하지만 전쟁의 승패는 하나님이 결정하신다.

(4) 기도 동반자로서의 아론과 훌

역사상 지도자가 훌륭한 일을 하게 된 이면에는 늘 유능한 보조자가 있다. 모세가 전쟁을 위하여 기도할 때도 아론과 훌이 기도하는 모세를 동반하여 그를 도왔다. 모세의 기도하는 손이 내려오면 이스라엘이 지게 되므로 손이 내려오지 않도록 붙들고 있어야 했다. 이는 혼자 기도하는 것보다 여럿이 기도하는 것이, 여럿이 기도하는 것보다 공동체 전체가 함께 기도하면 더 놀라운 기도의 응답을 기대할 수가 있다는 것이다. 또한 교회지도자들이 하나님의 사역을 할 때 피곤해질 수 있다. 그때 성도들은 항상 지도자들을 돌아보아 그들이 피곤해하며 근심하지 않도록 협력해야 한다(히 13:17). 그럴 때 교회가 부흥하며 주님께 영광을 돌릴 수 있게 된다. 아론과 훌 같은 성도들의 기도의 협력이 반드시 필요하다.

왕자의 지위를 누렸던 모세는 살인자가 되어 미디안 광야에서 처가살이를 하면서 장인의 양들을 치는 목동이 되었다. 죄인 중에서 가장 큰 죄인은 살인 죄인이며, 남자 중에서 가장 못난 남자가 처가살이 하는 남자라고 한다. 그리고 그 당시 가장 천한 직업이 목동이었다. 모세는 더 이상 내려갈 수 없는 최악의 바닥 인생으로 전락하여 양떼와 함께 도피자의 생활을 했다. 그 속에서 인내심과 온유함을 배우게 되었다. 이러한 모세가 하나님의 택하심을 받아 민족의 운명을 걸고 기도하는 지도자로 변했다. 하나님이 종으로 택하시고 신임하는 기준은 학력이나 재물, 인물이나 지위가 아니라 인내와 온유와 겸손과 믿음이다. 하나님 앞에 자신을 낮추고 목숨까지도 걸고 기도하는 자를 택하시고 사랑하신다. 희생하면서 기도할 줄 아는 사람들을 통해서 하나님은 역사하신다.

2. 엘리야의 기도

디셉 사람 엘리야는 "여호와는 나의 하나님" 이란 의미다. 엘리야가 선지자로 활동하던 시대에 북 왕국 이스라엘의 아합 왕은 시돈 왕 엣바알의 딸 이세벨을 아내로 맞이함으로써 이스라엘을 바알신과 아세라 목상을 섬기는 우상숭배의 나라로 만들었다. 그 결과 여호와의 종교는 극심한 박해 아래 놓이게 되었고, 선지자들은 말살될 위기에 있었다. 이때 엘리야 선지자는 결단을 내렸다. 아합 왕에게 도전장을 내어 바알과 아세라 선지자들과 갈멜산에서 어떤 신이 참 신인가를 놓고 대결하자고 제의했다.

(1) 운명을 건 도전
① 아합 왕의 종교 정책
이스라엘 왕 아합은 시돈 왕의 딸 이세벨을 아내로 삼음으로써 이스라엘의 종교정책에 큰 변화를 가져왔다. 그것은 가나안의 주신이며 농경신인 바알과 그 여신인 아세라를 도입하여 사당과 산당들을 만들어 아합 왕 자신뿐만 아니라 백성들에게 숭배하도록 했다. 이세벨은 바알과 아세라 선지자들을 왕궁 식탁에서 먹게 했다. 이 죄악은 북 왕국의 몰락을 재촉하는 원인이 되었다.

② 생명을 건 엘리야의 도전

"그런즉 사람을 보내 온 이스라엘과 이세벨의 상에서 먹는 바알의 선지자 사
백오십 명과 아세라의 선지자 사백 명을 갈멜산으로 모아 내게로 나아오게
하소서" 왕상 18:19

아합과 이세벨은 여호와의 종교를 적극적으로 박해하여 선지자들을 멸절시키려 했으므로 살아남은 선지자들은 모두 숨어버렸다. 그러나 이때 엘리야는 홀로 도전장을 내고 갈멜산에서 바알과 아세라 선지자들과의 대결을 제의했다. 이 싸움은 850대 1의 대결로 자신의 생명과 여호와 종교의 운명을 건 도전이었다. 여호와 하나님과 바알과 아세라를 섬기며 방황하던 이스라엘 백성들이 이중적이고 혼합된 종교생활에서 벗어나길 바라는 싸움이었다. 엘리야의 도전은 고독한 결단이었으며, 그의 생명과 여호와의 종교를 위한 운명의 대결이었다.

(2) 불로 응답 받은 엘리야의 기도

① 무너진 제단을 다시 쌓음

"그가 무너진 여호와의 단을 수축하되 야곱의 아들들의 지파의 수효를 따라
엘리야가 돌 열두 개를 취하니" 왕상 18:30~31

바알 선지자들의 기도가 실패로 끝나자 엘리야는 먼저 아합에 의하여 훼파된 하나님의 제단을 다시 쌓았다. 이는 여호와 하나님이 열두 지파가 섬겨야

할 하나님이라는 것과 그 하나님에 대한 신앙을 재건해야 한다는 것을 백성들에게 강조한 것이었다. 하나님은 오직 여호와 한 분이라는 것과 여호와 종교는 재건되어야 한다는 강한 의지를 표현한 것이다.

② 언약의 하나님께 기도함

"아브라함과 이삭과 이스라엘의 하나님 여호와여"라는 엘리야의 기도는 이스라엘 백성들과 언약을 세우신 하나님, 그 언약을 지키기 위하여 지금까지 일하고 계시는 하나님께 대한 기도였다. 바알처럼 말 못하는 우상이 아니라 말씀하시며, 역사 속에서 이스라엘 백성들과 함께 하시는 살아계신 하나님께 기도드린 것이다.

(3) 하나님의 영광을 위하여 기도함

"저녁 소제 드릴 때에 이르러 선지자 엘리야가 나아가서 말하되 아브라함과 이삭과 이스라엘의 하나님 여호와여 주께서 이스라엘 중에서 하나님이신 것과 내가 주의 종인 것과 내가 주의 말씀대로 이 모든 일을 행하는 것을 오늘 알게 하옵소서" 왕상 18:36

엘리야의 기도는 하나님께서 살아계심을 나타내주시고, 참 하나님이심을 입증해 달라는 것이었다. 이스라엘 백성이 여호와에 대한 믿음을 회복하는 일은 하나님께 영광이 되는 일이었기 때문이다.

(4) 응답의 확신을 가지고 기도함

엘리야는 응답의 확신을 가지고 하나님께 기도했다. 그가 아합 왕에게 도전하고, 백성들을 향하여 참 하나님을 선택하라고 할 때 이미 응답을 확신하고 있었다. 응답을 믿지 않는 기도는 기도가 아니다.

(5) 불로 응답 받은 엘리야의 기도

"이에 여호와의 불이 내려서 번제물과 나무와 돌과 흙을 태우고 또 도랑의 물
을 핥은지라" 왕상 18:38

엘리야의 기도는 불의 응답을 받았다. 하나님의 불은 제물과 제단을 태웠
다. 엘리야의 기도는 제물이 있는 기도였으며, 하나님은 그 제물을 받으시고
응답하셨다. 이 세상의 모든 사람들을 위해서 예수 그리스도는 영원한 제물
이 되셨다. 그러기에 예수 그리스도를 통해 신령과 진정으로 드리는 우리의
기도에 하나님은 응답을 하신다.

하나님은 까마귀를 통해서 엘리야를 돌보기도 하셨고, 천사를 통해서 살리
기도 하셨다. 과부의 떡으로 끼니를 때우기도 했던 엘리야 선지자는 기도의
능력을 가진 자였다. 사르밧 과부의 가루와 기름으로 기사를 행하였고, 주모
의 아이를 살리기도 하였으며, 비를 오게도 했고, 불을 부르는 기적도 일으켰
다. 그러나 믿음이 약해졌을 때는 좌절에 빠져 죽기를 구하기도 했던 우리와
같은 사람이다. 엘리야를 통해서 우리는 하나님을 신뢰하고 기도하는 담대한
모습을 배워야 할 것이다.

3. 에스더의 기도

"에스더"의 이름의 뜻은 '별'이다. 에스더는 바사(페르시아)의 아하수에로 왕의 왕후인 와스디가 폐위된 후 B.C 478년에 왕후가 되었다. 에스더는 이스라엘 민족이 페르시아에서 포로생활을 할 때 하만이라는 총리대신이 모르드개와 유대 민족을 말살하려는 정책에서 극적으로 민족을 구한 이스라엘의 여성이다. 에스더가 민족을 구한 수단은 모험도 아니요 전략도 아닌 "죽으면 죽으리이다"라는 자세로 하나님께 기도한 결과였다. 이 에스더의 기도는 모든 성도들에게 비장한 기도의 전형으로 오늘날까지 귀감이 되고 있으며, 예수 그리스도의 겟세마네의 기도와 비교할 수 있을 것이다.

(1) 합심기도였다

에스더의 기도는 혼자만의 기도가 아니라 온 이스라엘 민족의 마음을 한데 묶어 하나님께 드리는 합심기도 안에서 이루어졌다. 에스더는 기도하기 전에 사촌오빠이자 의부인 '모르드개'에게 부탁하기를 '가서 수산에 있는 유다인을 다 모으고 나를 위하여 기도해줄 것'을 청했다. 온 민족이 위기를 당했을 때 합심하여 하나님께 도움을 간구하였기에 역사하는 힘이 컸던 것이다.

예수님께서는 "진실로 다시 너희에게 이르노니 너희 중의 두 사람이 땅에서 합심하여 무엇이든지 구하면 하늘에 계신 내 아버지께서 그들을 위하여 이루게 하시리라"(마 18:19)고 약속하셨다. 그러므로 성도들은 교회를 위하여 합심하여 기도할 뿐만 아니라 많은 사람들을 위해서 기도해야 한다. 합심기도는 하나님께 응답 받는 기도이기 때문이다. 교회 공동기도 제목은 합심기도다.

(2) 금식기도였다

"금식하되 밤낮 삼 일을 먹지도 말고 마시지도 마소서 나도 나의 시녀와 더불어 이렇게 금식한 후에"(에 4:16)라고 했다. 금식기도는 한마디로 하나님 앞에서 인간적인 모든 지혜와 수단과 힘을 포기한다는 뜻이 담겨 있다. 금식기도 그 자체가 중요한 것이 아니라 인간의 가장 기본적인 생존 수단까지 유보하고 모든 것을 하나님께 맡겨 해결받겠다는 신앙적 자세가 중요하다. 유다 민족을 멸절시키려는 페르시아의 하만의 정책 배후에는 하나님의 백성들을 멸망시키려는 사탄의 의지가 있었던 것이다.

"내가 기뻐하는 금식은 흉악의 결박을 풀어주며 멍에의 줄을 끌러주며 압제 당하는 자를 자유하게 하며 모든 멍에를 꺾는 것이 아니겠느냐"(사 58:6). 금식기도는 응답이 빠르다. 사탄과의 투쟁에서 이길 수가 있다.

(3) 믿음의 기도였다

당시 페르시아는 거대한 제국이었고, 아하수에로 왕은 그 영토를 인도로부터 에디오피아에 이르기까지 넓혀 위세를 떨쳤다. 그와 같은 왕 앞에 부름 받지 않고 함부로 나아가는 것은 화를 자초하는 일이었다. 죽음을 면한다 할지라도 왕의 진노를 사게 되어 민족을 위하여 진언하려는 목적이 오히려 일을 더 그르치게 할 우려도 있었기 때문이다. 그럼에도 불구하고 "규례를 어기고 왕에게 나아가리니"라고 에스더가 결심한 것은 하나님의 권세를 믿었기 때문이다. 이처럼 기도에는 굳건한 믿음이 필요하다. 하나님의 권세를 간청해놓고 세상의 힘에 좌지우지되어서는 안 된다. "믿음으로 구하고 조금도 의심하지 말라 의심하는 자는 마치 바람에 밀려 요동하는 바다 물결 같으니"(약 1:6), 이런 기도는 응답이 없다는 사실을 알아야 한다.

(4) 결단과 거룩한 기도였다

"당신은 가서 수산에 있는 유다인을 다 모으고 나를 위하여 금식하되 밤낮 삼일을 먹지도 말고 마시지도 마소서 나도 나의 시녀와 더불어 이렇게 금식한 후에 규례를 어기고 왕에게 나아가리니 죽으면 죽으리이다" 에 4:16

"죽으면 죽으리이다"라는 기도는 결단의 기도다. 마치 겟세마네 동산에서 십자가의 죽음을 순종한 그리스도와 같은 자세다. 이 기도는 극악한 환경에서 생명과 죽음까지 모든 것이 하나님께 달려있으니 주님의 손에 모든 것을 일임하겠다는 기도였다. 기도는 궁극적으로 하나님의 뜻에 대해 순종하는 결단이다. 에스더의 기도는 순교를 각오한 기도였기에 거룩한 기도라고 할 수 있다. 나를 위한 기도가 아니라 민족을 위하여 나를 제물로 드리겠다는 중보적 기도요, 순교적 기도이기에 거룩하다. 이와 같은 기도는 하나님 마음에 합치된 기도이기에 응답이 확실하고 풍성하며 아름답다. "내 이름으로 무엇이든지 내게 구하면 내가 행하리라"(요 14:14)는 언약은 바로 에스더처럼 거룩한 목적과 의지를 지니고 기도하는 성도에게 해당된다.

에스더가 자기 민족을 구하기 위해 죽음을 무릅쓰고 왕 앞에 섰을 때, 왕은 오직 사랑하는 에스더 때문에 은총을 베풀어 유다 백성을 살려준 것이다. 우리도 우리가 의인이고 똑똑하고 잘나서 구원받은 것이 아니다. 죄로 인하여 추하고 더러운 존재이지만 하나님께서 죽기까지 순종한 예수 때문에 우리를

의롭다하시고, 거룩한 하나님의 자녀로 인정해주시고 우리의 기도를 응답해
주시는 것이다.

4. 세리의 기도

세리란 예수님 당시에 경제적으로는 부유할지 모르지만 이중 삼중의 눈총
을 받는 직업이었다. 로마인들에게는 세금을 떼어먹을지도 모른다는 의심을
받았고, 유대 종교사회에서는 가장 천대받는 직업으로 분류되었고, 백성들에
게는 혈세를 걷어가는 사람으로 원성의 대상이었다. 그러기에 세리는 어느
자리에 가든지 어깨를 펴고 다닐 수 없었다.

한편 바리새인은 율법을 가장 잘 지키는 것을 자부하는 자들로서 늘 당당
하고 자신 있게 살아가는 사람들이었다. 그래서 많은 사람들의 존경을 받기
도 하였지만 예수님 시대에는 도가 지나쳐서 백성들에게 도리어 부담을 주기
도 했다. 세리와 바리새인은 당시 사회의 여건으로 보아 거의 모든 면에서 비
교를 할 수 없는 존재였다.

(1) 바리새인과 세리의 기도 비교

"세리는 멀리 서서 감히 눈을 들어 하늘을 쳐다보지도 못하고 다만 가슴을 치
며 이르되 하나님이여 불쌍히 여기소서 나는 죄인이로소이다 하였느니라"

눅 18:13

두 사람이 모두 성전에 올라가서 하나님을 향하여 기도를 드렸다. 그러나

기도의 내용과 자세가 전혀 다른 것을 볼 수 있다. 바리새인의 기도는 길었고, 주어가 '나' 였다. 세리의 기도는 짧았고, 주어가 '하나님' 이었다.

내용을 보면 바리새인의 기도는 자신의 덕 목록을 자랑하는 형태로 되어있다. 즉 토색, 불의, 간음을 피하고 금식과 십일조를 함으로써 복을 얻고자 하였다. 바리새인은 속죄일 하루 금식하는 율법 지키는 것을 넘어서서 일주일에 두 번이나 금식을 하였다는 것이다. 세리는 이와는 대조적으로 멀리 서서 감히 하늘을 우러러 보지도 못하고 가슴을 치면서 자신을 '죄인' 으로 고백하며, 하나님의 자비를 호소하고 있다. 이처럼 세리는 자신의 죄인 됨을 고백함으로써 하나님 앞에 의롭다함을 받은 것이다.

(2) 하나님이 받으시는 기도

기도는 인간과 하나님과의 의사소통을 가능케 한다. 우리가 기도할 때 하나님께서는 하나님의 뜻을 말씀하시고 응답하신다. 바울은 말하기를 그리스도인들은 기도를 통하여 그리스도의 마음을 지닌다(빌 2:5)고 했다. 예수님께서 하나님의 뜻을 따르기 위해 순간순간을 기도로 준비하였듯이 믿음을 가진 우리들도 세상 끝날까지 자신의 길을 준비하며 기도해야 한다는 것이다. 그래서 이 땅의 교회는 떡을 떼며 나누고, 연약한 자들을 위해 기도하며, 공동체 안의 가난한 자들에게 관심을 가져야 한다. 이는 코이노니아(공동체적 삶)로서 믿는 자들의 삶에 매우 중요한 요소다(행 2:42~47, 4:32~37).

(3) 예수님이 인정하시는 기도

'내가 너희에게 이르노니 이에 저 바리새인이 아니고 이 사람이 의롭다 하심

을 받고 그의 집으로 내려 갔느니라 무릇 자기를 높이는 자는 낮아지고 자기

를 낮추는 자는 높아지리라 하시니라" 눅 18:14

도대체 바리새인이 무엇을 잘못했는가? 또한 세리는 자기의 죄를 보상받기 위하여 무슨 일을 했는가? 바리새인은 그 당시 종교 생활에 최선을 다했다. 그러나 세리는 사회적으로나 종교적으로 볼 때에 당시의 죄인을 대표한다고 볼 수 있다. 그런데 놀랍게도 예수님은 "스스로 의롭다고 생각하여 자기를 높이는 자가 아니라 스스로 죄인이라고 낮추는 그리고 하나님만을 의지하는 자가 하나님 앞에 의롭다함을 받는다." 하시며 세리를 의롭다고 말씀하셨다.

바리새인보다 세리가 의롭다함을 받은 이유가 무엇인가? 하나님의 관심은 과거의 기록이 아니라 하나님께 대한 현재의 태도다. 바리새인은 아무 부족함이 없기 때문에 하나님께서 하실 일이 없다는 것이다. 그러나 세리는 늘 자신의 삶에 만족하지 못하였기에 하나님께 소망을 두었다. 즉 세리가 하나님 앞에 의롭다함을 받은 것은 자신의 의로운 행동 때문이 아니라 하나님 앞에 자비와 은혜를 호소함으로써 가능했다는 것이다.

그러므로 세리의 기도는 어떤 기도가 하나님으로부터 의롭다 함을 받을 수 있는가를 가르쳐주고 있다. 바로 우리가 해야 할 기도는 '겸손한 기도' 라는 것이다. 즉 세리의 기도는 '어린이가 아버지에게 잘못을 빌듯이 하나님께 용서를 비는' 기도다. 세리의 기도를 하나님이 받으신 이유는 세상 사람의 가치 판단에 의해서가 아님을 가르쳐주고 있다. 우리가 가지고 있는 고정관념이 항상 올바른 것은 아니며 하나님 앞에서는 언제나 뒤바뀔 수 있다는 것이다. 바른 신앙생활을 한다고 하면서 남을 우습게 생각하며 비판하는 사람들은 바

리새인과 같은 사람일 것이다. 바른 신앙과 기도는 오직 하나님께서 판단하시는 것이다.

올바른 기도는 내 뜻을 하나님께 전달하는 것이 아니라 내 삶을 하나님을 향하여 바로 서도록 하는 것이다. 어떠한 형식과 화려한 수식어가 중요한 것이 아니라 자신의 처지를 진지하고 진솔하게 내어놓고 하나님의 은총을 바라는 것이다. 지금 내가 하고 있는 기도의 내용과 태도가 하나님이 받으시고 예수님께서 인정하는 기도가 될 수 있도록 바른 기도의 생활을 하여야 할 것이다.

5. 과부의 기도

사람들은 누구나 각기 소원을 가지고 있다. 그 소원이 간절해지면 원이 되고 한이 되며 갈망이 된다. 한 과부가 그 도시에 있는 재판장에게 찾아가 원수에 대한 자기의 원한을 풀어 달라고 호소하였다. 이 과부의 안타까움이 어쩌면 우리의 가슴속에도 안겨있을지도 모른다. 그러면 이 과부가 이와 같은 절망과 좌절에 빠져있음에도 불구하고 어떻게 하여 자기의 모든 소원을 만족하게 해결하였으며, 가슴에 맺힌 원한을 풀 수 있었을까?

(1) 피맺힌 소원을 안고 재판관을 찾아가 간절하게 호소했다.

이 과부는 힘이 없고 연약하며 멸시와 천대를 받아오던 무명의 존재였다. 그러나 그냥 주저앉아 쓴잔만 마시고 드러누운 참패의 인생이 되지 아니하고 용기를 내어 자기를 능히 도울 수 있는 재판관을 찾아 나서서 그에게 간절하게 호소하였던 것이다.

주님께서는 지금 우리를 향하여 "수고하고 무거운 짐 진 자들아 다 내게로 오라 내가 너희를 쉬게 하리라"(마 11:28), "너희가 내 이름으로 무엇을 구하든지 내가 행하리라"(요 14:13)라고 말씀하고 계신다. 하나님은 언제나 부르짖는 기도에 크게 관심을 가지시고 계실 뿐 아니라 언제나 도와주실 능력의 팔을 벌리시고 계신다. 그 분은 우리를 향하여 응답의 귀를 기울여 관심 있게 그리고 세밀하게 굽어 살펴주시고 계신다.

(2) 조금도 낙망치 않고 기도했다.

이 과부는 밤낮을 가리지 아니하고 자기의 소원이 성취될 때까지 호소했다. 성도가 기도하고도 낙망하는 것은 하나님에 대한 불신앙의 행위요 불순종의 태도가 되는 것이다. 예수님이 이 과부에 대한 비유를 말씀하신 이유는 항상 기도하고 낙망치 말아야 될 것을 가르치기 위함이다. 하나님을 진심으로 믿는 자는 무슨 일을 당하여도 낙망치 않는다. 사도 바울은 말하기를 "우리가 사방으로 우겨쌈을 당하여도 낙심하지 아니한다"(고후 4:8)고 하였다. 무슨 일에나 낙심을 잘하는 자는 주님보다도 다른 것을 믿고 있거나, 주님보다 자신을 더 믿고 있기 때문이다. 인간이란 참으로 약한 존재이기 때문에 성공할 때도 있지만 실패할 때도 있다. 그러나 주님의 이름으로 하는 일이라면 실패한 중에서도 반드시 선을 이룰 줄 믿고 참아야 한다.

그 유명한 디 엘 무디도 한때는 낙심 중에 빠져들 때가 있었다. 이유는 그가 열심히 전도를 하였으나 큰 열매가 나타나지 않았기 때문이다. 그때 그는 문득 가슴속 깊이 부딪쳐 오는 교훈이 하나 있었다. 그것은 노아가 120년 동안 외쳤어도 한 사람도 회개하는 자를 보지 못하였지만 한 번도 낙심하지 아니했다는 성경내용이었다. 무디는 노아 이야기에 큰 감동과 위로를 받게 되었고 다시 한 번 용기를 내어 열심히 전도하였다. 마침내 그의 전도를 받은 사람의 수가 5천만 명이나 되고 결실된 숫자가 100만 명이라는 어마어마한 열매를 맺게 되었던 것이다.

낙심은 신앙의 금물이며 성공을 앗아가는 무형의 대적이다.

"우리가 선을 행하되 낙심하지 말지니 포기하지 아니하면 때가 이르매 거두리라" 갈 6:9

(3) 자기 힘이 아닌 권세 있는 재판관에게 맡겼다.

과부는 문제를 자기 힘과 자기 노력과 자기의 방법으로서는 도저히 해결할 수 없다고 하는 사실을 알았다. 그는 자기 문제를 해결해 줄 사람이 필요했고, 능히 해결하여 줄 수 있는 사람은 재판관이라고 생각하여 그를 찾아가 자기 문제의 해결을 통째로 맡겨 버렸다. 사람이 자기 힘으로 무엇을 하려고 기도 없이 서둘 때보다도 하나님께 기도하며 기다리고 맡긴 후 착수할 때가 더욱 결실이 좋아지는 것을 우리는 체험한다. 그러므로 이 과부는 자기의 억울함을 원수와 직접 부딪혀서 결판 지으려고 하지 아니하고 재판관에게 호소하며 온전히 맡겨 버렸던 것이다. 우리의 배후에서 항상 역사하시고, 도와주시는 주님을 늘 기억하고 있는가? 하늘과 땅의 모든 권세를 가지시고 원수 마귀를 멸하시는 능력으로 역사하시는 주님께 모든 것을 맡기고 기도하는 삶을 살아야 한다.

(4) 응답해주지 않고는 견딜 수 없도록 끈질기게 간청했다.

드디어 재판장은 끈질기게 찾아와 간청하는 과부의 소원을 들어주지 않고서는 더 이상 버티고 견딜 수가 없게 된 사실을 알고 그가 한 말을 보면 "이 과부가 나를 번거롭게 하니 내가 그 원한을 풀어주리라 그렇지 않으면 늘 와서 괴롭게 하리라"고 하였다. 드디어 이 과부는 재판관의 마음을 움직일 수 있었으며 자기의 원한 맺힌 소원을 풀 수가 있었던 것이다.

주님께서는 "또 이르시되 불의한 재판장이 말한 것을 들으라 하물며 하나님께서 그 밤낮 부르짖는 택하신 자들의 원한을 풀어주지 아니하시겠느냐 그들에게 오래 참으시겠느냐 내가 너희에게 이르노니 속히 그 원한을 풀어주시리라"(눅 18:6~8)고 말씀하셨다. 이 과부의 원한을 풀어주신 전능하신 하나님은 오늘도 우리의 부르짖는 모든 소원을 응답해주시기 위하여 귀를 기울이시며, 우리의 삶을 인도하시고 역사하여 주시고 계신다.

6. 예수님의 기도

영원 전부터 하나님 아버지와 함께 계시며 대화를 하셨던 예수님께서는 이 땅에 육신을 입고 계셨을 때에도 그 대화를 그치지 않으셨다. 그것은 바로 기도생활이다. 인간의 육신을 입고 오신 하나님인 예수 그리스도는 공생애를 시작할 때부터 십자가에서 숨을 거둘 때까지 기도로써 인성을 극복하시고 그 거룩하신 사명을 능히 감당하셨다. 자신을 해하는 무리를 향하여 용서를 구하는 그리스도의 기도는 오늘 우리가 구해야 할 기도의 표본이다.

(1) 그리스도의 금식기도

그리스도의 금식기도는 공생애를 시작하시기 위한 준비기도였고, 마귀를 이김으로써 메시아로서의 사역가능성을 확보했다. 예수님의 금식기도는

첫째, 성령 안에서 하신 기도이다. "예수께서 성령에게 이끌리어"(마 4:1). 기도는 인간의 힘만으로 하는 것이 아니라 성령의 도우심을 힘입어야 함을 보여준다.

둘째, 자기 절제의 기도이다. 하나님께서 "내 사랑하는 아들이요 내 기뻐하는 자"(마 3:17)라고 말씀하신 직후다. 우리는 곤란할 때뿐만 아니라 하나님과 사람에게 크게 인정받았을 때에도 교만하지 않도록 절제하는 기도를 해야 한다.

셋째, 결단의 기도이다. 공생애를 시작하면서 하나님의 뜻을 내 것으로 삼을 것을 결단하며 고백하셨다. 금식기도를 통하여 그리스도께서는 인생의 약함과 사탄의 유혹을 하나님의 말씀으로 물리치고 승리하셨다.

(2) 제자들을 선택하기 전에도 기도

"이 때에 예수께서 기도하시러 산으로 가사 밤이 새도록 하나님께 기도하시고 밝으매 그 제자들을 부르사 그 중에서 열둘을 택하여 사도라 칭하셨으니"

눅 6:12~13

주님께서는 하나님의 사역을 이어 갈 후계자들인 제자들을 택하실 때 많은 기도를 하셨다. 그와 같은 중대한 일은 하나님 아버지의 교회에 대한 섭리이기에 하나님 아버지와 의논하고, 그 뜻을 물으시고, 마지막 결정권은 아버지께 맡긴 것이다. 참으로 겸손한 마음으로 드린 기도다.

우리는 교회의 일꾼을 뽑을 때 주님처럼 신중하게 기도 가운데 선택하여야 한다. 재정의 능력과 사회적인 지위를 보고 선택하지 말고 그 사람의 신앙이나 인격을 보고 선택해야 한다.

(3) 오병이어의 기적도 기도로

"무리를 명하여 잔디 위에 앉히시고 떡 다섯 개와 물고기 두 마리를 가지사 하늘을 우러러 축사하시고 떡을 떼어 제자들에게 주시매" 마 14:19

보리떡 다섯 개와 물고기 두 마리가 오병이어다. 이것은 어린아이가 예수님 말씀을 들으러 간다고 하기에 엄마가 싸서 준 도시락 한 개의 분량이다. 쌀밥도 아니고 보리떡이다. 그것이 주님 손에 들려질 때 5,000명이 먹었고 12광주리에 남았다. 무엇이 이 같은 기적을 일으켰을까? 어린아이의 순종과 예수님의 축복기도가 이와 같은 기적을 낳은 것이다.

(4) 겟세마네의 기도

"이르시되 아빠 아버지여 아버지께는 모든 것이 가능하오니 이 잔을 내게서 옮기시옵소서 그러나 나의 원대로 마옵시고…" 막 14:36

그리스도의 겟세마네의 기도는 한마디로 우리에게 '기도의 본질' 에 대해서 가르쳐준다.

첫째, 결단의 기도다. 십자가를 피하기 위한 기도가 아니라 십자가를 지시기 위해 영·육간에 준비를 하는 마지막 결단의 기도다.

둘째, 혼자만의 기도다. 충실한 제자들이 있었지만 십자가를 앞에 놓고 기도하실 때는 도움이 되지 못했다. 우리들의 기도도 성령께서 기도를 도와주시고, 성도들이 합심하여 함께 기도해 준다 해도 기도는 '내가 하는 것'이다.

셋째, 간구의 기도다. '아버지께서는 모든 것이 가능하오니'라는 믿음과, 긍정적인 자세와, 진실한 자세로 기도하셨다.

넷째, 하나님의 아들다운 기도다. '나의 원대로 마옵시고 아버지의 원대로 하옵소서'라고 마침 기도를 했다.

우리 성도들은 십자가 죽음 후 부활하실 것을 믿고 생명을 맡겼던 예수님처럼 전폭적인 신뢰와, 진리를 위한 고난에 적극적인 참여를 결단하는 기도가 필요하다.

(5) 십자가상의 기도

"이에 예수께서 이르시되 아버지 저희들을 사하여 주옵소서 자기들이 하는
것을 알지 못함이니이다 하시더라 그들이 그의 옷을 나눠 제비 뽑을새"

눅 23:34

십자가에서 하신 일곱 가지 말씀(가상칠언)은 인간에게 하신 것이 두 번, 독백이 두 번, 하나님께 하신 기도가 세 번이다. 세 번의 기도는 ① 용서의 기도 — 자기를 못 박은 로마 군병들, 빌라도, 대제사장, 장로들, 유대백성들을 용서해 주시기를 기도한다. 예수가 메시아인 것을 알지 못하는 그들이 무지해서 범죄한 것임을 아시고 용서하셨다. 죄는 미워도 인간의 영혼을 사랑하신 주님의 용서는 복음의 핵심이다. ② 대속을 위한 고통의 기도 — "나의 하나님, 나의 하나님 어찌하여 나를 버리셨나이까"(막 15:34)라는 하나님께 대한 처절한 기도는 죄인들이 죄 값으로 지옥에 던짐을 당하는 모든 고통을 대신 담당하는 절규였다. ③ 대속사역의 완수를 고하는 의탁의 기도 — "예수께서

큰소리로 불러 이르시되 아버지 내 영혼을 아버지 손에 부탁하나이다"(눅 23:46)라는 기도는 하나님의 아들로서 이 세상에서 메시아적 사역을 완수했다는 보고이며, 죄와 십자가에서의 승리를 확인하는 증언이다. 그것은 인자로서의 고난의 생애를 마치고 영원한 생명의 세계에서 안식하기를 바라는 의탁의 기도다.

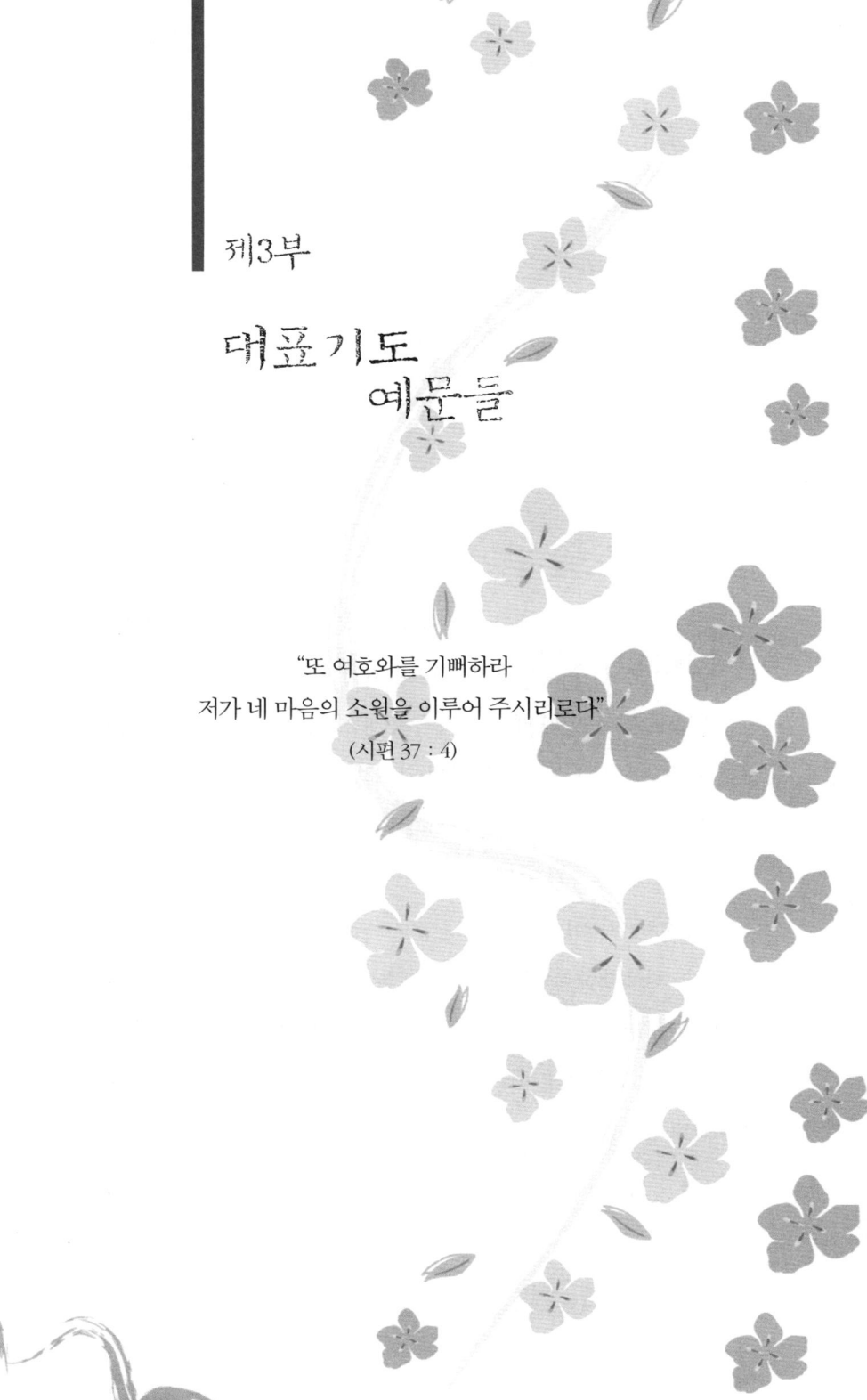

제3부

대표기도
예문들

"또 여호와를 기뻐하라
저가 네 마음의 소원을 이루어 주시리로다"

(시편 37 : 4)

기도하는

데는 따라야 할 몇 가지 절차가 있다. 절차가 필요한 이유는 계획성 있게 준비함으로써 효과적이고 완전한 기도를 드릴 수 있기 때문이다. 특히 대표 기도나 공중 기도에 있어서는 순서를 마음속에 정해 놓고 메모하여 기도하는 습관을 길러야 할 것이다. 그러나 중요한 것은 절차와 형식이 아니라 진실한 마음가짐인 것을 알아야 한다.

찬양(Adoration)

기도는 거룩하신 하나님 앞에 드리는 것이므로 하나님께 대한 찬양이 앞서야 한다. 예수님께서 가르치신 주기도문에서 보면 하나님께 대한 찬양과 영광이 서두에 나와 있다. 따라서 기도에 있어서 하나님의 이름을 높이는 기도가 우선되어야 한다.

감사(Thanksgiving)

감사하지 않는 것은 하나님께 죄를 범하는 것이다. 바울은 "너희 구할 것을 감사함으로 하나님께 아뢰라"(빌 4:6)고 하였다. 간구하기 전에 먼저 감사하는 기도를 드려야 한다. 감사함을 안다는 것은 우리에게 임하신 하나님의 은혜를 깨닫는 것이다.

회개와 고백(Confession)

하나님께 무엇을 기도하기 전에 먼저 선행되어야 할 것이 하나님과의 관계를 바르게 확립하는 것이다. 그 중에서도 제일 중요한 것이 자신이 죄인임을 고백하고, 지은 죄를 남김없이 회개하는 것이다. 이 회개와 고백을 통해서 하나님께 죄 사함을 받아야만 정당한 관계를 회복할 수 있다.

간구(Supplication)

원하는 바를 하나님께 아뢰는 것이 간구이다. 간구에서 중요한 것은 하나님께서 기뻐하시는 일을 구해야 한다는 것이며 육체의 정욕으로 쓰려고 해서는 안 된다는 것이다. 바람직한 간구는 자신의 유익만을 위하는 간구가 되어서는 안 되며, 이웃과 섬기는 교회와 이 나라와 민족을 위해서 먼저 간구하는 것이 성숙한 신앙인의 자세이다.

예수님 이름으로 기도함

사람이 하나님께 기도할 수 있는 것은 신자의 특권이며 가장 큰 복이다. 그러나 우리 인간은 보잘 것 없이 천하고 낮은 존재이기 때문에 하나님과의 중보자이신 예수님의 이름을 힘입어 기도하는 것이다.

"아멘"으로 마침

아멘은 '확신하다, 확증하다, 진실로, 확실히' 등의 뜻이 있다. 기도에서는 하나님의 언약과 기도의 응답이 그리스도로 말미암아 성취된다는 의미에서 "아멘"이라고 말한다. 그러므로 아멘은 기도문의 총 결론으로 쓰이는 것이다.

참회의 기도

참회의 기도는 주일 낮 예배 때 사회자 혹은 예배담당자가 하는 경우가 많다. 일반적으로 예배 순서 앞부분에 찬송과 예배의 부름 다음 순서에 참회의 기도 및 사죄의 선언이 있게 된다. 참회의 기도 후에 교독문 낭독과 주기도문, 찬송, 대표기도, 성경 봉독 등의 순서로 진행되게 된다.

특히 예배 중에 참회의 기도 및 사죄의 선언 순서가 있는 경우에는 대표기도 담당자는 회개와 고백의 내용을 넣지 않고 기도하는 것이 바람직하다.

1

참회의 기도

살아계신 하나님!

지난 한 주간도 하나님의 은혜 가운데 품어주시고 인도하심을 감사합니다.

이천년 전에 이 땅에 오셔서 저희들의 죄와 허물을 대신 지시고 십자가에 달리신 예수님!

이 시간 주님 앞에서 한 주간의 모습을 돌아보며 우리의 허물을 고백하오니 십자가의 보혈로 씻어 주옵소서.

주님께서는 저희를 위해 하늘 보좌를 버리시고 이 땅에 낮고 천한 모습으로 오셨건만 저희들은 주님의 은혜를 잊어버리고 살아갈 때가 많았습니다.

주님의 사랑과 은총에 감사하기보다는 불평과 원망으로 살 때가 많았습니다.

빛 된 생활을 말씀하셨지만 어두움의 일을 벗지 못했습니다.

택하신 족속이요 왕 같은 제사장으로서 주님의 아름다운 덕을 선포하라 하셨지만 주저하며 증인된 삶을 살지 못했습니다.

이 시간 죄의 유혹 앞에 무너지는 우리의 연약함을 바라보며 애통하며 참회하오니 용서하여 주옵소서.

2
참회의 기도

살아계신 하나님!

지난 한 주간의 삶도 지켜주시고 은혜 가운데 이끌어주심을 감사드립니다. 이 시간 주님 앞에서 우리의 모습을 돌아보며 참회하오니 용서하여 주옵소서.

살아계신 하나님!

하나님을 사랑하되 마음과 성품과 힘을 다하여 사랑하라 하셨지만 그렇게 살지 못했습니다. 이웃에 대해 사랑과 용서를 말씀하셨지만 온전히 사랑하지 못하고 용서하지 못했습니다. 때를 얻든지 못 얻든지 천국 복음을 전파하라 하셨지만 때와 장소를 가리며 주저했던 적도 있었습니다. 이웃의 고통과 아픔을 보며 품어주라 하셨지만 외면할 때도 있었습니다. 항상 기뻐하라 쉬지 말고 기도하라 범사에 감사하라 하셨지만 주님의 뜻 가운데 살지 못할 때가 많았습니다.

이 시간 우리의 허물을 바라보며 애통하며 참회하오니 십자가의 보혈로 씻어 주옵소서.

3
참회의 기도

살아계신 하나님!

거룩하고 복된 주일 저희를 주의 성전에 불러주시니 감사합니다.

이 시간 주님의 긍휼하심을 따라 은혜의 보좌 앞에 나아가오니 십자가의 보혈로 씻어 주옵소서!

거룩하신 하나님!

8.15 광복절입니다. 5천 년 자주역사의 맥이 끊어지고 피지배자의 삶을 살던 우리 민족이 주님의 긍휼하심에 힘입어 해방의 기쁨을 얻었습니다. 그러나 지금은 주님의 은혜를 잊어버리고 주님 외에 다른 것들을 의지하며 살아가는 이 민족의 연약함을 보게 됩니다.

공법을 물같이 정의를 하수같이 흐르게 하라는 사명과 민족복음화, 세계복음화라는 증인된 삶을 말씀하셨지만 집단 이기주의와 중상모략이 난무하며 내 자신의 이익과 안일만을 찾아가는 연약함을 바라보게 됩니다.

내 이웃을 내 몸과 같이 사랑하며 하나님 아버지께 감사하라 하셨지만 감사보다는 불평이, 사랑보다는 미움이, 용서보다는 시기, 질투가 앞섰던 이 민족과 저희들의 연약함을 용서하여 주옵소서.

하나님 나라의 백성이며 세상 나라의 국민인 저희가 이제 하나님 나라의 확장과 하나님의 의를 이 땅에 이루며 이 민족과 이 백성을 가슴에 품고 무릎으로 살아가게 하옵소서.

4
참회의 기도

살아계신 하나님!

지난 한 주간도 하나님의 은혜 가운데 품어주시고 인도하심을 감사합니다. 이 시간 주님 앞에서 한 주간의 모습을 돌아보며 우리의 허물을 고백하오니 용서하여 주옵소서.

은혜로우신 하나님!

일주일의 삶을 돌이켜 볼 때 어두운 세상을 비춰야 함에도 빛이 되지 못한 적이 많았음을 고백합니다. 가정과 직장, 모든 삶의 자리에서 소금의 역할을 감당하기 보다는 맛 잃은 소금이 되어 내 자신의 감정과 내 뜻대로만 살아간 적도 많았습니다. 하나님의 나라와 의를 이 땅에 이루라는 주님의 명령을 외면한 채 육신적인 문제에 더 얽매였던 저희들입니다. 용서하여 주옵소서.

날마다 성전에 있든지 집에 있든지 예수는 그리스도라 가르치기와 전도하기를 쉬지 말라 하셨건만 게을리 했습니다. 말에나 일에나 다 주 예수님의 이름으로 하고 그분을 힘입어 감사하라 하셨지만 그렇게 살지 못할 때가 많았습니다. 용서하여 주옵소서.

이제 거룩한 나라요, 하나님의 소유된 백성으로서 구별된 삶을 살게 하시고 택하신 족속이요 왕 같은 제사장으로서 빛 된 삶을 살아가게 하옵소서.

5
참회의 기도

긍휼이 풍성하신 하나님!

오늘도 주의 사랑을 의지하여 저희들이 주님 앞에 나왔습니다.

나올만한 의가 없고 정결함이 없는 것을 알면서도 주께서 부르셨기에, 사죄의 약속이 있기에, 영원한 복을 분명히 우리에게 약속해 주셨기에 감히 이 시간에도 주님 앞에 나와 참회의 기도를 드립니다. 주여, 불쌍히 여겨주시고 이 모습 이대로 영접해 주시기를 기도하옵나이다.

하나님의 뜻이 어디 있는지를 어렴풋이나마 알고 있으면서 그 뜻을 거역하며 살고, 또한 하나님께서 기뻐하시지 않는 바가 무엇인지를 알면서도 불신앙적으로 죄악과 더불어 살며 죄악을 먹고 마시며 산 모든 죄를 자복하오니 용서해 주시기를 기도하옵나이다.

주님의 심장과 주님의 눈으로 죽어가는 영혼들을 바라보며 긍휼히 여기며, 주의 말씀을 증거해야 함에도 그러지 못할 때가 너무 많았습니다. 이제 주님 앞에 자복하오니 불쌍히 여겨주시고, 이 모든 악에서 우리를 건져주시옵소서.

6
참회의 기도

살아계신 하나님!

오늘도 주의 사랑을 의지하여 저희들이 주님 앞에 나왔습니다. 탕자가 집을 나갔을 때 오래오래 기다려주신 하나님, 돌아오는 탕자를 영접하시고 기뻐하신 하나님, 저희들을 영접하시며 이제 과거를 묻지 마시고 이 모든 허물과 부끄러움과 두려움과 죄에서 우리를 건져주시기를 기도하옵나이다.

주께서 우리에게 하나님의 사랑을 알게 하시기 위하여 귀한 부모님을 주셨습니다. 당연히 기쁨을 드려야 할 부모님께 슬픈 마음을 드렸고, 감사한 마음을 드려야 할 저희들이 오히려 눈물과 근심을 드린 것을 용서해 주시기를 기도하옵나이다. 일평생 효도를 다해도 갚을 수 없는 사랑을 받고 살면서 오늘도 계속해서 부모님의 마음을 아프게 하며, 가슴에 못을 박으며, 어두운 그림자를 드리며 산 모든 죄악을 용서해 주시기를 기도하옵나이다.

십자가의 보혈로 속량하시고 탕자의 죄를 묻지 아니하시고 용서하신 것처럼 우리에게도 확실한 사죄의 확증을 주시기를 기도하옵나이다.

7
참회의 기도

전능하신 하나님!

주님의 은혜로 살다가 주님의 은혜로 주님 앞에 나왔습니다. 이 시간도 주의 은혜에 의지하여 참회의 기도를 드리오니 불쌍히 여겨주시기를 기도하옵나이다.

은혜 가운데 살면서 감사할 줄 모르고 행복하게 살면서도 행복을 누릴 줄 모르며, 넘치는 은혜 가운데 사나 여전히 불평과 불만에서 헤어나오지 못한 이 모든 죄악을 주님 앞에 자복하오니 용서해 주시기를 기도하옵나이다.

하나님의 말씀이 들리지 않는다고 원망했으며, 주는 사랑하라 하시나 우리는 미워하고 살았고, 주께서 화목을 원하시는 걸 알면서도 우리는 여전히 불화하며 살아왔습니다. 우리에게 자유를 주셨으나 자유하지 못하고 오히려 불의로 기울며 죄와 방탕의 기회로 삼아왔습니다. 우리에게 선한 일 하라고 많은 물질을 주셨습니다. 그러나 이기적인 생각에 매여서 가지려는 무서운 욕망 때문에 베풀지도 못하며 하나님의 선하신 뜻을 이루지 못하며 물질의 노예가 되고 번민과 고통의 노예가 된 이 모습 이대로 주님 앞에 나왔습니다.

주여, 불쌍히 여겨주시기를 기도하옵나이다. 우리 마음 가운데 있는 깊은 악과 교만과 불신앙과 자기 자신에 매여 있는 이 모든 죄악을 용서하시고 이 악에서 건져주시옵소서.

8

참회의 기도

긍휼이 풍성하신 하나님!

은혜를 감사드립니다. 그렇게 깨닫고도 실천하지 못하는 자에게 또 다시 말씀을 들려주시며 회개하고도 다시금 죄의 길로 방황하던 저희들을 또 다시 은혜의 보좌 앞에 불러주신 것을 감사합니다.

주여, 은혜를 생각하면 종일 찬송을 불러도 끝이 없지마는 우리 자신의 죄를 생각할 때에 고개를 들 수가 없으니 긍휼히 여겨주시기를 기도하옵나이다.

깨달은대로 행하지 못하며 결심한대로 열매 맺지 못하였고, 성령의 감화를 소멸하면서 불의의 길로 갔던 저희들, 주님 앞에 모였사오니 긍휼히 여겨 주옵소서.

주는 사랑하라 하실 때에 우리는 사랑하지 못했으며, 성령은 기뻐하라 말씀하시건만 우리는 슬퍼하며 살았고, 성령이 용서하라 하실 때에 우리는 원수 맺고 살았습니다. 성령은 정결함을 원하건만 우리는 더러운 가운데서 헤어나지 못하고 살아왔습니다. 모든 것이 모든 이유가 나 자신에게 있건만 다른 사람을 원망하기도 하고 하나님을 원망하며 산 모든 불의한 죄를 자복하오니 주여 불쌍히 여겨주시옵소서.

9
참회의 기도

긍휼이 한량없으신 아버지 하나님!

아무리 생각해도 주 앞에 나올 만하지 못하며 주 앞에 나와 찬송을 부를 만큼 진실하지 못한 저희들입니다. 그러나 주께서 인도하시고 부르시고 사랑해주셔서 오늘도 주 앞에 나와 감히 찬송을 부릅니다. 은혜를 생각하면 감사, 찬송뿐이오나 죄를 돌아보면서 부끄러운 마음으로 참회하는 저희들의 모습을 긍휼히 여겨주시기를 기도하옵나이다.

담대하게 살아야 할 저희들이 비겁할 때가 많았고, 굳게 서서 의를 이루어야 할 저희들이 낙심할 때가 많았습니다. 항상 하늘나라를 바라보며 정직하고 진실하게 살아야 할 저희들이 이 땅에 매여서 거짓되고 불의한 자와 타협하며 산 것을 자복하오니 용서하여 주시옵소서.

때때로 선한 일과 전도에 힘쓰고 있사오나 악한 일과 전도의 어려움에 너무도 나약한 나 자신을 보면서 낙심할 때가 많고 의와 생명 구원함을 위하여 산다고 하지만 너무나 용기가 부족하고 초라해 보일 때가 있습니다.

하나님! 한 없이 연약한 우리들을 불쌍히 여겨 주시옵소서. 이 시간 저희를 긍휼히 여기시고 모든 악과 연약함에서 건지시고 하나님의 사람으로 세워 주시옵소서.

10
참회의 기도

은혜가 풍성하신 하나님!

오늘 주님 앞에 나와 찬송을 부르게 하신 놀라운 은혜를 감사드립니다. 한 주간을 새롭게 시작하고 있으나 우리는 새로워진 것이 없고, 새 세계가 있기를 바라면서도 우리는 여전히 옛 사람으로 살아가고 있습니다. 새로운 믿음을 구하면서도 우리의 행위는 여전히 옛 믿음에 그대로 머물러 있음을 고백합니다. 주여, 긍휼히 여겨 주옵소서.

당연히 사랑해야 할 사람이 있으나 내가 나를 사랑하는 마음이 앞서 있기에 사랑할 수 없었고, 당연히 화목해야 할 일이지마는 내 자존심과 내 명예를 위하는 생각이 앞서 있기에 화목하지 못하였음을 고백합니다.

기도해야 할 시간에 기도하지 않았고 당연히 봉사해야 할 시간에 몸을 사리고 선한 일을 기피하고 살았던 우리의 연약함을 자복하오니 긍휼히 여기시며 용서해 주옵소서. 우리의 진실한 마음을 거두어 주옵소서.

오 살아계신 하나님! 하나님 앞에 엎드리는 것이 제대로 서는 것이요, 하나님을 아는 것이 우리 자신의 현재 모습과 찾아야 할 참 모습을 아는 것인 줄로 믿습니다. 그러하오니 우리 자신에 대한 모든 헛된 생각에서 구원하시어 선포되는 하나님의 말씀과 자비 아래에서 우리 자신을 찾아가는 귀하고 복된 예배가 되게 하옵소서. 더욱 겸손히 주 앞에 엎드리게 하옵소서.

11
참회의 기도

살아계신 하나님!

지내온 한 주간 은혜로 인도하여 주심을 기억하며 감사드립니다.

그러나 부족한 저희들은 은혜를 담지 못한 채 주님 보시기에 부끄럽게 살아왔습니다. 말씀으로 우리에게 소중한 약속들을 주셨지만 믿음이 없어 하나님의 약속을 신뢰하지 못하며 살아왔습니다. 세상의 편함과 쾌락을 좇아 살 때가 많았습니다. 베푸신 복을 세어보지 못한 채 부족한 것, 연약한 것으로 인하여 원망과 불평이 있었습니다. 감사를 잊고 살았습니다. 세상에 대한 욕심과 정욕에 매여 하나님이 주시는 평안을 누리지 못했습니다. 하나님으로 만족하지 못한 채 눈에 보이는 것, 순간적인 것들에 집착하며 살았습니다.

경험에 기대어, 세상지식이 우상이 되어 하나님을 온전히 의지하지 못한 연약한 죄인들을 용서하여 주시옵소서. 우리의 허물을 씻기시고 은혜 안에서 하나님만 의지하도록 주여, 저희들을 붙잡아 주시옵소서.

12

참회의 기도

살아계신 하나님!

감사절 아침에, 지내온 시간동안 지켜주신 하나님의 은혜에 감사를 드립니다. 돌아보면 모든 것이 하나님의 은혜요 감사한 것 밖에 없습니다. 구원받은 우리의 영혼, 가정, 자녀들, 우리가 가진 것들. 삶의 구석구석 하나님의 손길이 묻어 있었습니다.

그러나 주님! 어리석은 저희들에게는 감사보다 불평이, 원망과 한숨이 늘 앞서 있었습니다. 주신 것들로 만족하지 못한 채 더 얻고 더 가지지 못하여 힘들어하였습니다. 누리고 있는 것으로 감사하기보다 비교하여 없는 것들로 인해 마음이 상하였습니다. 손과 발, 우리의 마음은 육신의 쾌락을 향하여 달려가고 있었고 감사해야 할 마음의 중심에는 교만과 이기심으로 가득 차 있었습니다. 죄의 굴레 속에 쳇바퀴 돌 듯 살아가면서도 죄에 무디어서 휩쓸려 살아왔습니다. 눈에 보이는 것, 순간적인 것들에 넘어져 믿음을 지키지도 못하며 힘없이 살아온 저희들입니다.

주여! 연약한 저희들을 불쌍히 여겨주소서. 우리의 허물을 씻기시고 주님만 바라보며 감사의 삶을 살도록 저희들을 붙잡아 주시옵소서.

13

참회의 기도

살아계신 하나님!

경제가 어렵고 가정이 무너져가고 있으며 어지럽고 혼란스러운 세상 가운데 은혜로 지켜주심에 감사드립니다.

그러나 주님! 은혜가 우리의 삶에 젖어 있음에도 원망과 불평이 늘 앞서 있었음을 고백합니다. 믿음이 없어 낙심하고 절망하며 한숨과 절망의 시간들을 보내었음을 고백합니다.

세상을 이긴 이김은 믿음이라 하셨지만 믿음이 없어 하나님을 신뢰하지 못했습니다. 없는 것으로 불안해했고 연약함으로 인하여 벅차했으며 스스로 내 삶을 지키려고 발버둥 쳐 왔습니다. 내 눈 속의 들보는 아랑곳하지 않은 채 가족과 이웃의 티에 대해서는 철저하게 가리려 하였습니다. 상처 주는 말과 정죄하는 입술로 살아왔음을 고백합니다.

주여! 불쌍히 여겨 주시옵소서. 주의 뜻을 따르려고 다짐하지만 힘이 없고 연약하여 자꾸만 넘어지오니 주여! 긍휼을 베풀어 주시옵소서. 세상의 쾌락보다 하나님의 은혜의 자리를 더 즐거워하는 자 되도록 주여 죄인을 붙잡아 주시옵소서.

14
참회의 기도

살아계신 하나님!

한해를 은혜로 지켜주시고 또한 우리에게 새해를 허락하셔서 소망가운데 살게 하심에 감사드립니다.

지내온 시간가운데 저희들은 연약하여 늘 죄악가운데 있었습니다. 거듭나지 못한 입술로 죄를 범하였고 우리의 손과 발은 죄악된 습관을 좇아 살았습니다. 마음의 중심에는 교만이 있어 사랑하며 섬기기보다 대접받기에 민첩했으며 우리의 머리의 생각은 어리석어 하나님을 온전히 의지하기보다 세상의 명예와 재물을 쫓기에 급급하였습니다. 한해가 지나고 새로운 해가 되었지만 우리의 죄악된 습관은 여전히 우리의 몸에 묻어 있어 또다시 죄악의 굴레로 빠져들게 됩니다.

주여! 저희들을 불쌍히 여겨주시옵소서. 저희의 힘으로는 교만과 죄악을 이길 수 없사오니 주의 성령이여 붙잡아 주시옵소서. 죄악의 사슬을 끊고 온몸과 마음으로 정결한 삶을 살아가도록 주여 저희들을 인도하여 주시옵소서.

15
참회의 기도

살아계신 하나님!

성탄의 아침에, 우리의 구원과 평안을 위해 육신을 입고 오신 구주 예수님께 감사를 드립니다. 주님이 오셨기에 우리는 세상에 참 소망을 갖고 살게 되었고, 주님이 오셨기에 기쁨과 은혜가운데 살 수 있게 되었습니다.

그러나 주님! 어리석고 연약한 저희들은 성탄의 의미를 깊이 되새기지 못한 채 세상에 소망을 두고 세상의 즐거움과 편안을 좇아 살아왔음을 고백합니다. 주신 은혜와 사랑에 감사하기보다 주어진 형편에 불평과 원망이 앞서기도 하였습니다. 주님은 우리의 허물을 다 덮어 주셨지만 우리는 들추어내고 정죄하며 이해하지 못한 채 살아왔습니다. 내 경험과 내 지혜로 내 삶의 문제를 해결해보고자 발버둥쳤지만 겸손히 하나님께 기도하는 시간은 온전히 갖지 못하였습니다. 믿음의 삶을 살기보다 현실에 매인 삶을 살며 어떤 때는 세상과 타협하기도하며 어떤 때는 넘어지기도 하면서 힘들게 살아왔습니다.

한해가 저물어가는 이 시간에 온 마음으로 주님 앞에 참회하오니 우리의 허물을 덮어주시고 용서하여 주시옵소서. 묵은 죄들을 주님의 보혈의 공로로 떨쳐버리게 하시고 하나님만 의지하는 삶을 살아가도록 주여! 저희들을 붙잡아 주시옵소서.

16
참회의 기도

살아계신 하나님!

은혜 가운데 겨레의 명절을 잘 보내고 주님께 예배자로 서게 하여 주심에 감사드립니다.

그러나 연약한 인생으로 살아온 시간을 돌아보며 주님 앞에 참회의 기도를 드립니다. 지내온 시간 매순간 하나님의 은혜가 있었기에 지금의 삶을 살 수 있었음에도 우리의 삶은 죄악과 허물의 흔적을 남기며 살아왔습니다. 주님이 주신 말씀보다 분위기와 상황에 더 흔들리고 살았고 신앙의 정조를 온전히 지키지 못했습니다.

자신의 살과 피를 다 내어주시며 저희에게 사랑한다 하셨지만 어리석은 저희들은 주님보다 세상의 좋은 것을 사랑할 때가 더 많았습니다. 명절이라 친지들과 모여 많은 시간을 보냈지만 빛과 소금이 되지 못하고 그 속에 묻혀서 타협하며 지내기도 하였습니다. 사랑하는 마음으로 복음을 전하기보다 불편한 관계가 싫어 애써 외면하기도 하였습니다. 감사하고 찬양하라고 주신 입술로 원망과 불평을 토해내기도 하였고 품어주고 덮어주는 사랑보다 정죄하고 탓하는데 더 많은 시간을 허비하였습니다. 겸손히 무릎 꿇고 주님의 도우심을 구하기보다 세상의 방법과 요령을 익히는데 분주했던 시간들을 돌아보며 주님 앞에 참회하오니 주여 용서하여 주시옵소서. 우리의 허물을 씻기시고 주님 의지하는 마음 변치 않도록 주여 붙잡아 주시옵소서.

사죄의 선언

사죄의 선언은 예배담당자 혹은 사회자가 기도를 인도한 후에 성도들이 참회의 기도를 드리고 나면 예배 담당목사가 사죄의 선언을 하게 된다. 몇 가지 예를 들면 다음과 같다.

(진정한 용서를 구하는 자에게 주시는 사죄의 말씀이 여기 있습니다.)

내가 진실로 진실로 너희에게 이르노니 내 말을 듣고, 또 나 보내신 이를 믿는 자는 영생을 얻었고, 심판에 이르지 아니하나니 사망에서 생명으로 옮겼느니라. 그러므로 이제 그리스도 예수 안에 있는 자에게는 결코 정죄함이 없느니라. 아멘

(참회하는 자들에게 주시는 주님의 용서의 말씀이 여기 있습니다.)

그러나 죄가 더한 곳에 은혜가 더욱 넘쳤나니 이는 죄가 사망 안에서 왕 노릇 한 것 같이 은혜도 또한 의로 말미암아 왕 노릇 하여 우리 주 예수 그리스도로 말미암아 영생에 이르게 하려 함이니라. 그러므로 이제 그리스도 예수 안에 있는 자에게는 결코 정죄함이 없느니라. 아멘

내가 그리스도와 함께 십자가에 못 박혔나니 그런즉 이제는 내가 사는 것이 아니요, 오직 내 안에 그리스도께서 사시는 것이라. 그러므로 이제 그리스도 예수 안에 있는 자에게는 결코 정죄함이 없느니라. 아멘

하나님이 세상을 이처럼 사랑하사 독생자를 주셨으니 이는 그를 믿는

자마다 멸망하지 않고 영생을 얻게 하려 하심이라. 그러므로 이제 그리스도 예수 안에 있는 자에게는 결코 정죄함이 없느니라. 아멘

그리스도 예수 안에 있는 자에게는 결코 정죄함이 없나니 이는 그리스도 예수 안에 있는 생명의 성령의 법이 죄와 사망의 법에서 너를 해방하였음이라. 아멘

여호와께서 말씀하시되 오라 우리가 서로 변론하자 너희의 죄가 주홍 같을 지라도 눈과 같이 희어질 것이요 진홍 같이 붉을지라도 양털 같이 희게 되리라. 이 용서의 말씀으로 우리의 죄가 깨끗하게 되었음을 믿습니다. 아멘

무릇 하나님의 영으로 인도함을 받는 사람은 곧 하나님의 아들이라 너희는 다시 무서워하는 종의 영을 받지 아니하고 양자의 영을 받았으므로 아빠 아버지라고 부르짖느니라 성령이 친히 우리의 영과 더불어 우리가 하나님의 자녀인 것을 증언하시나니, 그러므로 이제 그리스도 예수 안에 있는 자에게는 결코 정죄함이 없느니라. 아멘.

한 번에 한 사람

마더 테레사

난 결코 대중을 구원하려고 하지 않는다.
난 다만 한 개인을 바라볼 뿐이다.
난 한 번에 단지 한 사람만을 사랑할 수 있다.
한 번에 단지 한 사람만을 껴안을 수 있다.
단지 한 사람, 한 사람, 한 사람씩만.......
따라서 당신도 시작하고
나도 시작하는 것이다.

난 한 사람을 붙잡는다.
만일 내가 그 사람을 붙잡지 않았다면
난 4만 2천 명을 붙잡지 못했을 것이다.
모든 노력은 단지 바다에 붓는 한 방울 물과 같다.
하지만 만일 내가 그 한 방울의 물을 붓지 않았다면
바다는 그 한 방울만큼 줄어들 것이다.
당신에게도 마찬가지이다.
당신의 가족에게도.
당신이 다니는 교회에서도 마찬가지이다.
단지 시작하는 것이다.
한 번에 한 사람씩

주 일 낮 예 배

"네가 부를 때에는 나 여호와가 응답하겠고

네가 부르짖을 때에는 내가 여기 있다 하리라"

(이사야 58:9)

1
주일 낮 예배

육지와 바다와 그 가운데 만유를 지으신 하나님!

찬송과 존귀와 영광을 돌리옵나이다. 지난 한 주간도 눈동자같이 우리를 지켜주신 하나님! 오늘도 거룩한 주일을 평안한 가운데 모여 경배 드리게 하심을 감사드리옵나이다.

허물과 죄로 얼룩진 우리를 살리신 하나님!

그 크신 사랑과 긍휼에 감사를 드립니다. 온전한 사랑을 원하시는 하나님이시지만 하나님을 사랑한다고 하면서 가장 가까이 있는 이웃을 참으로 사랑하지 못하는 위선적인 모습을 용서하옵소서. 내안에 주님의 사랑을 부어주셔서 그 사랑을 나타내게 하옵소서. 거짓과 혼란이 난무하는 마지막 세대에 굳건한 믿음을 소유하기 원합니다.

우리로 영생을 알게 하시고 소유하게 하신 주님!

주님이 주신 그 생명을 항상 감사와 즐거움으로 충만하게 누리길 원합니다. 내안에 증거하시는 하나님의 말씀을 듣게 하시고 예수 그리스도를 담대히 증거하는 삶이 되게 하옵소서.

진리 안에 거하기를 기뻐하시는 하나님!

악한 영이 우리를 둘러싸고 많은 자녀들을 미혹하고 있사오니 이 강단을 통하여 바른 것을 가르쳐 주시며 거짓의 영을 분별하여 진리에 든든히 서게 하시며, 전신갑주를 입고 그리스도의 강한 군사가 되게 하옵소서. 이 땅의 모든 지도자들에게 의롭고 공평하게 일을 할 수 있도록 정직한 영을 허락하여 주옵소서. 합리적인 정치제도개선을 통해 더 나은 정치력이 구현되도록 당리당략을 추구하는 이기적인 정치인이 회개하며 국민을 위한 올바른 법을 제정하는 입법부가 되도록 인도하여 주옵소서.

내일부터 시작하는 여름성경학교와 수련회를 통하여 교회가 새로워지게 하시며 안전에 유의하여 어려움을 당하지 않게 하시고 주의 이름이 더 높아지게 하옵소서. 제 2복지관을 보육시설로 건축하여 시민을 위한 봉사와 선교와 교육을 이룰 수 있도록 관계기관과 잘 협조하게 하시고 좋은 설계가 되게 하시며 좋은 건축자를 만나게 하옵소서. 성가대의 찬양을 통하여 오직 하나님께만 영광 돌리게 하여 주시옵소서.

이 시간 말씀을 전할 하나님의 종에게 성령님이여 충만케하시사 온 성도가 하나님의 사람으로 온전하게 살며 선을 행하기에 온전하도록 교훈과 책망과 바르게 함과 의로 교육하기에 유익한 말씀이 되게 하옵소서. 예수님 이름으로 기도하옵나이다. 아멘.

"모든 성경은 하나님의 감동으로 된 것으로 교훈과 책망과 바르게 함과 의로 교육하기에 유익하니 이는 하나님의 사람으로 온전하게 하며 모든 선한 일을 행할 능력을 갖추게 하려 함이라" 딤후 3:16~17

2

주일 낮 예배

만물을 창조하시고 인간의 생사화복을 주관하시는 살아계신 하나님 아버지! 찬송과 존귀와 영광을 돌리옵나이다.

예배 중에 만나주시기를 기뻐하시는 하나님! 오늘도 거룩한 주일을 묵상하며 찬양하게 하심을 감사하옵나이다.

변함없이 우리를 사랑하시는 주님!

지금 이 나라와 민족 그리고 우리 자신의 영적상태를 보며 하나님의 도우심을 구하오니 미스바에서처럼 참된 회개운동이 불길같이 일어나기를 원합니다. 지은 죄가 큰 장벽이 되어 주님을 가리고 우리의 삶이 어두움이 되었던 것을 깨닫고 회개합니다. 이생의 자랑과 안목의 정욕을 따라 살아온 죄를 고백합니다. 지은 죄를 너무도 가볍게 여기고 쉽게 생각한 우리를 용서하옵소서. 매 순간마다 주님과 동행하며 온전히 교제하는 새 삶이 되게 하옵소서.

계속되는 불황 속에 기독실업인들이 정직한 경영으로 온 나라의 질서를 회복하여 정치, 경제난국을 극복하게 힘쓰도록 인도하옵소서. 9월 중에 열릴 총회에서 교단의 구조개선을 통하여 잘못된 제도와 관행을 과감하게 고치고 의식을 전환하는 계기가 되기를 원합니다. 총회장이 권위의 자리로 한 번 되고자하는 집념이 지나쳐 우상화되지는 않았는지 돌이켜 봅니다. 온갖 수단과 방법을 동원하여 무언가 상대방의 꼬투리를 잡아 결정적인 타격을 입힘으로써 상대적으로 이득을 보려는 속셈아래 서로 손가락질하며 이전투구를 벌이는 선거전에 경선자들이 휘말리지 않도록 제도가 고쳐지게 하옵소서. 초대교회가 "뭇사람의 마음을 아시는 주여! 봉사와 사도의 직무를 대신 할 자를 보여주소서"라고 기도하였던 것처럼 하나님의 뜻에 맞는 방법으로 제도가 개혁되도록 총대들을 감동, 감화시켜 주옵소서. 이에 앞장서는 교회, 당회원과 담임목사가 되게 하옵소서.

인생으로 고생하며 근심하게 하심이 본심이 아니시라고 하신 주님! 암으로, 교통사고로, 질병으로 고통 받고 있는 성도들을 기억하사 치유의 은총을 베풀어 회복되게 하시옵소서. 그리하여 하나님의 부르심에 합당한 삶을 살도록 인도하시옵소서.

찬양받으시기에 합당하신 하나님! 성가대의 찬양이 온전히 하나님께 영광 돌려지기를 원합니다. 담임목사를 통하여 우리에게 진리의 말씀으로 다가오시는 주님을 바라보며 겸손히 우리의 삶을 하나님 말씀 가운데 돌아보는 한 주간 되게 하옵소서. 예수님 이름으로 기도드리옵나이다. 아멘.

"너희 중에 누구든지 으뜸이 되고자 하는 자는 너희의 종이 되어야 하리라 인자가 온 것은 섬김을 받으려 함이 아니라 도리어 섬기려 하고 자기 목숨을 많은 사람의 대속물로 주려 함이니라" 마 20:27~28

3

주일 낮 예배

우리에게 진리가 되시며 구원이 되시며 생명 되시는 하나님 아버지!

영접하는 자 곧 그 이름을 믿는 자들을 하나님의 자녀로 삼아주시고 빛의 자녀로 살아가게 하여주심을 감사합니다. 험한 세상 가운데서 "하나님을 사랑하고 네 이웃을 네 몸과 같이 사랑하라" 하신 사랑의 법을 우리 가운데 허락하여 주셨음을 감사합니다.

주님께로 향하였던 우리의 순수한 마음이 어느 덧 변하지는 않았는지 돌이켜봅니다. 성령님의 인도하심보다는 내 생각대로 결정하고 행하였던 모든 잘못된 죄를 이 시간 고백합니다. 남에게 고통을 주며 거부하며 생각없이 비방했던 죄를 용서하여 주시옵소서.

삶의 능력이 되시는 주님! 우리를 날마다 지배하여왔던 염려와 적대감 그리고 죄책감 이 모든 것들을 우리 주 예수 그리스도의 보혈의 능력으로 치유하여 주심을 감사하옵나이다.

나의 양식은 나 보내신 이의 뜻을 행하는 것이라 하신 주님! 우리도 주님처럼 하나님의 일에 관심과 사랑을 갖게 하시고 영혼을 구하는 일에 힘쓸 수 있게 도와주시옵소서. 이 나라의 정치계와 종교계에 있는 지도자들에게 공평한 마음과 지혜를 주시고 국민들에게 존경과 신뢰를 받을 수 있는 의롭고 정직한 이들이 되게 하옵소서. 저 북한에 있는 지도자들이 하나님을 두려워하여 속히 회개케 하시고 아세아방송과 극동방송을 통하여 북한 땅에 복음이 뿌리내릴 수 있게 도와 주시옵소서. 이 나라의

5만여 교회가 나라와 민족에 당면한 문제를 심각하게 기도하며 성령님께 지혜를 구하며 하나님의 방법대로 실행할 수 있게 도와 주시옵소서. 이 시간에도 오지와 먼 이국 땅에서 온갖 어려움과 싸우며 복음을 전파하시는 선교사님들에게 힘과 용기와 능력을 더하여 주시옵소서.

성가대원들의 찬양을 흠향하실 때에 우리를 긍휼히 여기시옵소서. 하나님을 찬양할 때마다 우리의 영이 깨어있게 하옵소서. 주님을 높일 때마다 어둠의 권세들이 물러가게 하옵소서. 담임목사님을 통하여 주시는 말씀을 들을 때에 영생의 기쁨이 우리의 마음속에 흘러넘치게 하옵소서. 그리하여 다음 한 주간도 날마다 우리 주 예수 그리스도를 통하여 삶의 현장에서 하나님의 영광과 능력을 나타내게 하옵소서. 예수님 이름으로 기도하옵나이다. 아멘.

> "그러므로 너희는 가서 모든 민족을 제자로 삼아 아버지와 아들과 성령의 이름으로 세례를 베풀고 내가 너희에게 분부한 모든 것을 가르쳐 지키게 하라 볼지어다 내가 세상 끝날까지 너희와 항상 함께 있으리라 하시니라"
>
> 마 28:19~20

4
주일 낮 예배

나라의 흥망성쇠와 전쟁의 승패를 좌우하시는 살아계신 하나님 아버지!

지난 6개월 동안을 가장 좋은 것으로 예비하시고 채워주신 하나님! 오늘 맥추감사주일로 지키게 하심을 감사합니다. 1950년 전쟁의 소용돌이에서 이 나라를 구원하시고 폐허 속에서 오늘의 번영을 이 땅에 허락하심을 감사합니다.

이스라엘 백성에게 "너의 평생에 항상 네가 애굽 땅에서 나온 날을 기억하라" 하셨던 하나님! 57년 전 6월 25일 주일 새벽 하나님을 불신하는 북한 공산당의 남침으로 3년 1개월 동안 동족상잔의 전쟁으로 군인 3백만을 위시하여 민간인 3백만의 사상자와 이재민 4백만, 학살, 납치, 전쟁고아 등 총 천만 명의 인명희생과 가옥, 산업시설 등 막대한 피해를 가져왔던 아픈 기억을 상기합니다. 다시는 이 땅에 전쟁이 일어나지 않게 도와주시옵소서. 피 흘려 이 땅과 민족을 사랑한 순국선열의 희생의 고마움을 기억하며 간직하는 이 세대가 되기를 원합니다.

한국교회가 민족통일을 구체적으로 준비하게 하시고 서로의 것들을 나눌 수 있게 되기를 원합니다. 세속화하려는 교회가 돌이켜 인본주의적 사고방식에서 벗어나 하나님의 말씀 위에 굳게 서서 나라를 바로 세우는 데 이바지하기를 원합니다. 분단의 서러움과 아픔을 겪고 있는 이산가족들의 남북한 자유 왕래가 하루속히 이루어지게 하옵소서. 북한의 봉수교회와 칠곡교회 조선기독교연맹의 지도자들의 마음속에 성령님께서 강하게 역사하사 민족과 교회의 미래에 희망을 주는 종들이 되게 하옵소서.

이틀 앞으로 다가 온 지방자치단체선거에서 정치인들이 지나친 파벌주의와 개인적인 욕심들이 자제되며 국민을 생각하는 정치의식을 갖게 하옵소서. 지혜롭게, 의롭게, 공평하게, 정직하게 일할 수 있는 일꾼들이 당선되게 하옵소서.

지금 이 시간에도 오지 땅에서 온갖 어려움과 싸우며 말씀을 전하시는 주의 종들과 선교사님들에게 지혜와 용기와 능력을 더하여 주옵소서. 정성껏 준비한 성가대원들의 찬양을 들으실 때에 우리를 긍휼히 여기시옵소서. 담임목사님을 통하여 주시는 말씀을 들을 때 영생의 기쁨과 감사가 흘러넘치게 하여주시옵소서. 삶의 현장에서 다음 한 주간도 날마다 예수 그리스도를 통하여 변화된 삶으로 하나님의 영광과 능력을 나타내는 성도들 되게 하옵소서. 예수님 이름으로 기도하옵나이다. 아멘.

"할 수 있거든 너희로서는 모든 사람과 더불어 화목하라 내 사랑하는 자들아 너희가 친히 원수를 갚지 말고 하나님의 진노하심에 맡기라 기록되었으되 원수 갚는 것이 내게 있으니 내가 갚으리라고 주께서 말씀하시니라"

롬 12:18~19

5
주일 낮 예배

만군의 여호와 하나님!

추수의 계절 10월 마지막 주일, 주 앞에 나와서 하나님 앞에 감사하며 신령과 진정으로 예배드리게 함을 진실로 진실로 감사를 드립니다. 저 들녘 편에는 농부들이 추수하고 있습니다.

주님께서 저희들을 사랑하셨기에 우리교회를 세워주셨습니다. 이 지역에 내 이웃에 하나님 알지 못하여 욕하는 사람이 많이 있기에 추수감사주일 11월 19일을 총동원주일로 정하고 주님께서 사랑하시는 영혼들을 불러 모으기 위해서 기도로 준비하며 전도하는 가운데 있습니다. 아버지 하나님! 정말로 애타는 심정으로 내 부모, 형제, 이웃들을 위해서 간절히 기도하며 주님의 마음을 심어주게 하여 주시옵소서. 주님께서는 나와 같은 모든 인생들을 구원시키기 위해서 친히 십자가를 지셨습니다. 감사한 마음으로 나아가서 복음을 전할 때에 저들의 심령이 변화되게 하여 주시옵소서. 우리들의 모든 생각과 말과 행동이 주님의 말씀에 일치되게 하여 주시옵소서. 그래서 예수 믿는 저희들이 복음을 전할 때 믿지 않는 사람들이 어찌할 바 모르며 주 앞에 달려 나오게 하여 주시옵소서.

많은 사람들이 지금 나라가 불안하고 경제가 어렵다고 하고 있습니다. 주님 먼저 믿는 우리들이 복음을 전하지 않은 죄 값을 압니다. 주님께 가기 전에 열심히 복음을 전하게 하여 주시고 진리를 선포하게 하여 주시옵소서. 이번 총동원 주일에 저희들이 한 사람 이상 두 사람, 다섯 사람, 열사람 이상을 전도하여 저희들이 목표하는 2천 명 이상의 새신자 등록인을 허락하여 주시고 재적 교인이 2만 명이 되도록 인도하여 주시옵소서.

북녘 땅에 모든 자들이 예수를 믿게 하여 주시옵소서. 이 땅에 전쟁이 다시는 없게 하여 주시고 이 땅이 참 평화로 통일되게 하여 주시옵소서.

주님! 11월 14일에 우리 자녀들 250명이 수능 시험을 준비하는 가운데 있습니다. 우리 자녀들에게 평안을 주시고 12년 동안 배우고 연마한 것을 잘 발휘하도록 평안과 지혜를 주시옵소서. 우리의 자녀들이 한 사람의 낙오자 없이 우수한 성적으로 수능시험을 치르게 하시고 하나님께 영광 돌리는 저희의 자녀들이 되도록 인도하여 주시옵소서.

이 시간도 정성껏 준비한 성가대가 찬양을 드립니다. 지휘자와 반주자와 모든 대원들의 찬양을 받아 주시옵소서. 그리하여 우리들의 모든 심령을 움직이게 해 주시고 하나님께도 귀한 찬양이 되게 하여 주시옵소서.

기도로 준비한 말씀을 주시는 담임목사님께서 말씀을 선포하실 때에 능력을 더하여 주시옵소서. 그 말씀을 듣는 저희들의 질병이 치료되고 나아가서 복음을 전할 때에 능력을 더하여 주시옵소서. 예수님 이름으로 간절히 기도드리옵나이다. 아멘.

"하나님의 지혜에 있어서는 이 세상이 자기 지혜로 하나님을 알지 못하므로 하나님께서 전도의 미련한 것으로 믿는 자들을 구원하시기를 기뻐하셨도다"

고전 1:21

주일 낮 예배

자비롭고 은혜가 많으신 우리 하나님 아버지!

감히 이 자리에 나올 수 없는 부족한 저희들이지만 그래도 주님께서 저희들을 사랑하셔서 주님의 거룩한 성전으로 불러주셔서 이 시간 아버지 앞에 마음을 다하고 정성을 다해서 머리 숙였사오니 우리가 드리는 예배를 통하여 영광을 받아주시옵소서. 우리가 드리는 찬양을 통하여 영광을 받아주시옵소서.

사랑의 주님께서는 눈동자같이 저희를 보살펴 주시지만 믿음이 부족한 저희들은 늘 생활 속에서 주님을 잊어버리고 세상과 벗하여 살아가는 경우가 얼마나 많은지 모릅니다. 이 시간 우리의 모든 허물을 용서해 주시고 주님이 주시는 새 힘을 얻어 아버지 앞에 바로 설 수 있도록 은혜를 허락하여 주시옵소서.

사랑하는 성도들 가정마다 복에 복을 더하여 주시옵소서. 물 된 동산 같이 부족함이 없도록 늘 풍성한 은혜가 넘쳐나게 하여 주시옵소서. 날마다 주 앞에 드리는 우리의 기도와 간구가 늘 응답되게 하시고 우리의 소원이 성취되는 은혜를 허락하여 주시옵소서. 그래서 저희 가정마다 찬송과 기도와 감사가 넘치길 원하옵니다. 우리의 생활을 보고 전도가 이루어지게 하여 주시옵소서.

벌써 11월입니다. 지나간 1년을 지켜주셔서 감사하옵고 새해에는 더욱 더 신령한 믿음 안에 성령 충만한 가운데 아버지 앞에 바로 설 수 있도록 새 힘을 주시고 능력을 허락하여 주시옵소서.

내일부터 시작하는 가을 부흥회에 함께 하여 주시고 성도들이 기도로 준비하고 있사오니 놀라운 은혜를 체험 할 수 있도록 도와주시옵소서. 다음 주에는 추수 감사주일입니다. 하나님 함께 하여 주시고 한 영혼이 한 영혼 이상을 전도하는 귀한 주일이 될 수 있도록 은총을 허락하여 주시옵소서. 믿지 않는 영혼들을 불쌍히 여기는 마음을 주시고 저들을 위해서 기도하지 않고는 견딜 수 없는 안타까운 마음을 허락하여 주시길 원합니다.

이 시간도 말씀을 듣고 서시는 주의 사자 위에 함께 하여 주시고 능력에 능력, 권능에 권능을 덧입혀 주시옵소서. 우리 모두가 말씀을 들을 때 주님의 음성을 듣게 하여 주시옵소서. 또한 성가대의 찬양을 통하여 영광을 받아 주시고 드리는 찬양마다 늘 감사가 넘치게 하여 주시옵소서. 예수님 이름으로 간절히 기도하옵나이다. 아멘.

"우리가 다 하나님의 아들을 믿는 것과 아는 일에 하나가 되어 온전한 사람을 이루어 그리스도의 장성한 분량이 충만한 데까지 이르리니 이는 우리가 이제 부터 어린 아이가 되지 아니하여 사람의 속임수와 간사한 유혹에 빠져 온갖 모든 교훈의 풍조에 밀려 요동하지 않게 하려 함이라 오직 사랑 안에서 참된 것을 하여 범사에 그에게까지 자랄지라 그는 머리니 곧 그리스도라"

엡 4:13~15

7

주일 낮 예배

살아계신 우리 하나님!

한 해 동안 수고하여 거둔 것을 하나님께 감사드리고 어려운 이웃들과 그 기쁨을 나누며 하나님께서 복 주실 것을 즐거워하는 추수감사절 예배를 드리게 하심을 진심으로 감사드립니다.

살아계신 우리 아버지 감사합니다. 우리 주 예수님 감사합니다. 좋은 날씨를 허락하여 주심을 감사드립니다. 아버지께서 만세 전에 사랑하셨던 많은 믿음의 형제들을 저희 교회로 보내서서 등록하게 하심을 진심으로 감사드립니다. 저희들이 주 예수를 믿게 하심을 진심으로 감사드립니다. 사랑이 넘치고 성령이 충만한 몸 된 교회에서 섬기게 하심을 진심으로 감사드립니다. 주께서 귀히 쓰시는 담임목사님을 보내주시고, 저희들을 항상 푸른 초장으로, 쉴만한 물가로 인도하여 주셔서 풍성케 하심을 진심으로 감사드립니다.

우리들의 기도를 항상 들으시고 좋은 곳으로 응답하여 주시는 주님께 감사드립니다. 2008년 새해에도 우리들의 마음을 주장케 하옵소서. 항상 감사가 생활화 되게 하옵소서. 저희들의 삶을 돌아보며 잃었던 감사를 회복하여 감사의 마음을 점검할 수 있는 계기가 되게 하옵소서. 비록 풍성한 물질을 얻지 못했을 지라도 질병으로 고통 받고 힘들었을 지라도 이 시간 하나님께 감사하고 즐거워하는 마음을 주시옵소서.

감사 중에 임재하시는 주님! 우리 마음에 감사가 없기 때문에 세상이 이토록 강퍅해지고 찬송으로 가득 넘칠 교회마저 세상의 소리로 시끄러운 것을 압니다. 우리 모두 주의 말씀 앞에 이 시간 죽게 하옵소서.

단 위에서 말씀을 증거 하시는 담임목사님을 영육 간에 건강하게 하시고 감사주일에 선포하시는 메시지를 통하여 우리들의 감사가 다시 회복되게 하옵소서. 오늘부터 감사가 있는 세상을 위해 달려가게 하시며 감사가 넘치는 인생으로 무장케 하여 주옵소서. 무슨 일을 만나든지 저희들 형통케 하시며 시험에 들지 말게 하시고 악한 자의 해를 받지 않게 하옵소서. 항상 주님이 기뻐하시는 전도의 일꾼이 되게 하옵소서. 새로 교회에 오신 믿음의 형제자매들을 아버지께서 사랑해주시고 복을 주셔서 이 교회에서 감사하며 신앙생활을 할 수 있게 도와 주시옵소서.

저희 교회에 많은 성가대를 주셔서 항상 아버지께 신앙고백하게 하시며 그 찬송으로 은혜 받게 하심을 감사드립니다. 이 시간에도 배고파하는 북한 동포들을 긍휼히 여기시고 속히 남북평화통일을 이루는 날이 속히 오기를 원합니다.

하나님 아버지! 저희들 다시 세상으로 나갑니다. 언제 어디서 무엇을 하던지 전도의 자녀들, 하나님 아버지의 자녀들이 되기를 원합니다. 우리 주 예수님 이름 받들어 감사하며 기도드립니다. 아멘.

"여호와께서 너를 위하여 하늘의 아름다운 보고를 여시사 네 땅에 때를 따라 비를 내리시고 네 손으로 하는 모든 일에 복을 주시리니 네가 많은 민족에게 꾸어줄지라도 너는 꾸지 아니할 것이요" 신 28:12

8
주일 낮 예배

    우리의 생사화복을 주장하시는 아버지 하나님!

    지난 한 주간도 아버지의 사랑과 은혜 가운데 지내게 하시고 오늘 거룩한 성일 다시 아버지 앞에 나와 그간 흐트러졌던 몸을 다시 추스르고 마음과 정성을 다하여 아버지께 예배드리게 하심을 감사합니다. 모든 것이 부족하고 연약한 저희들이지만 아버지의 인도하심과 도우심으로 힘들고 어려운 여건 가운데서도 믿음 지키면서 천국의 소망을 갖고 살아가게 하심을 감사합니다.

    아버지의 자녀라고 하면서도 주 안에서의 거룩함을 잊어버리고 예수 믿지 않는 일반 사람들과 조금도 다를 바 없이 온갖 세상 욕심과 정욕으로 가득 찬 저희들의 모습을 제대로 바로 바라볼 수 있는 능력을 허락하여 주시옵소서. 저희들이 세상의 빛과 소금은 되지 못할지언정 세상 사람들에게 손가락질 받는 그런 사람들이 되지 않게 하여 주시옵소서.

    아버지 하나님! 이제 2008년의 새로운 회계연도가 시작됩니다. 지난 한 해 동안 아버지의 사랑과 은혜로 부족함 없이 지내게 하여 주서서 감사합니다. 새해에도 저희 교회가 아버지 앞에 계획하고 하고자 하는 일들이 은혜롭게 이룰 수 있도록 도와 주시옵소서. 개인적으로 연초에 아버지 앞에 서약하고 아직 다 하지 못한 일들이 있으면 가까운 시일 안에 잘 마무리 지을 수 있도록 힘을 주시고 도와 주시옵소서.

    우리나라가 정치 경제 사회 군사 등으로 여러 가지가 뒤숭숭하고 이로 인해서 모든 국민이 의기소침하고 불안해하고 있습니다. 아버지께서 세워주시고 지켜 보호하여 주신 이 나라가 사탄의 올무에 빠져든 공산 집단의 놀이감이나 먹이가 되지 않게 하시고 예수 그리스도를 마음대로 증거 할 수 있고 개인의 인권과 자유가 최대한 보장된 자유 민주주의 국가로서 당당한 모습을 드러낼 수 있게 하여 주시옵소서. 세계복음화의 선봉이 되는 국가, 예수를 가장 잘 믿는 아름다운 나라가 되게 하여 주시옵소서. 이를 위해 저희들 한 사람 한사람이 십자가의 군병이라는 새로운 각오로 열심히 성실하게 주 안에서 입으로만이 아니라 이웃을 행동을 통해 진심으로 사랑하는 성령과 은혜가 충만한 사람들이 되게 하여 주시옵소서.

돕고 있는 농어촌 교회와 해외에 파송된 선교사들과도 함께하여 주시옵소서. 갖가지 마음의 소원을 갖고 아버지 앞에 고개 숙인 성도들의 간절한 기도를 들어 응답하여 주시옵소서. 이제 담임목사님 말씀 들고 서실 때 성령으로 함께하시고 권능으로 귀한 말씀 선포케 하여 주시옵소서. 저희들 모두 큰 은혜 받는 말씀이 되게 하여 주시옵소서. 정성껏 준비한 성가대원들의 찬양을 들으시고 홀로 영광을 받으시옵소서. 저희들 마음 문이 활짝 열리는 귀하고 은혜로운 찬양이 되게 하여 주시옵소서. 우리 주 예수 그리스도 이름으로 간절히 기도드리옵나이다. 아멘.

"너희는 유혹의 욕심을 따라 썩어져 가는 구습을 따르는 옛 사람을 벗어버리고 오직 너희의 심령이 새롭게 되어 하나님을 따라 의와 진리의 거룩함으로 지으심을 받은 새 사람을 입으라" 엡 4:22~24

9
주일 낮 예배

하늘에 계신 우리들의 하나님 아버지!

감사와 찬송과 영광과 존귀를 받으시옵소서. 지난 한 주간동안도 우리를 눈동자같이 사랑하시고 지키시고 인도하고 보호하여 주셔서 거룩한 주일 아버지 앞에 나와 감사의 찬송과 감사의 기도와 감사의 헌물을 드려서 하나님 아버지 앞에 예배드리게 하여 주시오니 감사드립니다.

하나님 아버지의 그 크신 은혜와 사랑을 받고 사는 저희들이 그 은혜를 잊어버리고 내 마음과 내 생각대로 살았던 저희들의 잘못을 이 시간 아버지 앞에 회개하게 하시고 우리에게 깨끗한 심령을 허락하여 주시옵소서. 생명의 말씀을 마음에 새기기에 부족함이 없는 귀한 시간이 될 수 있게 도와주시고 그 말씀을 붙잡고 지켜 행함으로 하나님께 영광이 되게 하여 주시고 우리의 삶이 형통한 삶이 될 수 있도록 은혜를 베풀어 주시옵소서.

어리석고 미련하고 둔한 저희들을 택하여 예수 믿게 하시고 십자가에 달리신 보혈로 구속함을 입게 하시고 하나님의 자녀로 삼아주시고 천국에서 영생복락을 누릴 수 있는 귀한 복을 허락하여 주시오니 감사드립니다. 이 나라 이 민족을 강한 손과 크신 팔로 지켜주심을 감사드립니다.

우리가 단독으로 파송한 선교사님들과 함께 하시고 은혜를 베풀어 주시고 성령으로 충만케 하시며, 악한 자의 해를 받지 않게 도와주셔서 선교의 사명을 잘 감당하도록 은혜를 베풀어 주시옵소서. 협력하는 선교사들에게도 같은 은혜를 베풀어 주시고 농어촌 자매교회로 맺어진 교회들과도 함께 하시어 선교의 사명을 잘 감당하는 교회들이 되게 하시고 능력과 권능으로 역사하여 주셔서 부흥하는 교회들이 될 수 있도록 하옵소서.

아버지께서 사랑하시는 담임목사님이 말씀을 들고 서십니다. 영육간의 강건함과 성령의 충만함과 능력을 칠 배나 더해 주셔서 많은 성도들을 하나님 앞으로 바르게 인도할 수 있도록 부족함 없게 하시고 능력과 권능으로 역사하여 주시고 표적과 기사가 일어나게 하여 주시옵소서. 말씀 듣는 중에 영의 병이 치유되게 하시고 육의 병이 치료되게 하여 주시어서 하나님 앞에 영광을 돌리는 귀한 예배가 될 수 있도록 은혜를 베풀어 주시옵소서.

이 자리에 나오고 싶지만 몸이 병들어서 병상에서 아버지 하나님 앞에 기도하는 목소리를 들으시고 치료의 광선을 발하여 주셔서 치료받게 하시옵소서. 건강을 회복해서 하나님의 고쳐주심을 전하게 하시고 그들을 통해 온 가족이 예수 믿게 하시고 그 이웃들이 예수 믿는 복을 허락하여 주시옵소서.

예배를 돕는 안내위원과 운송위원, 헌금위원들과 함께 하시고 기쁘고 즐거운 마음으로 동참하게 하여 주시며 자기의 맡은 바 소명을 잘 감당하는 성도들이 될 수 있도록 은혜를 베풀어 주시옵소서. 성가대가 하나님을 찬양합니다. 기쁘게 받아 주시며 그들의 기도가 응답되며 이 땅에 사는 날 동안 늘 하나님을 찬양하는 삶이 될 수 있도록 은혜 베풀어 주시옵소서. 우리 주 예수 그리스도의 이름으로 간절히 기도드리옵나이다. 아멘.

"복 있는 사람은 악인들의 꾀를 따르지 아니하며 죄인들의 길에 서지 아니하며 오만한 자들의 자리에 앉지 아니하고 오직 여호와의 율법을 즐거워하여 그의 율법을 주야로 묵상하는도다" 시 1:1~2

10

주일 낮 예배

영광을 받으시기에 합당하신 하나님!

하나님의 은혜에 감사를 드립니다. 지극히 높은 곳에서는 하나님께 영광이요 땅에서는 기뻐하심을 입은 모든 사람들 중에 평화의 왕으로 오신 예수님을 찬양합니다.

역사를 주관하시는 살아계신 하나님 아버지!

저희들에게 1년 365일 많은 날들을 허락하신 가운데 이제 마지막 한 주를 남겨놓고 주님 전에 건강한 모습으로 나와 예배드릴 수 있도록 인도하여 주심을 진심으로 감사드립니다. 지난날들을 돌이켜 볼 때 주님의 손길이 미치지 않은 곳이 없고 주님께서 베푸신 은혜 감사합니다.

주여! 저 북한 김정일 체제가 하루빨리 무너지고 복음으로 통일될 수 있기를 간절히 바라옵고 원하옵니다.

살아계신 주님! 이 나라를 위하여 간절히 기도합니다. 이 나라는 지금 국가최고 통치자의 무분별한 발언으로 인하여 나라가 참 시끄럽습니다. 이럴 때일수록 우리 일천이백만 기독교인이 간절히 국가를 위하여 기도함으로써 정치적으로나 경제적으로나 안정된 나라가 될 수 있도록 도와주시옵소서.

금년이 시작될 때 저희들이 다짐했던 봉사와 선교 신앙생활을 다시 한 번 점검하여 12월이 다가고 올해가 저물기 전에 마무리를 잘하고 새로운 해를 맞이할 수 있도록 주님께서 함께하여 주옵소서.

특별히 2007년도는 대부흥 100주년이 되는 해입니다. 다시금 부흥의 불길이 우리 교회에 타오를 수 있도록 주님이 함께 하여 주시옵소서.

살아계신 주님!

지금 이 시간에도 이 자리에 나오고 싶지만 병상에서 입원 중인 우리 성도들을 찾아가주시고 위로해주셔서 하루빨리 완치되어 이 자리에 나와 우리와 같이 예배드릴 수 있도록 주님 함께 하여주시고 2008년도에는 병원에 가는 사람이 한사람도 없도록 건강을 지켜 주시옵소서.

이 시간 목사님께서 말씀증거하실 때에 마음 문 활짝 열고 은혜 받는 귀한 시간되게 하여 주시고 성가대의 찬양을 기뻐 받아주시옵소서. 온 누리와 민족에게 성탄의 기쁨과 아기 예수의 사랑이 가득하시기를 간절히 소망하며 거룩하신 예수님의 이름으로 감사함에 기도하옵나이다. 아멘.

"이는 한 아기가 우리에게 났고 한 아들을 우리에게 주신바 되었는데 그의 어깨에는 정사를 메었고 그의 이름은 기묘자라, 모사라, 전능하신 하나님이라, 영존하시는 아버지라, 평강의 왕이라 할 것임이라" 사 9:6

11

주일 낮 예배

하나님 아버지!

하나님께 영광과 찬양을 올립니다. 하나님이 지켜주신 모든 사랑과 은혜에 감사를 드립니다.

하나님!

이 나라를 위해 기도합니다. 아버지의 나라, 정직한 나라, 온 세계를 섬기는 충성스런 나라가 되게 하옵소서. 이를 위하여 깨어 근신하는 저희가 되게 하여 주옵소서.

날씨가 춥습니다. 북에 있는 우리 동족들을 기억하여 주시고, 특히 우리 형제자매들을 눈동자와 같이 지켜 주옵소서. 골방에서 기도하고 찬양할 때마다 한없는 위로와 평정을 더하여 주시며 하나 되는 그날까지 인내로써 승리하게 하옵소서.

하나님!

저희 교회를 사랑하여 주심에 감사합니다. 새해에는 저희 형제자매들이 더욱 큰 하나님의 사랑과 은혜에 힘입어 성숙하게 하옵소서. 그리하여 세상을 섬기면서 이끌어가는 교회, 진리의 빛으로 충만한 등대가 되게 하옵소서. 그리고 생활의 어려움으로 고생하는 우리 형제자매들을 기억하여 주시옵소서. 아버지의 사랑 안에 치유받게 하시고 부유한 삶을 누리며 살아갈 수 있도록 은혜 베풀어 주옵소서.

이 시간도 온 세계에 흩어져 있는 우리 사랑하는 선교사님들을 기억하여 주옵소서. 복에 복을 더하여 주시고, 성령으로 충만케 하시며, 말씀에 대한 지식과 신실함을 더하여 주옵소서. 어려움을 당하지 않게 하시고 주의 용사로서 담대함도 잃지 않게 하옵소서.

이 추운 날 은밀히 주의 몸 된 교회를 섬기는 신실한 종들을 기억하셔서 복에 복을 더하여 주시고 주의 나라의 일꾼으로 귀하게 쓰시며 후손들도 복을 받게 하옵소서. 목사님께서 말씀을 들고 서십니다. 하나님의 장중에 온전히 붙드시고 진리의 말씀, 생명의 말씀을 능력 있게 선포하게 하옵소서. 그 말씀으로 인하여 죽어가는 자는 생명을 얻게 하시고, 낙망하는 자는 위로를, 가난한 자는 부유함을, 병든 자는 치유함을 받게 하옵소서. 그리하여 저희가 이 전을 나설 때에는 아버지의 거룩한 나라를 사모하면서 날마다 주님과 동행하길 다짐하는 귀한 은혜를 허락하옵소서.

우리 성가대가 찬양을 드립니다. 이 찬양 온전히 받아주시고 저희들에게는 주님의 은혜와 사랑에 감격하는 시간이 되게 하옵소서. 우리를 위하여 십자가에 달리시고 피 흘리신 주 예수 그리스도 이름으로 감사하며 기도드립니다. 아멘.

"너의 하나님 여호와가 너의 가운데에 계시니 그는 구원을 베푸실 전능자이시라 그가 너로 말미암아 기쁨을 이기지 못하시며 너를 잠잠히 사랑하시며 너로 말미암아 즐거이 부르며 기뻐하시리라 하리라" 습3:17

12
주일 낮 예배

전능하신 여호와 하나님 아버지!

오늘도 추운 날씨에도 불구하고 모두 건강한 모습으로 이렇게 한 자리에 모여서 예배의 공동체를 이루게 하시고 아버지 앞에 신령과 진정으로 예배드리게 하심을 진심으로 감사드립니다.

2008년 새해 이제 새 시대를 준비하는 새해 벽두에 우리의 영이 더욱 새로워지게 하여 주소서. 마라의 샘물 같이 쓴 물이 가득한 우리 영을 주님의 말씀으로 예수님의 보혈의 피로 단물로 변하게 하시어 우리 교회와 지역사회에 놀라운 기적을 이룰 수 있도록 주님 역사하여 주시옵소서.

우리 성도들의 심령이 새로운 각오로써 영적인 대각성을 해서 2008년에는 풍성한 영적인 열매가 많이 열리는 해로 복을 내려 주시옵소서.

오늘 귀한 주님의 말씀을 전하실 담임목사님께서 '큰 복을 받는 신앙생활' 이라는 제목으로 생명의 말씀을 전하십니다. 우리의 맘속이 옥토가 되어서 주님의 말씀을 새기게 해주시고 하늘에서 이룬 뜻이 이 땅에서 우리 마음속에도 이루어지는 복된 2008년이 될 수 있도록 역사하여 주시옵소서. 세계적인 교회로 발돋움하는 우리 교회가 나라를 위해서 민족을 위해서 혁신의 횃불을 높이 들게 하여 주시옵소서.

나라와 민족은 끝없는 죄악으로 얼룩져가고 있습니다. 물질만능주의와 소집단 이기주의가 나라를 암흑의 구렁텅이로 몰아넣고 있습니다. 우리의 지도자들은 양보와 타협이 없어져가고 있습니다. 국민은 불안해하고 대립과 갈등이 우리나라의 에너지를 빼앗아가고 있습니다. 우리의 부족한 모습을 굽어 살피시사 어둠 속의 광야에서 불기둥처럼 구름기둥처럼 우리를 이끌어 주시옵소서. 불같은 성령, 바람 같은 성령으로 우리의 영을 변화되게 하여 주시옵소서. 이제는 이 나라에서 좌파도 우파도 없애주시고 모두 십자가 아래 함께 모여서 주님 앞에 기도하며 영혼이 잘된 것 같이 범사가 잘되고 강건한 역사가 우리의 영혼 속에 이룰 뿐 아니라 이 나라 이 민족에도 이룰 수 있도록 역사하여 주시옵소서.

하나님 아버지! 이 나라를 이끌어 갈 새로운 지도자가 주님의 말씀에 바로 서며 주님의 말씀을 경외하며 바로 다스리게 하여 주옵소서. 하나님 나라가 이 땅 위에 이룰 수 있도록 하여 주시고 세계에 우뚝 서는 우리 한민족이 될 수 있도록 도와주시옵소서. 오늘 예배를 위해 찬양을 준비한 성가대를 주님께서 사랑해 주시고 더 좋은 찬양이 주님께 드려질 수 있도록 우리 함께 기도하는 귀한 기도의 공동체가 될 수 있도록 도와주시옵소서. 감사드리옵고 우리 주 예수님 이름으로 기도드리옵나이다.

"네가 네 하나님 여호와의 말씀을 삼가 듣고 내가 오늘 네게 명령하는 그의 모든 명령을 지켜 행하면 네 하나님 여호와께서 너를 세계 모든 민족 위에 뛰어나게 하실 것이라" 신 28:1

13
주일 낮 예배

살아계신 하나님 아버지!

하나님 아버지께 찬양을 드립니다. 다사다난했던 한해도 하나님 은혜와 섭리 가운데 잘 살게 하여 주시고 새해를 소망 가운데 맞이할 수 있도록 허락하신 하나님께 진실로 감사합니다. 오직 예수 그리스도 발자취를 따라가는 신앙으로 희망을 안고 새롭게 다짐하는 결단과 각오로 새해를 맞이하게 하시니 감사합니다.

간구하옵기는 이 나라 이 백성들을 불쌍히 여겨 주시옵소서. 온 국민이 하나님께로 돌아와 자기의 허물과 죄를 고백하고 용서받으며 회개하고 돌아온 탕자처럼 하나님 아버지 품에서 살아갈 수 있도록 저희들을 지켜주시옵소서.

우리나라의 모든 정치하는 자들에게 겸손하여 국민들을 사랑할 수 있는 마음을 허락하시고 존경과 신뢰를 받을 수 있도록 하나님께 감사하게 하여 주시옵소서. 정치가 바로 서게 하시고 경제가 올바로 회복되게 하시며, 노사분쟁 없는 한 해가 되어 모든 국민들이 하나님의 섭리 안에 살아가게 하여 주시옵소서. 자신들을 돌아보며 자신의 위치에서 이탈하지 않게 하시고 형제의 허물을 덮어주고 용서하며 사랑 안에 거하게 하옵소서. 남과 북이 서로 믿으며 신뢰할 수 있는 대화가 있게 하여 주시고 하나님의 도우심으로 평화통일로 가게 하옵소서.

하나님을 믿는 믿음의 성도들 영성이 회복되게 하여주시고 한 알의 썩어져가는 밀알이 되어서 많은 믿음의 열매를 맺어 교회가 차고 넘치도록 하여 주시옵소서. 우리 성도들이 하시는 사업과 직장과 가정에서 은혜 넘치는 복을 채워주시고 주님의 말씀을 기억하면서 올 해도 열심히 살아가게 하옵소서.

언제나 주님께서 크게 두루 쓰시는 주의 사자 담임목사님께서 올 해도 능력 있는 은혜의 말씀을 증거하게 하시고 많은 양떼를 이끌어 가시기에 부족함 없게 하시고 건강하게 하옵소서. 목사수련회 강사로 초청되어 말씀을 선포하러 가십니다. 가고 오시는 길 지켜 주시옵소서.

예배와 교회 부흥에 보조하시는 부목사님들과 모든 교역자들이 올해도 강건하게 사명을 감당할 수 있는 은혜를 주시옵소서. 예배를 도와 봉사하시는 모든 손길에 은혜를 주시옵소서. 귀한 찬양 준비한 성가대의 찬양을 기뻐 받으시고 성가대원 모두에게 은혜를 내려 주시옵소서. 이 모든 말씀 우리를 사랑하시는 예수님 이름으로 기도드리옵나이다. 아멘.

"너는 그들로 하여금 통치자들과 권세 잡은 자들에게 복종하며 순종하며 모든 선한 일 행하기를 준비하게 하며 아무도 비방하지 말며 다투지 말며 관용하며 범사에 온유함을 모든 사람에게 나타낼 것을 기억하게 하라" 딛 3:1~2

14

주일 낮 예배

살아계신 하나님 아버지!

이 거룩한 주일에 주님 전에 나와 예배드리게 하심을 감사드립니다. 우리의 예배가 신령과 진정으로 드리는 예배가 되게 하여 주시옵소서.

저희들은 지난 한 주간도 믿는다고 하지만 은혜의 생활을 하지 못하고 주님 뜻대로 살지 못한 것들이 많이 있는 줄 아오니 주님의 보혈로 용서하여 주시옵소서. 주님께서 우리를 사랑하는 것과 같이 우리도 하나님을 사랑하며 나의 이웃을 사랑하는 믿음을 허락하여 주시옵소서. 그리하여 우리의 삶이 평화롭고 즐거운 시간이 되게 하여 주시옵소서.

이 시간 나라와 민족을 위하여 기도하오니 이 나라를 이끌어 가는 정치지도자들을 기억하여 주시기를 원합니다. 저들에게 나라와 민족을 사랑할 수 있는 마음을 주시고 개인적인 사상과 사고방식을 버리게 하시고 나라와 민족을 위하여 일하게 하소서. 현재의 일이 먼 훗날 역사 속에서 평가받게 됨을 깨닫게 하시고 하나님과 국민들이 지켜보고 있음을 알게 하옵소서. 그리하여 하나님의 뜻과 영광이 이 나라에 펼쳐지게 하시고 자유민주주의 국가가 흔들리지 않고 계속 되게 하여 주시옵소서.

다음 주일은 교회창립주일입니다. 주님의 크신 뜻이 계셔서 이곳에 주님의 몸 된 교회를 58년 전에 세우시고 영혼구원의 사명을 잘 감당하게 하셔서 오늘과 같은 큰 교회로 부흥하게 하심을 감사드립니다. 이 시간 기도하오니 이 교회를 세우시고 부흥시키기 위하여 몸과 마음과 정성을 다 바쳐 주님께 충성한 모든 분들을 기억하시고 크신 복을 내려주시옵소서. 우리교회를 위하여 봉사하실 장로님과 안수집사님 권사님들을 세워주셨으니 기도로 준비하게 하시고 은총과 축복 속에 임직식을 하게 하옵소서.

거룩한 성일, 주님의 사랑과 은혜를 사모하며 평안한 마음의 안식을 얻기 위하여 주님을 찾아온 성도들에게 주님의 한량없는 자비를 베풀어 주시옵소서. 병마로 고생 중에 있는 성도들을 치료해 주시고 가정문제 직장문제 사업문제 등 여러 가지로 고민하며 주님께 간절히 간구하는 기도를 들으시고 응답해 주시옵소서. 사정이 있어 예배에 참석하지 못한 사랑하는 성도들을 기억하시고 다음 예배에는 모두 나와서 주님께 영광 드리며 은혜 나누는 복된 시간을 허락하여 주시옵소서.

이 시간 단에 서서서 말씀 증거 하실 담임목사님 영육 간 강건하게 하여 주시고 성령 충만함 주시옵소서. '마음의 눈이 밝은 신앙생활' 이라는 말씀 주실 때 큰 은혜 받는 시간되게 하여 주시옵소서. 기도로 준비한 성가대의 찬양을 기쁘게 받으시고 대원들과 함께 하여 주시옵소서. 주 예수 그리스도 이름으로 기도드립니다. 아멘.

"다만 이뿐 아니라 우리가 환난 중에도 즐거워하나니 이는 환난은 인내를, 인내는 연단을, 연단은 소망을 이루는 줄 앎이로다 소망이 우리를 부끄럽게 하지 아니함은 우리에게 주신 성령으로 말미암아 하나님의 사랑이 우리 마음에 부은 바 됨이니" 롬 5:3-5

15
주일 낮 예배

하나님 아버지!

창립주일을 맞이하여 주 앞에 나와서 예배드리게 하심을 감사드립니다. 이 예배를 기뻐 받아 주옵소서. 58년 전 복음의 황무지였던 이곳에 복음의 씨앗을 심게 하시고 담임목사님을 통해서 크게 부흥케 하시어 대교회로 성장하게 하여 주심을 감사드립니다.

솔로몬 왕이 성전을 건축하고 하나님께 기도한 것을 들어주신 것처럼 오늘 창립주일을 맞이하여 주님께 기도합니다. 저희 교회 성도들이 이 제단에서 기도할 때에 죄지은 것을 용서받고 기도제목들이 신속히 응답받게 하옵소서. 혹 이 제단에 와서 기도를 못하더라도 이 제단을 향하여 기도하면 기도한 내용이 응답되게 하옵소서. 올해도 전도에 힘을 쏟아 구원의 방주 역할을 잘 감당하게 하옵소서. 이 백성을 사랑하사 100년이라는 짧은 기간에 이렇게 많은 백성이 성도의 반열에 오르게 하심을 감사드립니다. 100년을 맞이한 올해에는 제2의 성령의 대폭발이 일어나게 하사 민족복음화를 완성하게 하옵소서. 우리교회의 총동원 주일 선포식이 성령 대폭발의 기폭제가 되게 하옵소서.

나라 안팎이 불안하고 경제적으로 어려우며 백성은 물질만능주의를 숭상하고 예의와 준법정신을 무시하는 등 극도의 이기주의를 조장하므로 나라의 장래가 매우 어렵습니다. 우리 성도들이 앞장서서 사회의 등불이 되게 하옵소서. 모두 경건하고 검소하며 은혜로운 생활하는 데 힘쓰게 하옵소서. 바쁜 가운데 여유를 갖는 성도가 되며 이웃과 함께하여 무언의 봉사와 선교의 사명을 감당하게 하옵소서.

찬양예배시간에는 이 교회에 사용될 일꾼을 세웁니다. 장로와 안수집사, 안수권사를 세움으로 주의 일을 더 많이 감당하는 교회가 되게 하시고 세움을 받는 저들은 큰 믿음의 대장부들이 되어 충성된 일꾼들이 되게 하시며 하늘의 신령한 복과 땅의 기름진 복을 받게 하옵소서.

담임목사님이 말씀 전하실 때에 성령의 역사하심이 칠 배나 더하셔서 큰 은혜의 시간이 되게 하옵소서. 말씀마다 깨달아져서 메마른 심령이 풍성해지고 믿음이 강건해지고 우리의 심령이 옥토 밭이 되게 하옵소서. 성가대가 찬양을 드립니다. 모든 회중이 아멘으로 화답하게 하시고 하나님께서 큰 영광 받아주옵소서. 이 모든 말씀을 우리 주 예수 그리스도의 이름으로 감사하며 기도드리옵나이다. 아멘.

"만군의 여호와가 이르노라 해 뜨는 곳에서부터 해 지는 곳까지의 이방 민족 중에서 내 이름이 크게 될 것이라 각처에서 내 이름을 위하여 분향하며 깨끗한 제물을 드리리니 이는 내 이름이 이방 민족 중에서 크게 될 것임이니라"

말 1:11

16

주일 낮 예배

만물을 주관하시고 나라의 흥망성쇠와 인간의 생사화복을 주관하시는 하나님!

영광과 존귀와 찬양을 드립니다. 받아주시옵소서.

지난 한 주간도 사랑하는 성도들을 눈동자같이 지켜 보호하여 주시었다가 오늘 거룩한 주님의 날 주의 몸 된 교회로 우리의 발걸음을 인도하여 주셔서 신령과 진정으로 4부 예배를 드리는 은혜를 베풀어 주심을 진심으로 감사드리옵나이다.

하나님 아버지! 지난 주에는 봄 부흥회를 통하여 많은 은혜를 받게 해 주심을 감사드립니다. 받은바 은혜를 늘 지속할 수 있게 성령으로 인도하여 주시고 성령 충만함 가운데 내가 만나는 사람마다 주님의 복음을 전하는 전도인의 삶이 되도록 한 사람 한 사람에게 은혜를 베풀어 주시옵소서. 온 성도들에게 성령 충만케 하시고 우리 주님께서 영생을 주시기로 작정된 사람들을 한 사람이 한 사람 이상씩 만날 수 있도록 인도하여 주시옵소서. 그리하여 많은 성도를 보내어 주셔서 우리 하나님께는 영광이 되게 하시고 우리 성도들에게는 사랑의 공동체로 주님 안에서 하나가 되어 믿음, 소망, 사랑 가운데 살아가는 은혜를 베풀어 주시옵소서. 가정 복음화를 꼭 이룰 수 있게 은총 베풀어 주시옵소서. 우리 성도들의 모든 가정이 예수님 안에서 하나님 말씀에 순종하여 하나님이 예비하신 영적, 육적인 복을 다 받을 수 있는 성도들이 되도록 복을 허락하여 주시옵소서.

128시간 연속기도회와 오늘 오후 찬양예배의 초청간증집회에 큰 은혜를 주시옵소서. 이 지역의 많은 불신자들이 와서 간증을 통하여 은혜 받고 하나님의 백성으로 살아갈 수 있게 도와주시고 앞으로 여러 행사에도 주님이 함께 하심으로 은혜 속에 이어질 수 있게 인도하여 주시옵소서. 이 시간 예배드리는 성도들 가정마다 기도의 제목이 있으면 하나님이 늘 우리에게 복을 주신다는 생각이 우리의 삶을 지배할 수 있게 해주셔서 말씀과 기도로 우리의 모든 기도제목이 응답받는다는 믿음으로 이 성전을 나갈 수 있게 하옵소서.

말씀 선포하시는 담임목사님을 성령 충만케 하시고 살아있는 하나님의 말씀을 선포하실 때 아멘으로 모두 은혜 받는 귀한 시간이 되게 성령으로 역사하여 주시옵소서. 믿음으로 준비한 성가대가 하나님께 찬양을 드립니다. 기쁘게 받아주시고 지휘자와 대원들의 가정에 하나님의 충만한 은혜가 넘치기를 바라오며 이 모든 말씀 살아계신 예수 그리스도 이름으로 기도드리옵나이다. 아멘.

"너는 말씀을 전파하라 때를 얻든지 못 얻든지 항상 힘쓰라 범사에 오래 참음과 가르침으로 경책하며 경계하며 권하라 때가 이르리니 사람이 바른 교훈을 받지 아니하며 귀가 가려워서 자기의 사욕을 따를 스승을 많이 두고 또 그 귀를 진리에서 돌이켜 허탄한 이야기를 따르리라" 딤후 4:2~4

17

주일 낮 예배

하나님 아버지! 하나님께서 주신 은혜 감사드립니다.

아버지께서 도우지 아니하시면 우리는 한 시도 한 발자국도 손가락 하나도 움직일 수 없는 나약한 존재임을 압니다. 주님이 베풀어주시는 그 은혜 속에 오늘도 생명을 주시고 세상에서 하나님 뜻대로 살지 못했지만 거룩한 주일 발걸음을 이곳으로 옮겨 주시고 생명의 말씀을 듣게 하여주셔서 감사합니다. 그 말씀이 우리의 생사를 갈음하는 귀한 말씀인 것을 알게 하여 주시고 하나님을 바라볼 수 있게 하시고 만날 수 있게 하시고 주님의 귀한 음성을 듣게 하여 주신 큰 은혜를 진심으로 감사드립니다.

이 나라와 민족을 주님께서 사랑하여 주시고 세계 방방곡곡에 선교의 대국으로 큰 위상을 나타내는 민족이 되게 하옵소서. 지나 간 모든 것을 주님께서 감싸주시고 지워주셔서 이제는 새롭게 분발하는 모습이 되게 하옵소서. 하나님께서 주신 거룩한 빛을 온 세계에 뻗칠 수 있게 도와주시어서 이 민족이 선교대국으로서 땅 끝까지 복음을 전파하게 하옵소서. 하나님의 귀한 자녀들이 이 땅위에서 건강하고 행복하게 자라날 수 있도록 주께서 복을 허락하여 주시옵소서. 나라를 이끌어가는 지도자들에게 함께 하시고 하나님을 두려워하고 아버지 말씀에 복종하며 무릎을 꿇는 지도자들이 되게 하여 주시옵소서.

악한 자의 해를 받지 않도록 저희를 붙들어주시옵소서. 사탄을 물리칠 수 있는 강력한 영적파워를 허락하여 주시옵소서. 24시간 주님 앞에 깨어 기도할 수 있도록 무장시켜 주시옵소서.

우리교회를 사랑하시는 하나님 아버지! 부활절을 맞이하여 많은 새로운 가족들이 머리 숙여 하나님 앞에 경배를 드리고 있습니다. 하나님을 먼저 알게 하여 주시고 하나님이 우주를 창조하시고 우리의 생사화복과 국가의 흥망성쇠를 주관하시는 전능하신 아버지인 것을 알게 하여 주시옵소서.

교회에서 구석구석까지 맡아 돌보며 봉사하는 일꾼들과 함께 하여 주시고 특별히 어린아이부터 노년에 이르기까지 한 생명도 실족함이 없도록 도와주시고 이 악한 세상에서 승리할 수 있도록 주님께서 도와 주시옵소서.

생명을 걸고 복음전파에 애쓰는 우리 선교사님들을 아버지의 불꽃같은 눈으로 보살펴 주시어서 그들이 사명을 감당케 하여 주시옵소서. 교회에서 맡은 사명을 감당하는 주의 일꾼들과 그들의 가정과 사업과 일터에도 복을 허락하여 주시옵소서.

오늘도 하나님이 아끼시고 세우신 주의 사자를 통하여 우리에게 귀한 생명말씀을 주셔서 감사합니다. 그 말씀이 우리 심령을 변화시키며, 새롭게 거듭나는 역사가 있게 하시고, 말씀 속에서 주님을 알게 하시고, 배울 수 있게 하시고, 아버지의 음성을 듣게 하여 주시옵소서. 믿음과 정성으로 주님 앞에 찬양하는 성가대에 함께 하시고 하나님께 영광을 돌리게 하옵소서. 예수 그리스도 이름으로 간절히 기도하옵나이다. 아멘.

"누가 우리를 그리스도의 사랑에서 끊으리요 환난이나 곤고나 박해나 기근이나 적신이나 위험이나 칼이랴 기록된바 우리가 종일 주를 위하여 죽임을 당하게 되며 도살당할 양 같이 여김을 받았나이다 함과 같으니라" 롬 8:35~36

18
주일 낮 예배

살아계신 하나님!

지난 한 주도 저희가 있는 곳에서 건강하게 평안하게 지켜주시고 이 좋은 날 아버지께서 저희의 손을 잡으시고 품에 안으셔서 아버지 집으로 인도하셔서 저희를 만나주시니 진심으로 감사합니다.

아버지께서 저희를 사랑하시고 궁휼히 여기사 언제 어디서든 우리의 그 많은 허물과 숨겨져 있는 죄를 낱낱이 알게 하시고 고백하게 하시니 감사합니다. 깨끗한 심령으로 거룩한 아버지를 항상 만날 수 있도록 도와주심을 진심으로 감사드립니다. 이 시간 우리의 소원과 기도와 간구를 드릴 때 거룩하신 아버지 뜻에 합당한 소원과 기도와 간구를 드릴 수 있도록 성령으로 충만케 하여 주시옵소서.

하나님 아버지! 건강과 행복은 아버지께 속한 것입니다. 저희가 얼마나 많은 건강과 행복을 받고 세상을 사는 지 그 감사함을 모르고 살았습니다. 우리나라와 우리가 섬기는 교회와 직장과 가정이 아버지께서 주신 건강과 행복으로 넘치길 원하오니 저희에게 주시옵소서.

아버지께서 귀한 종을 이 교회에 보내셔서 30년 동안 축복의 목회를 하게하심을 진심으로 감사드립니다. 저희가 축복의 말씀을 듣고 복 받은 자로서 세상에 나아가서 생활할 때 주 예수님께서 저희 안에 오셔서 항상 생수가 강물처럼 넘치기를 원합니다. 성령 충만하여서 어려운 난관에 닥칠지라도 주신 말씀으로 승리할 수 있는 성도들이 되기를 원하옵나이다.

오늘도 저희가 모인 이 자리를 보시옵소서. 우리 성가대원들의 자리가 넘쳐서 일반석으로 옮기는 아름다운 광경이 벌어지고 있습니다.

하나님 아버지! 이를 위하여 기도하고 항상 성가대를 위해서 충성하는 성가대 지휘자와 모든 임원들에게 복을 주셔서 아름다운 찬송이 하늘나라까지 뻗치기를 원합니다.

이 시간에도 저희의 형제, 자매들이 병으로 어려워서, 세상 삶이 고단해서 아버지께 도움을 청하고 있습니다. 아버지께서 해결하여 주시옵소서. 저희 교회를 쓰셔서 아버지께서 하시고 싶은 일을 속히 하시옵소서. 저희는 아멘으로 순종하면서 그 일을 하겠나이다.

오후에는 세례식이 있습니다. 아버지께서 사랑하시는 세례 받는 많은 이들입니다. 물세례뿐 아니라 성령세례도 받는 시간이 되길 바랍니다. 세례를 집례하는 귀한 종을 피곤치 않게 갑절의 능력을 허락하여 주시옵소서.

하나님 아버지! 저희 교회가 세계에서 제일 전도를 많이 하는 교회가 되기를 기도합니다. 주님의 사랑이 넘치는 교회가 될 수 있도록 우리가 항상 깨어서 전도하게 하옵소서. 하나님 아버지를 기쁘시게 하는 저희 교회 성도들이 되게 하옵소서. 우리 주 예수님 이름 받들어 기도드립니다. 아멘.

"예수께서 세례를 받으시고 곧 물에서 올라오실새 하늘이 열리고 하나님의
성령이 비둘기 같이 내려 자기 위에 임하심을 보시더니 하늘로부터 소리가
있어 말씀하시되 이는 내 사랑하는 아들이요 내 기뻐하는 자라 하시니라"

마 3:16~17

19
주일 낮 예배

찬송과 존귀와 영광을 세세무궁토록 받으시기에 합당하신 하나님!

꽃피고 녹음이 짙어가는 5월 첫 주일 건강한 몸으로 기뻐하고 감사하며 주의 전으로 나와 예배하게 하신 은혜 감사하옵니다.

사회생활 속에서 많은 사람들을 상대하면서 상처받고 또 상처를 주며 미워하고 또 미움을 받으며 여러 모양으로 크고 작은 죄를 짓고 때 묻고 더러워진 마음 이대로 주님 앞에 나왔습니다. 우리의 허물을 십자가로 덮어주시고 모든 상처를 치유해 주시옵소서.

하나님 아버지! 우리 앞에 태산같이 많은 기도제목들이 있지만 무릎 꿇고 기도할 줄 모르는 저희를 주의 성령이 인도하게 하시고 겸손하게 무릎 꿇게 하여 주시옵소서. 높은 곳에 올라가서 섬김을 받으려고 하지 말고 낮은 곳에 내려가서 남을 섬길 수 있는 용기를 주시옵소서. 사랑받고 싶으면 먼저 남을 사랑할 수 있게 하시고 하나님의 사랑을 받기위해 하나님의 뜻대로 살게 하여 주시옵소서. 복을 받기 원한다면 하나님의 영광을 위해 살게 하여 주시옵소서. 하나님을 기쁘시게 하는 삶으로 인도하여 주시옵소서.

험한 세상 살 동안 평안한 길로 인도하여 주시고 어려움 당하지 않게 인도하시고 형통하게 하여 주시옵소서. 질병과 가난을 이기게 하시고 빚을 지고 갚지 못하는 성도들 빚을 갚을 수 있는 길이 열려지게 하여 주시옵소서. 사업에 실패한 자들은 다시 일어나게 하시고 직장 없는 자들에게 일자리를 주시옵소서. 성도들이 잘살며 선을 행할 때에 하나님의 영광이 드러나고 세상 사람들이 부러워하게 하옵소서.

대한민국 1,200만 개신교 신자들이 빛이 되고 소금되게 하여 주시옵소서. 속히 민족복음화가 되게 하여 주시옵소서. 전국에 있는 모든 개신교 목회자들이 다 선한 목자가 되게 하시고 한국교회들이 해외에 파송한 13,000여 선교사들을 눈동자같이 지키시고 악한 자들의 해를 받지 않게 하여 주시옵소서. 선교사명을 잘 감당할 수 있도록 능력을 주시고 은혜를 더하여 주시옵소서.

오늘도 교회 여러 곳에서 수고하며 섬기는 손길들을 귀하게 보시고 은혜를 더하시고 지혜를 더하여 주시옵소서. 우리교회 이만여 명의 재적교인들이 열심히 예배에 출석하는 성도들이 되게 하시고 한 사람도 세상에 발걸음 돌리지 않게 하여 주시옵소서.

이 시간 말씀을 듣고 단에 서신 주의 사자에게 성령이 강하게 역사하셔서 성령의 불을 토하는 능력의 말씀되게 하여 주시고 저희의 닫힌 마음의 문을 활짝 열고 기쁨으로 말씀을 받게 하여 주시옵소서. 정성으로 찬양을 준비하여 이 자리에 서있는 성가대의 찬양이 하나님 보좌 앞에 큰 영광으로 올려 지게 하여 주시고 모든 성도들이 함께 아멘으로 화답하여 영광 돌리게 하옵소서. 예수님 이름으로 기도드리옵나이다. 아멘.

"사람이 등불을 켜서 말 아래 두지 아니하고 등경 위에 두나니 이러므로 집 안 모든 사람에게 비치느니라 이같이 너희 빛을 사람 앞에 비치게 하여 그들로 너희 착한 행실을 보고 하늘에 계신 너희 아버지께 영광을 돌리게 하라"

마 5:15~16

20

주일 낮 예배

은혜로운 하나님!

지난 한주간도 아버지의 사랑과 은혜 가운데 지나게 하시고 오늘 거룩한 성일 다시 아버지 전에 나와 몸과 마음과 정성을 다하여 예배드리게 하심을 감사합니다. 비록 모든 것이 부족하고 연약한 저희이지만 항상 은혜 속에 거하게 하심을 진실로 감사드립니다.

때로는 살아가기 힘들고 어려운 나그네의 길 같은 인생길을 걸어가는 저희이지만 십자가에 흘리신 우리 주님의 거룩하신 보혈로 무엇과도 바꿀 수 없는 귀하고 값진 영생을 선물로 받았으니 감사합니다. 아버지의 그 크신 은혜에 늘 감사하면서 이제는 다시금 용기를 되찾고 어려움을 이겨내어 승리하는 삶을 살아가는 저희가 되게 하여 주시옵소서. 이제부터라도 아버지의 자녀로서 조금도 부족함이 없는 착한 행실과 마음가짐으로 천국의 소망을 가진 아름다운 믿음을 소유한 하늘나라 백성답게 변하게 하여 주시옵소서.

아버지 하나님!

이번 주일은 어버이주일입니다. 자녀들은 주 안에서 부모님을 공경하고 효도하는 사람들이 되게 하여 주시옵소서. 부모에게 효도하는 자는 땅에서 잘 되고 장수하리라고 말씀하셨는데 저희 교회의 모든 자녀들은 효성이 극진한 사람들이 되어 잘 되는 복과 장수하는 복을 누리는 은혜가 있게 하여 주시옵소서. 또한 부모들은 주 안에서 자녀들을 잘 양육하여 이 교회와 이웃과 국가와 세계를 위해서 크게 쓰임 받게 하여 주시옵소서.

개인이나 가정이나 국가나 어떤 사회든지 감당하기 어려운 일이 있으면 먼저 우리 아버지 되시고 인도자 되시는 여호와께 무릎 꿇고 기도하는 저희가 되기를 간절히 소원합니다. 성령께서 인도하셔서 저희 교회 성도들은 모두 기도의 용사들이 되게 하여 주시옵소서. 우리교회 성도들의 간절한 기도가 있기에 이 지역과 대한민국과 세계가 아버지의 사랑을 듬뿍 받을 수 있게 하여 주시옵소서. 악한 사탄마귀의 권세를 물리치고 승리할 수 있게 하여 주시옵소서.

이 자리에 고개 숙인 사랑하는 자녀들의 간절한 기도를 들어 응답하여 주시옵소서. 재적교인이 출석교인이 되게 하시고, 선교사들의 선교 사역과 농어촌 자매교회들도 크게 부흥하게 하여 주시옵소서. 교회 부근에 새로 입주하는 사람들 모두 예수를 믿어 하나님의 자녀들이 되게 하여 주시옵소서.

목사님께서 말씀 들고 서실 때에 성령으로 함께 하셔서 권능으로 선포하게 하시고 말씀을 듣는 저희 모두 큰 은혜 받는 시간되게 하여주시옵소서. 성가대원들이 정성껏 준비한 찬양을 드립니다. 찬양을 통하여 홀로 영광을 받으시옵소서. 저희의 마음 문이 활짝 열리는 찬양이 되게 하여 주시옵소서. 예수 그리스도 이름으로 간절히 기도드리옵나이다. 아멘.

"자녀들아 주 안에서 너희 부모에게 순종하라 이것이 옳으니라 네 아버지와 어머니를 공경하라 이것은 약속이 있는 첫 계명이니 이로써 네가 잘 되고 땅에서 장수하리라" 엡 6:1~3

21
주일 낮 예배

거룩하시고 자비로우신 하나님!

언제나 우리의 영원한 소망과 생명이 되시기에 오늘도 다함없는 기쁨으로 나아와 존귀와 영광과 감사를 드립니다.

주님 앞에 나올 때마다 깨닫는 심령이 되게 하셔서 성령을 통해서 누리는 기쁨을 얻게 하시고, 가슴 구석구석에서 주님의 사랑이 샘물처럼 솟아나게 하옵소서. 지난 주간도 우리는 갖가지 시험과 환난으로 아버지를 떠난 적이 많았음을 고백합니다. 그러나 천사도 시험을 당하고 에덴동산의 첫 사람도 시험에 넘어갔거늘 허약하고 우둔한 저희들이 어찌 변함없는 미덕과 선을 행할 수 있사옵니까? 오 아버지여! 저희들을 용서하시고 자비와 긍휼로 더욱 강하게 붙잡아 주시기를 원합니다.

세상의 유혹이나 쾌락이 아버지께 바친 우리의 마음을 나누지 못하게 하시고 흘러가는 세상 영광에 빠져들지 않게 하시며, 항상 낮은 자리에서 주님만을 찬양하며 편안하고 행복하게 살아가게 하여 주시옵소서. 우리는 무서운 악에서 시달렸기 때문에 하나님의 선에 들어와 더욱 감격합니다. 보다 큰 고통과 괴로움을 체험하였기에 보다 큰 기쁨과 즐거움을 느낄 수 있게 되었습니다. 불안하고 험악하게 살았기 때문에 주님과 생활하며 찾은 평안과 행복을 더욱 소중히 여깁니다. 오늘도 우리 마음에 큰 변화가 일어나서 그리스도로 말미암아 이제껏 응어리지고 원한 맺힌 일들을 다 잊어버리며 용서와 사랑을 배우게 하여 주시옵소서. 용서하지도 않으면서 용서하려고 몸부림치게 마시고 사랑하지도 않으면서 사랑하려고 몸부림치게 마시고, 오로지 우리 안에 계신 주님으로 인하여 모든 것이 이루어지게 하옵소서.

또한 우리들 사이에 많은 의인들을 일으키시어 이 나라의 기초를 그 백성의 양심 위에 튼튼히 쌓게 하시며, 이 나라 이 민족에게 복을 주셔서 내가 너를 복 주며 복의 근원이 되게 하리라며 아브라함에게 주셨던 복이 이루어지게 하옵소서. 새벽마다 울부짖는 남편과 자녀를 위한 기도와 절망의 병을 끌고 나와 마지막으로 주님께 매어 달리는 피눈물의 기도를 들어 주옵소서. 저희들의 모든 기도와 간구를 들어주셔서 가정마다 직장마다 감사와 찬미가 넘치고 더욱 열심히 주님께 충성하며 영광돌릴 수 있는 기회를 주시옵소서.

세우신 종에게 복을 주셔서 끝까지 그리스도의 빛을 잃지 않고 열심히 충성하며 주님의 위업을 이루게 하옵소서. 이 시간의 예배도 하늘의 능력과 성령으로 뜨겁게 역사되는 복된 시간 되게 하여 주시옵소서. 예수님의 이름으로 기도드립니다. 아멘.

> "무릇 하나님께로부터 난 자마다 세상을 이기느니라 세상을 이기는 승리는
> 이것이니 우리의 믿음이니라 예수께서 하나님의 아들이심을 믿는 자가 아니
> 면 세상을 이기는 자가 누구냐" 요일 5:4~5

22
주일 낮 예배

은혜로우신 하나님! 영광과 존귀와 찬송을 드립니다.

부족한 저희들을 주님께서 사랑해 주시고 거룩한 성일을 허락하셔서 예배드릴 수 있게 하시니 감사드립니다. 이 시간 저희들이 하나님과 신령한 교제를 갖게 하시고, 거짓 없는 진실된 마음을 주시며 신령과 진정으로 예배하게 하시옵소서.

저희들은 지난 일주일 동안 세상에 살면서 육신이 연약하고 믿음이 부족하여 주님의 말씀대로 살지 못하고 여러 가지로 범한 죄와 허물이 많이 있습니다. 이 시간 저희들의 모든 죄를 자복하고 회개하오니 주 예수 그리스도의 보혈로 깨끗하게 하옵소서.

주님의 크신 뜻이 계셔서 저희교회를 이곳에 세워주시고 오늘날까지 지켜주시며 부흥 발전시켜 주시니 감사합니다. 이 교회가 지역사회의 구명선이 되게 하시며 크신 능력을 주셔서 죽어가는 많은 심령들에게 복음의 기쁜 소식을 전할 수 있게 도와주시옵소서. 교회의 각 기관을 지켜주시고 늘 새로운 힘을 주셔서 맡은바 사명을 감당하게 하시고 날로 발전하게 하시옵소서.

전능하신 하나님!

이 나라와 민족을 불쌍히 여기시고 지켜주시옵소서. 먼저 이 나라와 백성이 하나님을 경외하며 하나님의 말씀을 두려워하게 하시고 말씀에서 기초를 든든히 하게 하시옵소서. 고난과 역경을 거듭해온 이 역사를 주께서 주관하서서 다시는 이 땅에 고난이 없게 하시고 분쟁이 없게 하시고 남과 북으로 갈라진 이 땅을 하루 빨리 통일 시켜주셔서 이 민족에게 응어리진 한을 풀어 주시옵소서. 착취와 억압의 어둠 속에서 신음하는 북한 동포들을 주께서 위로해 주시고 믿는 저희들로 하여금 주님께 기도하며 간구하게 도와주옵소서.

저희와 함께하시는 하나님!

오늘 단에서 주님의 귀한 말씀을 선포하실 목사님에게 능력과 성령으로 충만케 하시옵소서. 그리하여 말씀을 통하여 주의 영광이 드러나게 하시고 주님께서 귀하게 쓰시는 종으로 삼아주옵소서. 예배에 참석한 모든 성도들이 이 시간 온 마음과 정성으로 예배하게 하시고 육신의 병으로 고통당하는 성도에게 건강과 힘을 주시고 믿음이 부족한 성도에게는 굳세고 담대한 믿음을 주옵소서. 여러 가지 문제를 안고 나온 성도들이 이 시간 다 해결 받고 은혜 받는 시간이 되게 하시옵소서. 사정이 있어 예배에 참여치 못한 성도들을 기억하시고 다음 시간에는 모두 나와서 주님께 돌리며 은혜 나누는 복된 시간을 허락해주옵소서. 찬양으로 영광 돌리는 성가대의 찬양을 받으시고 이 예배를 온전히 주님께서 주장하시옵소서. 빛 되신 예수 그리스도 이름으로 기도드립니다. 아멘.

"그러므로 너희는 하나님이 택하사 거룩하고 사랑받는 자처럼 긍휼과 자비와 겸손과 온유와 오래 참음을 옷 입고 누가 누구에게 불만이 있거든 서로 용납하여 피차 용서하되 주께서 너희를 용서하신 것 같이 너희도 그리하고 이모든 것 위에 사랑을 더하라 이는 온전하게 매는 띠니라" 골 3:12~14

23

주일 낮 예배

천지를 창조하신 하나님!

오늘도 예배드리게 하여 주시고 성도들을 대표하여 기도할 수 있는 은혜를 베풀어 주시니 감사드립니다.

주님께서 목자가 되시어 우리의 삶을 인도하여 주시니 감사드립니다. 모든 것을 주님께 맡기며 살아갈 수 있는 믿음을 주옵소서. 지난 주간도 잘못 행한 모든 죄들을 용서하여 주사 이 시간 정결한 마음으로 예배를 드리게 하여 주옵소서. 주님의 말씀은 진리이오니 주님의 말씀에 순종하며 살게 하시고 날마다 말씀을 묵상하고 기도함으로 주님의 섭리를 깨닫게 하옵소서.

우리의 모습과 삶이 주님의 형상과 주님의 삶을 본받아 온유하고 겸손하기를 원합니다. 교만하거나 오만하여서 주님의 영광을 가리는 삶이 아니라 낮아지고 겸손하여서 주님의 자녀답게 살기를 원합니다.

사랑의 하나님!

이 시간 단에서 말씀을 전하시는 목사님의 영육을 붙잡아 주옵소서. 언제나 성도들에게 말씀을 전하시고자 마음을 다하는 목사님께 성령 충만을 허락하여 주셔서 힘 있고 능력있게 하나님의 말씀을 전하게 하옵소서. 성도들을 양육함에 부족함이 없도록 지혜와 지식과 능력과 권세를 허락하여 주시옵소서.

찬양을 드리기 위하여 늘 준비하는 성가대 지휘자와 성가대원들에게도 주님의 은혜와 넘치는 복으로 함께 하옵소서. 교회의 곳곳에서 눈에 뜨이지 않게 사랑과 봉사를 아끼지 않는 성도들에게 복을 주시옵소서. 이 시간 한 사람도 은혜 받지 못하는 성도가 없이 다 같은 은혜로 충만케 하옵소서. 예배드리러 올 때 어두웠던 모습도 주님의 은혜와 사랑으로 밝아지게 하시고 기쁨으로 충만케 하옵소서. 이 예배 속에 주님의 은혜가 가득하기를 원합니다. 우리를 구원하신 예수 그리스도의 이름으로 기도합니다. 아멘.

"마음을 살피시는 이가 성령의 생각을 아시나니 이는 성령이 하나님의 뜻대로 성도를 위하여 간구하심이니라 우리가 알거니와 하나님을 사랑하는 자 곧 그의 뜻대로 부르심을 입은 자들에게는 모든 것이 합력하여 선을 이루느니라" 롬 8:27~28

24

주일 낮 예배

찬양을 받으시기에 합당하신 하나님!

하나님 아버지의 크신 은혜에 감사를 드립니다. 온 세상 만물이 파랗게 물든 5월 가정의 달을 맞이하여 지금까지 우리의 가정을 편안히 지켜주신 하나님께 감사를 드립니다.

특별히 이번 주간은 부모님을 생각하며 부모님 은혜에 감사하는 어버이 주일입니다. 매년 어버이주일을 맞이할 때마다 부모님께 대하여 죄송하고 송구스러운 마음을 숨길 수 없습니다. 하나님께서 사람들 사이에 명하신 계명 가운데 첫째가 네 부모를 공경하라는 명령이온데 지난날 우리는 부모님의 은혜를 망각하고 그 뜻을 따르지 못하고 불효했습니다. 우리의 모든 잘못을 주께서 용서하시고 부모님의 마음속에 혹시 남아있을 상처도 치유하여 주시옵소서.

자신들의 젊음을 자식을 위하여 바치신 부모님의 노고에 믿음과 효행과 인생의 성공으로 보답하는 자녀들이 되도록 도와주시옵소서. 그리하여 부모님과 이별 이후에 후회하지 않게 하시고 부모님이 우리 곁에 계시는 기간이 길지 않음을 깨닫게 하시어 살아계실 때 후회 없는 효도를 실천할 수 있는 지혜의 사람들이 되게 하시옵소서.

새벽마다 무릎 꿇고 기도하시던 그 부모님들의 마음을 우리 젊은이들이 본받게 되기를 간절히 바라옵고 원하옵나이다. 우리의 부모님들 중에도 아직 주님을 영접하지 않은 분들이 있습니다. 불신의 부모님께 예수님을 전하는 것이 최고의 효도임을 우리가 아오니 담대히 복음을 전하는 자녀들이 되게 하여 주시옵소서.

살아계신 주님!

현재 이 나라는 정치가 너무 불안한 가운데 있으며 경제는 너무나 어려워서 회복기미를 보이지 않고 있습니다. 대통령을 비롯한 모든 공직자들이 당리당략을 버리고 국민의 대변자로서 국가와 민족을 위하여 올바른 판단을 할 수 있도록 이들에게 겸손함과 지혜를 주시옵소서. 서민들이 마음 놓고 편히 살 수 있도록 도와 주시옵소서. 하나님의 뜻이 하늘에서 이루어진 것처럼 이 땅에서도 이루어지기를 간절히 바라옵고 원하옵니다.

살아계신 주님!

오늘 목사님께서 '믿음의 가정의 의미' 란 제목으로 말씀을 증거하십니다. 성령 충만한 은혜의 말씀을 선포할 수 있도록 도와주시고 찬양을 정성껏 준비한 성가대원들의 찬양을 기쁘게 받아 주시옵소서. 살아계신 예수님의 이름으로 기도드립니다. 아멘.

"마른 떡 한 조각만 있고도 화목 하는 것이 제육이 집에 가득하고도 다투는 것보다 나으니라" 잠 17:1

25

주일 낮 예배

존귀와 영광을 받으시기에 합당하신 하나님!

아버지 은혜에 감사를 드립니다. 6월 호국보훈의 달을 맞이하였습니다. 우리는 지난 날 조국의 위기에 앞장서서 자신의 몸을 던져 희생하신 우리 선열들의 희생에 감사하면서 그들이 못다 이룬 뜻을 역사의 주관자이신 하나님의 도우심을 받아 이루고자 합니다. 현재 우리가 누리고 있는 이 번영과 평화가 그들의 희생으로 이루어진 것임을 기억하게 하시고 조국을 사랑하는 마음을 저희들에게 주시옵소서. 지금도 가족을 잃고 슬픔에 잠겨있는 그 유족들을 위로하여 주시고 절망 중에서 소망을 갖고 살아가게 하시며 다시는 이 땅에 6.25와 같은 비극이 없도록 도와주시옵기를 간절히 바라옵고 원하옵니다.

살아계신 주님!

이 나라 이 민족을 불쌍히 여겨주시고 긍휼을 베풀어 주시옵소서. 현재 이 나라 정치는 너무나 불안한 가운데 있으며 경제는 너무나 어려운 이 때 북한의 김정일 집단은 핵문제 해결기미를 보이지 않고 있으면서 남측에 헤아릴 수 없는 재난을 당할 것이라는 초강경발언을 하고 있습니다.

살아계신 주님!

저 북한 공산 집단 지도자들의 마음을 감동시켜 주시옵소서. 이 세상은 할 수 없지만 하나님은 하실 수 있음을 믿습니다. 주님! 도와주시옵소서. 그리하여 하나님의 뜻이 하늘에서 이루어진 것 같이 이 땅에서도 이루어지기를 간절히 바라옵고 원하옵나이다.

살아계신 주님!

저희 교회를 위하여 간절히 기도드립니다. 58년 전 황무지 같은 이 지역에 교회를 세워주시고 이 시간까지 부흥 성장케 하시니 감사합니다. 저희 교회가 항상 성령 충만하며 뜨겁고 가득 차 넘치는 교회가 되게 하시고, 매 집회 시간마다 이 예배당이 가득가득 차게 하시고, 저희 교회가 이 지역에 있기에 이 지역에서 지옥 가는 사람 하나도 없게 하여 주시옵소서. '사랑하는 자여! 네 영혼이 잘됨같이 네가 범사에 잘되고 강건하기를 내가 간구하노라' 라는 표어 아래 온 성도님들이 하늘의 신령한 복과 땅의 기름진 복을 받는 한 해가 되게 하시고 특별히 건강의 복을 받는 한 해가 되게 하옵소서.

오늘도 저희들에게 생명의 말씀을 선포하실 담임목사님께 성령 충만케 하옵소서. 건강을 지켜주셔서 이만여 명의 성도들을 이끌고 나가시기에 조금도 부족함이 없는 능력 있는 목자가 되게 하옵소서.

이른 새벽부터 찬양을 정성껏 준비한 성가대의 찬양을 주님께서 기쁘게 받아주시고 성가대원들의 가정과 직장과 사업에 복에 복을 더하여 주시옵소서. 이 모든 말씀을 살아계신 예수님의 이름으로 기도드립니다. 아멘.

"이것을 너희에게 이르는 것은 너희로 내 안에서 평안을 누리게 하려 함이라
세상에서는 너희가 환난을 당하나 담대하라 내가 세상을 이기었노라"

요 16:33

26

주일 낮 예배

우주 만물을 주관하시는 하나님!

결실의 계절을 맞이하여 저희들에게 풍성한 열매를 주신 하나님께 진심으로 감사드립니다. 지금 이 시간, 온 세계가 각종 테러의 공포로 불안에 떨고 있으며 북한은 평화적 남북통일을 원하는 체 하면서 극비리에 핵개발을 준비하면서 전쟁준비가 완료되어 있는 이 때 국내적으로도 물가 불안과 정치적 불안 등으로 온 국민이 한 치의 앞을 내다보지 못하고 불안한 가운데 하루하루를 보내고 있습니다. 이 모든 문제를 해결해주실 분은 오직 하나님이신 줄을 확인케 하시고 온 국민이 부귀와 권력과 명예의 늪에서 벗어나 영원한 생수인 예수님과 성령님을 만나 불안과 염려를 다 주님께 맡기고 기도함으로써 참 평안을 누리는 모든 성도들이 되게 하옵소서.

금년 한 해 동안 저희들이 힘쓰고 애써서 일을 했다고 하지만 주님의 은혜가 아니었던들 어찌 저희가 이 기쁨의 하루를 보내고 있겠습니까? 우리가 씨를 뿌리고 물을 주지만 오직 자라게 하시는 이는 하나님이심을 기억하게 하시고 모든 소출을 주신 하나님께 감사한 마음으로 일하게 하시옵소서. 금년 한 해를 마무리하면서 저희들이 말씀을 얼마나 상고하였는지 기억하게 하시고 내 주위에 주님을 알지 못하고 지옥으로 향하고 있는 부모, 형제, 친척, 이웃에게 예수님 믿으라는 말 한마디 하지 않고 지내지는 아니하였는지 회개하게 하옵소서. 주님께서 내게 귀한 직분을 주셨는데 얼마나 충성하였는지 다시 한 번 반성하고 회개하며 충성을 다짐하는 귀한 시간이 되게 하시옵소서.

저희 교회는 추수감사주일을 총동원주일로 지키려고 기도로 준비하고 있습니다. 전 성도님들이 기도하며 영생을 주시기로 작정된 자 많이 만나게 하시어 전도의 열매를 한 사람이 한 사람 이상 열매맺게 하시고 새신자가 2,000명 이상 등록해 주님의 귀한 자녀가 될 수 있도록 도와주시옵소서. 이 귀한 일에 성령께서 역사하여 주시옵소서.

저희 교회의 회계연도가 얼마 남지 않았습니다. 각 부서가 금년에 계획된 사업들이 은혜롭게 잘 마무리되게 하시고 새해에는 더 좋은 사업들이 많이 수립될 수 있도록 지혜의 마음을 더하여 주시옵소서.

저희 교회 성도들 가정을 위하여 간절히 간구합니다. 각 가정에 복에 복을 더하여 주시고 지경을 넓혀주시고 주님께서 도와주셔서 하늘의 신령한 복과 땅의 기름진 복을 받는 귀한 가정들이 되게 하시옵소서.

오늘도 저희들에게 생명의 말씀을 증거하실 담임목사님께서 성령 충만한 은혜의 말씀을 증거케 하여 주시고 건강을 지켜주셔서 이 교회를 이끌고 나가시기에 조금도 부족함이 없는 능력 있는 목자가 되게 하시옵소서. 찬양을 정성껏 준비한 성가대원들의 찬양을 주님께서 기쁘게 받아 주시고 성가대원들의 가정에 복에 복을 더하여 주시옵소서. 살아계신 예수님의 이름으로 감사기도 드립니다. 아멘.

"형제들아 나는 아직 내가 잡은 줄로 여기지 아니하고 오직 한 일 즉 뒤에 있는 것은 잊어버리고 앞에 있는 것을 잡으려고 푯대를 향하여 그리스도 예수 안에서 하나님이 위에서 부르신 부름의 상을 위하여 달려가노라" 빌 3:13~14

27
주일 낮 예배

사랑이 풍성하신 하나님!

우리가 지은 큰 죄에서 우리를 건져주신 하나님께 감사와 찬양을 드립니다. 부족하고 어리석은 우리에게 이 풍요로운 가을을 허락하시어 차고 넘치게 부어주시니 감사합니다.

우리는 약하고 어리석어서 입술로는 사랑을 이야기하고 충성을 다짐하지만, 아버지께 받은 크나큰 은혜를 감사하기에 인색하였습니다. 세상 살아갈 때에 아버지의 영광을 가리고 우리의 이익을 앞세워 구하기에 조금도 주저치 않았습니다. 우리의 행동이 곧 전도가 되어야하지만 이는 마음뿐이요 행동에 있어서는 세상 사람들과 조금도 다름없었습니다. 우리를 불쌍히 여기시고 우리의 죄를 용서하옵소서.

은혜가 풍성하신 하나님!

이제 이 풍요로운 계절에 우리가 지옥에 빼앗길 수 없는 귀한 생명을 영생의 길로 인도하고자 합니다. 많은 열매맺게 하시며 우리가 계속해서 이 지역의 복음화를 위하여 예수 전하기에 힘쓰며 참 하나님의 자녀로서의 모습을 보일 수 있도록 도와 주옵소서.

지난 1년을 눈동자같이 보호하시어 건강과 물질로 부족함 없이 채워주신 것을 감사합니다. 굳건한 믿음 가질 수 있도록 도와 주시며 지난 1년 동안 간구한 기도의 열매가 풍성히 맺을 수 있도록 은혜주소서. 그래서 우리가 한 발짝 더 주님께 나아가는 성숙된 주님의 자녀가 되도록 도와 주시옵소서.

지금 이 시간도 주님 전에 나와 기도하고자하오나 나올 수 없는 많은 우리의 형제를 기억하시고 그들과도 함께 하옵소서. 병상에 누워서 하나님을 바라는 귀한 형제들, 군에서 복무 중인 형제들, 각 직장관계로 주일성수를 못하는 우리의 형제들 기억해주시며 특히, 아버지 하나님께 마음껏 기도하고 찬송하고 싶으나 그러지 못하는 저 북녘 땅의 우리형제들을 기억하시고 하루속히 이 땅에 평화통일을 허락하소서.

우리를 위해 기도하시며 참 생명의 길로 이끌어주시는 담임목사님에게 성령님께서 늘 함께하시어 영육 간에 강건하고 피곤치 아니하시며 기도의 능력을 배가하여 주소서.

지금 이 시간도 하나님의 말씀을 듣고 이국 땅에서 생명 구하기에 여념이 없는 우리의 선교사님께 함께 하시고 말씀을 전할 때마다 수많은 구원의 열매가 맺도록 성령님께서 역사하옵소서. 오늘 처음으로 주님의 자녀가 되고자 주님께 나아와 믿음의 형제 된 귀한 분들에게 복을 주옵소서. 열심히 주님의 말씀 듣고 배워서 우리와 함께 예수 천당을 전할 수 있도록 도와주소서. 오늘도 아름다운 목소리로 주님께 영광 올려드리는 성가대원들에게 주님께서 복 주시며, 이곳저곳에서 여러 모양으로 주님은혜에 감사해서 봉사하는 귀한 손길위에 주여 함께 하소서. 이 모든 말씀 우리의 생명 되시는 주 예수 그리스도 거룩하신 이름으로 기도합니다. 아멘.

"너희는 먼저 그의 나라와 그의 의를 구하라 그리하면 이 모든 것을 너희에게 더하시리라 그러므로 내일 일을 위하여 염려하지 말라 내일 일은 내일이 염려할 것이요 한 날의 괴로움은 그 날로 족하니라" 마 6:33~34

28

주일 낮 예배

저희들에게 믿음을 주신 하나님!

영광과 찬송을 드립니다. 이 세상의 모든 것이 속절없고 허무할 뿐이건만 홀로 영원히 계시는 하나님을 믿음의 눈으로 바라보게 하시니 감사드립니다.

이 시간 믿음을 가진 자들을 부르셔서 자녀로 삼으시고 예배할 수 있는 특권을 주신 하나님! 믿음이 없이는 하나님을 기쁘시게 할 수 없다고 말씀하신 것을 기억합니다. 예배드리는 저희들이 무엇보다도 신실한 믿음으로 하나님께 나아가도록 하옵소서.

지금까지 살아오면서 저희는 이 세상을 악하다고 말하며 나 스스로는 선함을 자처했습니다. 그러나 주님 보시기에는 저희 모습이 위선적이고 가식적이며 교만하고 회개할 줄 모르는 악인은 아닌지 모르겠습니다. 의를 행하는 데 주저하며 강포를 행하는 불의한 백성이 바로 저희들임을 깨닫지 못하고 있었던 무지를 용서하여 주시옵소서. 믿음으로 거듭나기 원하는 저희들의 간구를 들으시옵소서.

인애하신 하나님!

저희들에게 이 시대를 분별할 수 있는 지혜가 있기를 원합니다. 어렵고 힘든 때일수록 하나님의 은혜를 입은 자들이 어떤 모습으로 살아야 할 것인지를 분별할 수 있게 하시고, 주의 진리로 충만케 하셔서 신앙인으로서 향기가 나는 삶이 될 수 있게 하옵소서. 이 좋은 계절에 주님을 위해 힘써 봉사하며 이웃을 위해서 사랑을 나누어줄 수 있는 저희들이 되게 하옵소서.

사랑의 하나님! 혼돈의 세찬 바람이 불어오는 이때에 주님의 교회를 붙들어 주시기를 원합니다. 폭풍우가 몰아치고 불확실의 늪이 깊어지는 때라 하여도 주님의 교회는 더욱 견고하며, 십자가의 탑은 더욱 빛나게 하시고, 신앙의 등불이 꺼지지 않게 하옵소서. 어떤 시련 속에서라도 주님의 사랑과 친절과 자비와 평화를 선포하며 외칠 수 있는 교회가 되게 하시고, 고난 받고 상처 입은 영혼들이 나음을 얻으며 강건해지는 역사가 있게 하옵소서. 어떠한 처지와 형편 속에서도 교회가 맡은 사명을 잘 감당하게 하시고, 저희들이 주님의 몸 된 교회에서 받은 귀한 직분에 책임을 다하는 신실한 일꾼들이 되게 하시옵소서.

은혜의 주님!

이 시간도 우리들의 따뜻한 손길을 기다리며 뜨거운 사랑을 원하고 있는 심령들이 있습니다. 저들의 기다림을 외면하지 않는 성도들이 되게 하시며 저들의 고통과 외로움에 힘써 동참할 수 있는 사랑을 주시옵소서.

오늘도 말씀을 듣고 단 위에 서시는 목사님을 기억하시고, 준비하신 말씀을 힘 있게 전하실 때 주님의 능력이 나타나고 성령의 역사가 강하게 나타나는 시간이 되게 하옵소서. 예배를 돕는 성가대와 예배위원, 봉사위원들에게도 성령 충만함을 주시옵소서. 사랑이 많으신 예수 그리스도의 이름으로 기도드립니다. 아멘.

"사람아 주께서 선한 것이 무엇임을 네게 보이셨나니 여호와께서 네게 구하시는 것은 오직 정의를 행하며 인자를 사랑하며 겸손하게 네 하나님과 함께 행하는 것이 아니냐" 미 6:8

29

주일 낮 예배

살아계신 우리 하나님!

그 풍성하신 사랑을 힘입어 경배와 찬양을 드리오니 존귀와 영광을 받아 주시옵소서. 빚진 심령으로 나온 저희들의 작은 헌신을 받아주시고 주님의 예비하신 위로와 평화를 우리 모두의 심령위에 충만히 내려주시옵소서.

한해 동안 수고하고 땀 흘림으로 일용할 양식을 얻게 하시고 건강으로 기쁨을 영위케 하시며 하나님만으로 만족케 하시는 은혜를 겸손히 받아들이게 하시니 더욱 감사드립니다.

추워지는 일기에 암탉이 병아리를 품듯 하나님의 사랑의 망토 아래 저희들을 품어주시고 사랑의 띠로 묶어주신 성도들과 함께 드리는 은혜의 예배가 일상의 가장 큰 행복임을 날마다 삶 가운데 감사의 고백으로 연이어지게 하옵소서. 부족한 것에 목말라 하기보다는 내게 주신 달란트로 하나님의 기대에 멋지게 부응하는 삶을 살게 하옵소서. 무릇 지킬 만한 것보다 더욱 우리의 마음을 지킴으로 생명의 근원이 내 이웃을 향한 전도의 열정으로 승화되게 하옵소서.

우리의 도움이 필요한 곳에 사랑의 수고를 마다하지 않게 하시고 기도와 말씀으로 영적 성장에 게으르지 않게 하옵소서. 그리하여 능력 있는 그리스도인으로 우리 사회에 선한 영향력을 끼치게 하시고 하나님께 영광 돌리게 하옵소서.

이 나라와 이 민족을 불쌍히 여기사 정치적 무(無) 비전과 경제활동의 비(非)윤리성이 6.25로 피 묻은 저희 세대에서 단절케 하시고 국가와 민족을 위해 무릎 꿇었던 신실한 주의 종들을 기억하옵소서. 모든 권력이 하나님께로부터 나옴을 믿사오니 하나님 마음에 합한 자로 민족의 지도자를 세우시고, 우리가 처한 위치에서 부르심의 소명에 합당한 역할을 능히 감당케 하옵소서.

하나님의 하나님 되심을 찬양 드리는 호산나성가대의 찬양이 저희 마음의 밭을 옥토로 변화시켜 생명의 말씀이 삶의 실천으로 꽃피어지게 하옵소서. 이 시간 권능의 말씀을 전하실 주의 사자의 신원을 강건케 하시고 이 시대의 영적 지도자로 더 크게 사용하여 주옵소서. 예배를 돕는 거룩한 손길들과 봉사의 지체들을 기억하옵소서.

소망이 되신 예수 그리스도의 이름으로 기도드립니다. 아멘.

"오직 너 하나님의 사람아 이것들을 피하고 의와 경건과 믿음과 사랑과 인내와 온유를 따르며 믿음의 선한 싸움을 싸우라 영생을 취하라 이를 위하여 네가 부르심을 받았고 많은 증인 앞에서 선한 증언을 하였도다" 딤전 6:11~12

30

주일 낮 예배

거룩하신 하나님!

하나님께 존귀와 찬양을 드립니다. 영광 받아 주시옵소서. 국가와 민족을 위한 기도를 하나님 앞에 드리오니 들어주옵소서.

120년 전 이 민족에게 복음의 씨앗을 뿌리시고, 이로 인해 평양에서 시작된 놀라운 영적 대각성 운동으로 패망의 등잔 앞에서 이 민족을 건지시기까지 하신 하나님 아버지, 민족이 바라는 한반도 비핵화와 평화 정착으로 새 시대를 열어 나가는 역사가 일어나게 하옵소서.

하나님 아버지!

이 땅에 성령의 불씨가 다시 부활하여 남북의 지도자들이 하나님 앞에 무릎 꿇게 하시고, 북한의 핵을 무력화 할 수 있도록 그들의 마음을 통치하며 주장하여 주시옵소서.

한반도 정전 체제 종식과 평화 체제로 전환과 종전 선언 등은 한반도 평화를 위해 분명히 하나님이 예비하신 방법으로 추진되고 해결되며 완성될 줄 믿습니다. 그리하여 이 땅에 하나님의 공의와 평화가 넘쳐나는 평화의 민족으로 회복되며, 이 나라가 자유 민주주의 국가와 시장 경제로 건설되기를 원합니다. 이를 위해서는 민족의 복음화가 이룩되어 자유를 얻지 못하고 굶주림에 시달리고 있는 북한 주민들을 죄악과 어둠 속에서 하나님께서는 건져내실 줄 믿습니다.

상처입고, 가슴 아픈 삶을 살고 있는 그들에게 예수 십자가의 죽음과 부활을 전하여 구원 받고, 아픈 상처가 치유되며, 소망과 희망을 되찾아 밝은 미래를 꿈꾸게 하옵소서. 하나님의 신령한 복된 삶으로 살아가는 그 날이 속히 찾아 올 수 있게 하옵소서. 이 일을 시대를 살아가는 우리가 그 짐을 짊어지고 해결하게 하옵소서.

이 나라가 해결하고 안정화가 되어야 하는 정치, 경제, 교육, 언론 등은 하나님의 방법 안에서 아름다운 모습으로 치유되고 해결될 줄 믿습니다.

하나님 아버지!

우리의 미래에 소망을 가져다 줄 민족의 지도자를 선출할 때 하나님이 기뻐하고 하나님 마음에 합한 자가 될 수 있도록 백성들의 마음을 주장하여 주시옵소서. 그리하여 다시 한 번 이 나라가 평화와 번영으로 나아가며 우리의 젊은이들이 일터에서 꿈과 미래를 소망하며 살아갈 수 있도록 하시옵소서. 그 어느 때보다 영적 전투가 치열한 이 시대에 먼저 믿은 저희들이 영적 무장을 하고 깨어 기도할 수 있게 하옵소서.

엘리야의 기도를 들어 응답하신 하나님 아버지! 이 시간 우리의 간절한 기도를 들어 응답하시옵소서. 우리를 죄에서 구원하여 주신 구주 예수 그리스도 이름 받들어 간절히 기도드립니다. 아멘.

"너희 염려를 다 주께 맡기라 이는 그가 너희를 돌보심이라 근신하라 깨어라 너희 대적 마귀가 우는 사자 같이 두루 다니며 삼킬 자를 찾나니" 벧전 5:7~8

어느 패전병사의 기도

작자 미상

무어나 얻을 수 있는 강한 체력을 달라고
하나님께 간구했으나
나는 약한 몸으로 태어나
겸손히 복종하는 것을 배웠습니다.
큰일을 하기 위하여
건강을 구했더니
도리어 몸에 병을 얻어
좋은 일을 할 수 있게 되었습니다.
큰 부자가 되어
행복하기를 간구했으나
나는 가난한 자가 됨으로
오히려 지혜를 배웠습니다.
한번 세도를 부려
만인의 찬사를 받기 원했으나
나는 세력 없는 자가 되어
하나님을 의지하게 되었습니다.
내가 바라고 원하는 것은
하나도 이루어지지 않았으나
은연중에 나는 모든 것을 얻었나니
내가 구하지 않은 기도까지 이루어졌습니다.
나는 부족하되
만인 중에서
가장 풍족한 은혜를 입었습니다.

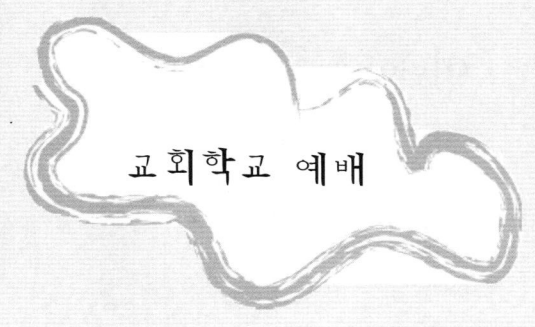

교회학교 예배

"너희가 내 이름으로 무엇을 구하든지 내가 행하리니

이는 아버지로 하여금 아들로 말미암아

영광을 받으시게 하려 함이라

내 이름으로 무엇이든지 내게 구하면 내가 행하리라"

(요한복음 14:13~14)

어린이 예배 기도

1

사랑하는 하나님 아버지!

감사합니다. 오늘도 이렇게 주일 메빅 예배를 드리게 하시니 감사합니다.

저희가 찬양하고 기도할 때 믿음으로 할 수 있게 해주세요. 메빅 친구들이 아프거나 사고 나지 않게 해주세요. 또 우리교회가 부흥하게 해주시고 메빅 예배 때에 우리 친구들이 마음껏 기도하고 하나님을 찬양하게 해주세요. 또 전도사님이 말씀 전하실 때 떠들지 않고 귀담아 들을 수 있게 해주시고 하나님의 말씀에 순종하고 믿음으로 자라서 세계적인 리더가 되게 해주세요.

감사드리며 예수님 이름으로 기도드립니다. 아멘.

2

하나님 아버지!

저희들을 사랑하셔서 교회에 나와 예배를 드릴 수 있게 하여 주셔서 감사합니다.

하나님!

저희들이 지난 한 주일 동안 지은 죄들을 용서하여 주세요.

하나님 말씀대로 살지 못하여서 하나님의 마음을 아프게 하였습니다. 다음부터는 저희들이 하나님을 기쁘시게 할 수 있게 해주세요. 그리고 주일에는 게으름을 피우지 않고 일찍 일어나 교회에 나오게 해주세요.

오늘 교회에 나오지 못한 친구들이 다음 주에는 교회에 나와서 같이 예배드릴 수 있게 해주세요.

말씀을 전하시는 선생님들과 함께 하셔서 잘 전하실 수 있도록 도와주시고 저희들은 그 말씀을 듣고 실천할 수 있게 해주세요.

그리고 올해에는 한 사람이 한 명씩 꼭 전도하여서 저희 초등부가 부흥하게 해주세요. 예수님 이름으로 기도드립니다. 아멘.

교사의 기도

살아계신 주님!

오! 주님, 제가 교실에 들어갈 때에 저에게 힘을 주시어 유능한 교사가 되게 해주소서.

저에게 지식 이상의 지혜를 주시어 제가 준비한 지식을 아는데 그치지 않고 저에게서 배우는 학생들의 삶의 중요성을 깨닫게 해주소서.

저에게 그들을 설득시킬 지혜를 주시어 냉담한 그들의 얼굴이 당신에 대한 관심으로 피어나게 해주소서.

주님께 큰 관심이 없는 젊은이들 가슴 속에 제가 이 관심을 불러 일으켜야 되겠나이다. 저에게 통찰력을 주시어 저는 어른이라는 것과 이 젊은이들은 저만큼 자제력도 없으며 그 원하는 바도 다르다는 것을 올바르게 인식하게 해주소서. 학생들을 훈육하되 언제나 친절을 잃지 않게 해주소서. 가르치면서 배우게 해 주소서. 모든 지식을 다 갖추고 있더라도 사랑이 없으면 저에게 아무 유익도 없사오니 사랑을 꼭 실천해야 된다는 것을 배워 알게 해주소서.

젊은이들이 저에게서 당신의 모습을 찾아 볼 수 있게 될 때에 저는 가장 훌륭한 교사가 된다는 것을 배워 알게 해주소서. 젊은이들에겐 천국에 이르는 길을 제시해 주면서도 저 자신은 그 길에서 벗어나는 일이 없도록 해주소서.

주님! 마지막으로 제가 받을 최대의 보상은 여기에서가 아니라 저 세상에서라는 것을 깨닫게 해주소서. 이 땅 위에서 당신을 빛낸 공로로 제가 가르친 학생들과 함께 저는 천국에서 별처럼 빛나리라는 것을 알게 해 주소서.

예수님 이름으로 기도합니다. 아멘.

청소년부 예배

1

살아계신 하나님!

참사람으로 참신으로 이 땅에 오셔서 저희를 구원하셨으니 참 감사합니다.

2008년 첫 주일 예배를 드리게 하시니 감사합니다.

저희 청소년들이 52주 예배에 승리하게 하옵소서. 오늘이나 내일이나 한결같은 마음으로 하나님을 향하게 하옵소서.

하나님!

청소년들이 음란과 폭력이 난무하는 사이버 공간에 빠져들지 않게 하옵소서. 우리의 의지와 노력만으로 힘듭니다. 성령 하나님께서 시간마다 때마다 도와주옵소서.

의인 아흔아홉보다 회개하는 한 사람으로 말미암아 기뻐하시는 하나님의 사역을 깨닫게 하옵소서. 우리 모두가 죄에 무감각하지 않게 하시고 날마다 회개의 영을 더하여 주옵소서. 사랑한다 내 아들아! 사랑한다 내 딸아! 부르시는 음성을 영적인 귀로 듣게 하옵소서.

살아계신 하나님!

장차 우리교회 청소년들이 꿈꾸게 하소서. 대통령, 훌륭한 정치인, 목사, 의사, 변호사, 교수, 기업인, 뛰어난 방송작가, PD, 기자, 연예인 등이 사회의 구석구석에 영향력 있는 사람이 많이 배출되게 하옵소서.

하나님!

저희를 청소년부 교사로 세우셨습니다. 어떻게 사는 것이 의롭게 사는 것이며 하나님을 기쁘시게 하는 삶인가를 가르치기에 넉넉한 교사가 되게 하옵소서.

이 시간 교육목사님을 통해 들려지는 하나님 말씀을 잘 알아듣게 하옵소서. 글로리아, 미가엘, 오병이어의 찬양을 기뻐 받아 주옵소서. 시험에 들지 않게 깨어 기도하는 청소년들이 되게 하옵소서. 예수님 이름으로 간절히 기도드립니다. 아멘.

2

살아계신 하나님!

주일 아침 주님 전에 나와 찬양과 경배를 드리게 하시니 감사합니다.

수련회를 은혜롭게 마치게 하셨으니 감사합니다. 수련회를 통해 각자의 꿈과 비전을 재확인 하였으니 이룰 수 있도록 도와 주옵소서.

하나님!

여기 모인 청소년들이 살아계신 하나님을 인정하게 하옵소서. 만나게 하옵소서. 하나님께서 하셨던 일과 앞으로 하실 일들을 볼 수 있는 영안을 주옵소서. 각자에게 주어진 달란트대로 겸손하게 자기 삶을 창조해 가는 사람이 되게 하옵소서. 술, 담배 이성교제 이런 것들에 정력을 낭비하지 않게 하시고 더 큰 미래를 향해 요셉같이 꿈꾸는 자들이 되게 하옵소서. 근심과 불평이 없는 삶을 살게 하옵소서. 우울하고 부정적인 생각을 훌훌 벗어 던져버리고 신나게 살게 하옵소서.

하나님!

이 민족을 이끌어 갈 도산 안창호 같은 민족 지도자, 율곡 이이 선생 같은 학자, 훌륭한 예술가 등이 저희교회 청소년들 중에 많이 배출되게 하옵소서. 도전하는 모든 청소년들이 되게 하옵소서.

오늘도 생명력 넘치는 말씀을 전해주실 목사님을 주님의 장중에 붙잡아 주옵소서. 청소년부 성가대의 찬양을 받아 주옵소서.

어제도 오늘도 내일도 우리를 돌보시고 챙겨주시는 하나님께 감사드리며 예수님 이름으로 기도드립니다. 아멘.

3

하나님!

죄와 허물로 죽을 수밖에 없는 저희들을 십자가 보혈의 은총으로 구원하여 주신 은혜를 감사드립니다.

이 시간 주님의 은총에 감사하며 하나님께 나아와 예배를 드리오니 경배와 찬양을 받으시옵소서. 이곳에 우리교회를 세우시고 우리 청소년부 푸른 초장으로 잔잔한 물가로 인도하시는 하나님께 감사드립니다.

오늘 예배를 통하여 사랑하는 우리 청소년부 친구들과 선생님들 그리고 성도들이 주님의 음성과 주님의 어루만지심을 느끼는 은혜의 시간이되게 하옵소서. 저희들의 간절한 마음의 소원이 있습니다. 이 시간 각자의 기도제목을 가지고 기도하오니 친구들과 선생님, 성도들의 기도를 속히 응답하여 주시옵소서. 특히 고3 수험생들에게 영육간의 강건함으로 인도하여 주시고 좋은 결과를 얻도록 복에 복을 더하여 주시옵소서.

글로리아 성가대, 오병이어 찬양단, 미가엘 관혁악단의 찬양과 연주를 통하여 하나님께 영광을, 저희에게는 은혜를 허락하여 주시옵소서. 봉사하는 손길마다 하나님의 은혜가 넘쳐나게 하옵소서. 교육목사님이 말씀을 전하실 때 우리 모두 은혜 받게 하옵소서. 이 시간 우리 친구들과 성도님들이 하나님의 비전을 발견하게 하옵소서. 우리 모두 전도의 열매를 맺게 하여주시옵소서.

우리의 친구가 되시는 예수님의 이름으로 기도드립니다. 아멘.

4

우주만물을 역사하시는 하나님!

지난 한 주간도 주님의 은총 가운데 보호하여 주시다가 이렇게 귀한 주일 예배를 허락하셔서 찬양과 경배를 드리게 하여 주심을 감사드립니다.

지난 한 주간 동안 온전히 섬기지 못했던 부분들을 용서하여 주옵소서.

범사에 감사하라 이는 그리스도 안에서 너희를 향하신 하나님의 뜻이라고 말씀하신 주님, 저희가 모든 일을 염려하기 이전에 주님의 은혜를 생각하며 감사할 수 있게 하소서.

기도에 항상 힘쓰고 기도에 감사함으로 깨어 있으라 하신 주님! 저희가 주님의 말씀 묵상과 기도의 시간을 통해서 주님의 사랑을 온전히 느끼도록 인도하여 주옵소서.

주님을 사랑하는 청소년들이 하나님 전에 나와 머리 숙여 찬양과 경배를 드립니다. 이 학생들에게 솔로몬에게 주셨던 지혜를 허락하여 주옵소서. 새로운 학년을 시작하게 됩니다. 새로운 마음으로 준비하게 하옵소서. 여호와를 경외하는 것이 지혜의 근본임을 잊지 않게 하소서.

저희가 날마다 성전에 있든지 집에 있든지 예수는 그리스도라 가르치기와 전도하기를 쉬지 아니하니라는 표어를 가지고 기도하고 있습니다. 힘차게 복음을 전할 수 있도록 담대한 능력을 허락하소서. 공부하는 교실에서 주님을 모르는 친구들에게 복음을 전하게 하소서

저희들의 영적 지도자이신 담임목사님에게 늘 강건함을 허락하여 주소서. 성령의 은총으로 말씀이 살아 역사하게 하소서. 중·고등부를 위해 헌신하시는 각부서의 전도사님들과 선생님들께서 학생들을 섬길 때마다 한 영혼 영혼들을 가슴에 품고 사랑을 전할 수 있도록 하소서. 늘 겸손히 내려앉아 주님이 주시는 지혜와 능력을 간구하게 하옵소서.

교육목사님께서 하나님의 말씀을 대언하십니다. 능력의 말씀이 되게 하여 주시고, 은혜의 시간이 되게 하소서. 모든 성도들의 마음의 문이 하시고 하나님의 말씀이 영혼 깊이 자리 잡게 하여 주소서.

청소년부 성가대가 주님이 주신 능력과 재능으로 찬양을 드립니다. 주께서 이들의 정성을 기쁘게 받아 주옵소서. 오늘도 귀하고 아름다운 예배로 인도하여 주실 것을 믿사오며 사랑이 넘치는 예수님의 이름으로 기도 드립니다. 아멘.

5

사랑의 하나님!

한 주간도 주님의 놀라운 사랑 안에 거하시게 하시고, 아름다운 주일에 주님의 전에 나와 찬양과 경배를 드릴 수 있도록 인도하여 주심을 감사드립니다. 아프가니스탄에서 억류되었던 믿음의 형제자매들을 가족의 품으로 돌아오게 하여 주심을 감사드립니다. 뿌려진 밀알들이 헛되지 아니하고 복음의 씨앗이 되게 하소서.

한 주간의 삶을 되돌아보면서 항상 하나님 중심으로 살지 못하고, 저희들 중심으로 모든 일들을 행하였던 순간들이 더 많았음을 고백합니다. 주님! 저희들을 용서하여 주옵소서!

사랑의 하나님!

모든 일을 저희 의지와 목표대로 해 보려고 노력하고 애를 씁니다. 그리고 때로는 낙망하고 지치고 모든 것을 원망하기도 합니다. 모든 일들을 하나님 앞에 내려놓고 그분을 의지하고 온전히 맡길 수 있는 믿음과 지혜를 허락하여 주옵소서.

공부에 열중하고 있는 사랑하는 학생들에게 무엇보다도 말씀이 우선이 되어 주일예배를 먼저 드릴 수 있게 하여 주옵소서. 여호와를 경외하는 것이 지혜의 근본임을 잊지 않게 하소서. 특별히 고3 학생들에게 하나님의 사랑이 넘치게 하옵소서. 새로운 힘을 얻어 새롭게 도전하게 하옵소서.

청소년부를 위해 헌신하시는 각부서의 교역자들과 선생님들에게 지혜를 주옵소서.

목사님께서 하나님의 말씀을 선포하십니다. 능력의 말씀, 은혜의 말씀을 선포하게 하소서. 청소년부 성가대가 입술과 재능을 모아 주님을 사랑하는 마음으로 찬양을 드립니다. 이들의 정성을 기쁘게 받아 주소서.

예수님의 이름으로 기도 드립니다. 아멘.

6

사랑의 하나님!

부족하고 연약한 저희들을 고등학교 2학년 과정을 마치고 3학년 과정에 이르도록 성장시켜 주시고 지켜 보호하여 주심을 감사드립니다.

먼저 저희들을 주님의 자녀로 삼아주시고, 믿음의 가정을 허락하여 주시고, 우리교회의 귀하신 교역자들과 선생님들을 통하여 말씀으로 양육하게 하여 주심을 감사드립니다.

이제 우리는 학교에서의 배움의 과정을 통해서 가장 힘든 고3이 되었습니다. 올 한 해 동안 저희들이 온전히 주님만 바라보게 하옵소서. 매일 기도로 간구하게 하시고 주님께서 주시는 말씀을 떠나지 않게 하소서. 대학교 입학시험을 준비하는 과정에서 때로는 힘들고 지칠 때마다 주님 앞아 나아가 겸손히 그분께서 주시는 평강과 위로를 구하게 하소서.

금년 한 해 동안 모든 학생들이 건강하여 체력적으로 지치지 않게 하시고, 고3 과정 동안에 모든 비전을 주님 안에서 발견하게 하소서.

고등 3부를 말씀으로 인도하시고 양육하시는 전도사님께 성령의 충만이 늘 넘치게 하셔서 선생님과 학생들을 이끌어 가실 때 부족함 없게 하소서.

사랑하는 선생님을 보내주셔서 감사드립니다. 여러 선생님들이 한 해 동안 사랑하는 반 학생들을 위하여 눈물 뿌리며 기도할 때 주님께서 그 기도를 들어 응답하여 주시옵소서. 지치고 힘들 때마다 주님께서 새로운 힘과 비전을 허락하실 줄 믿고 감사드립니다. 선생님들의 가정과 직장과 사업 위에 주님의 놀라운 복이 늘 넘치게 하옵소서.

2008년도 고등 3부가 함께 모여서 말씀을 배우고 기도드릴 때마다, 주님의 성령이 충만케 하시고, 늘 기쁨과 웃음이 넘치게 하여 주옵소서. 또한 고등 3부의 새로운 지경을 열게 하시고, 캠퍼스 심방을 통하여 많은 학생들이 새롭게 주님을 영접하게 하옵소서.

저희가 한 해 동안 준비하고 진행하는 모든 행사들 위에 주님이 함께 하여 주셔서 모든 행사마다 놀라운 역사가 이루어지게 하옵소서. 한 해 동안 모든 학생들과 선생님들이 오직 주님 바라보면서 그 분이 주시는 아름다운 비전 가운데서 하나님께 영광 돌리기를 간구합니다.

예수님의 이름으로 기도 드립니다. 아멘.

청년부예배

살아계신 하나님!
지난 한 주간 동안 우리를 지켜 주시고 주님과 약속한 시간에 예배드릴 수 있도록 인도하여 주심을 감사드립니다.

영이신 하나님께 드리는 이 예배가 영적인 것이 되도록 신령과 진정을 다하기 원합니다. 육신의 것들이 깨끗이 소멸되게 하시고, 습관에 따라 형식적으로 드리는 일이 되지 않게 해 주옵소서. 말씀으로 충만한 예배가 되게 하시고, 성령으로 충만한 예배가 되게 하소서.

긍휼하신 하나님!

아직 날씨가 풀리지 않아 찬바람 가득한 대지를 밟고 주님의 전을 찾았습니다. 머지않아 하나님의 은총 속에 온 땅에 가득할 신록의 천지를 기다리며 소망을 잃지 않고 살아갑니다. 지금은 저희의 영이 곤고하여 상처받고 낙심되며 불안하지만, 곧 하나님께서 주실 능력과 자비에 힘입어 회복될 그 날을 바라봅니다. 오늘의 예배가 회복의 은총으로 가득한 시간이 되게 하여 주시옵소서.

하나님!

장래에 있을 그리스도의 영광을 보여주신 은혜로운 주일을 맞이하게 되어 감사와 기쁨에 넘치나이다. 그리스도께서 산상에 올라 변모하시고 영광을 드러내신 것을 기억하오니 오늘 우리도 말씀과 찬미 중에 그 영광에 참여하게 하여 주옵소서. 뿐만 아니라 이 변모는 그리스도께서 받으실 고난의 증거이며, 고난에 순종하심으로 구원의 완성을 이루시는 뜻이 있음을 깨닫습니다. 이제 우리도 또한 십자가의 고난을 새기게 하여 주옵소서.

예수님의 이름으로 기도드립니다. 아멘.

맡은 일을 위한 기도

윌리암

오! 하나님,
오늘 나의 맡은 일을 감당하기 위해서
필요한 능력을 내게 허락하시고,
그것을 보다 잘 하기 위해서
필요한 성실함을 허락하시며,
비록 나를 지켜보고 칭찬하거나
잘못을 지적해주는 사람이 없을지라도,
열심히 노력하는 자기 훈련을 쌓게 하옵소서.
자신을 높이는 만큼이나
일에 최선을 다하게 하시며,
나와 함께 생활하고 같이 일하는 자에게
친절하고 그들의 입장을 헤아리므로
저들로 마음의 평안을 누릴 수 있게 하옵소서.
오늘 하루를 이렇게 살므로
내가 가는 곳마다 행복감이 더해지게 하옵소서.
주 예수 그리스도의 이름으로 기도드립니다.
아멘.

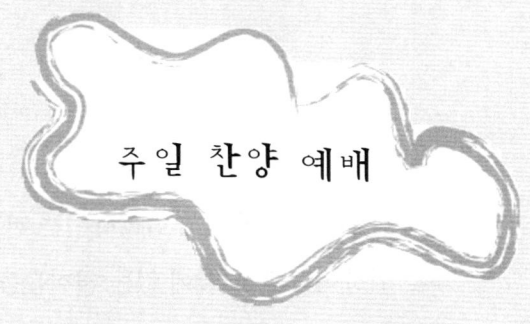

주 일 찬 양 예 배

"지금까지는 너희가 내 이름으로 아무 것도

구하지 아니하였으나 구하라 그리하면 받으리니

너희 기쁨이 충만하리라"

(요한복음 16:24)

주일 찬양 예배

천지 만물을 주관하시고 섭리하시는 전능하신 하나님!

죄로 인하여 죽을 수밖에 없는 저희들을 사랑하셔서 예수 그리스도의 보혈로 죄사함을 받게 하시고 하나님의 거룩하신 백성으로 삼아주시니 감사드립니다. 또 저희에게 거룩한 주일을 허락하셔서 새벽부터 이 시간까지 예배드릴 수 있게 하시니 더욱 감사드립니다.

사랑의 주님!

그러나 저희들은 하나님의 은혜를 깨닫지 못하고 당신의 말씀대로 살지 못했습니다. 그리하여 하나님에 대한 처음의 사랑이 식어졌고 믿음이 약하여 충성과 봉사를 다하지 못하였습니다. 이 시간 저희의 허물을 고백하고 회개하오니 저희의 죄를 사하여 주옵소서. 저희들의 죄악을 용서하여 주시옵소서. 하나님이 주시는 새 힘으로 새로운 피조물답게 살아갈 수 있도록 인도해 주시옵소서.

은혜로우신 하나님 아버지!

저희들의 가족 중에 아직도 주님을 영접하지 못하고 죄악 속에 빠져 사는 형제 자매들이 있습니다. 이 시간 저희들이 한 마음으로 기도하오니 저희 성도들의 모든 가족들이 하나님을 영접하여 영생을 얻게 하시고 저희들의 가정이 구원의 방주가 되는 놀라운 은총을 내려주옵소서.

하나님 아버지!

이 밤에 저희가 하나님 앞에서 모든 사람을 위하여 기도할 수 있도록 주장하시어 이 지역을 저희들이 복음화 할 수 있게 도와주시옵소서.

저희 교회를 주님께서 세워주시고 지켜주시며 부흥 발전케 하시오니 감사드리옵나이다. 주께서 더욱 복을 주셔서 저희들의 교회가 하나님의 뜻을 펴는데 큰 역할을 감당하는 교회가 되게 하시옵소서. 각 기관마다 더욱 복을 주시고 하나님의 영광을 드러내는 귀한 기관으로 세워 주옵소서. 이 시간 말씀을 증거하실 목사님께 주의 놀라운 능력으로 함께 하셔서 저희들을 신령한 말씀으로 인도하는데 조금도 부족함 없는 능력 있는 종이 되게 하옵소서.

지금 이 세상은 밤과 같이 어둡고 험한 세상이오니 저희들이 어둠을 이기고 밝은 빛으로 승리하게 도와주옵소서. 이 예배를 성삼위 하나님께서 홀로 받아 주시고 저희들에게 한량없는 은혜를 베풀어 주옵소서.

예수님 이름으로 기도드립니다. 아멘.

2
주일 찬양 예배

선하신 하나님!

죽을 수밖에 없는 우리 인간의 생명이시며 신실한 자들의 빛이 되시는 거룩하신 하나님의 크신 사랑에 감격하여 감사와 찬송을 드리옵나이다.

저희들에게 복된 날을 허락해주셔서 아침부터 이 밤까지 하나님을 찬양하며 예배하게 하시오니 감사합니다. 이 저녁에 드리는 저희 예배가 신령과 진리로 드릴 수 있게 하시고 하나님의 사랑과 예수 그리스도의 은혜와 성령의 교통하심이 있는 예배가 되게 하옵소서.

우리의 연약함을 아시는 긍휼의 하나님!

저희들이 지은 모든 죄를 고백하고 뉘우치오니 저희들의 죄와 잘못을 용서하여 주옵소서. 저희들은 주님의 마음을 닮지 못하고 허영과 시기와 미움으로 가득 찬 생활을 하였고 서로 사랑하라고 하셨던 주님의 가르침을 멀리하고 저희들의 욕망대로 살아왔습니다. 주여! 저희들의 모든 허물을 용서해 주시고 주님의 보혈로 씻어 주시옵소서. 그리하여 저희들이 주님을 믿는 성도로서 본분을 다할 수 있는 귀한 믿음을 허락하시옵소서.

이 시간은 찬양예배로 드리오니 주님께서 기뻐 받아주시고 저희들의 마음을 밝게 하시고 저희들의 이웃과 형제들에게 이 밝음을 전하기에 부족함이 없게 하옵소서.

전능하신 하나님 아버지!

이 시간 예배드리는 모든 성도들에게 함께 하셔서 믿음이 연약한 심령들에게는 강하고 담대한 믿음을 허락하시고 말씀에 갈급하고 굶주린 심령들에게는 말씀의 충만을 허락하옵소서. 여러 가지로 세상에 시달리며 고민과 근심에 빠져 있는 성도들의 무거운 짐을 주님께서 대신 맡아 주시옵기를 바라옵니다.

교회의 머리가 되시는 하나님!

저희 교회가 온전히 하나님의 영광을 드러내는 교회가 되게 하시고 이 세상에서 방부제의 역할을 감당하며 많은 생명들을 주님 앞으로 인도하여 구원의 기쁜 소식을 전파하는데 부족함이 없게 하시옵소서. 특별히 교회를 섬기시는 담임목사님께 함께 하셔서 영육 간에 신령함과 강건함을 주시고 능력을 주셔서 맡겨진 일들을 수행할 때 부족함 없게 인도하옵소서.

저희들이 드리는 이 예배가 형식이나 습관대로 드리는 것이 아니라 감사와 찬양이 넘치는 예배가 되도록 주께서 친히 주장하여 주시옵소서. 미처 구하지 못한 것도 주님께서 아시오니 채워 주실 줄 믿습니다.

거룩하신 주 예수 그리스도 이름으로 기도드립니다. 아멘.

3
주일 찬양 예배

만물을 새롭게 하시는 하나님!

죽음을 이기시고 부활하신 주님을 구주로 믿는 저희들이 이 거룩한 성전에 모여 찬송하며 찬양 예배를 드리게 하심을 감사드립니다. 이 자리에 모인 저희 모두가 주님의 승리를 진정으로 기뻐하며 찬양합니다.

부활의 주님!

이 기쁘고 영광스러운 날에 부끄럽게도 저희의 약한 모습을 먼저 내놓습니다. 이제껏 주님의 부활하심을 의심하여 널리 증거하지 못했던 저희들입니다. 믿음이 없음으로 인해 일어난 이 모든 잘못들을 용서하시고 주님의 은혜 가운데 새로운 인생길을 걷게 하여 주시옵소서. 부활하신 주님의 뒤를 따라 영원히 주님 나라에서 영생할 것을 믿으며, 소망 중에 고통을 이기며 환난을 극복하며 주님처럼 승리하며 살게 하옵소서.

능력의 주님!

의혹과 암흑의 시대를 살고 있는 많은 사람들이 죄로 인하여 죽을 수밖에 없는 인생임을 깨닫고 부활하신 주님을 만나게 하시옵소서. 죄 사함 받고 영원한 소망을 주시는 주님을 모시고 소망과 기쁨으로 살게 하시옵소서. 주님이 사랑하고 친히 세우신 이 교회도 부활의 소망으로 넘쳐나는 교회가 되게 하시옵소서. 이 교회를 찾는 자마다 부활의 주님을 만나게 하는 장소가 되게 하시옵소서.

부활의 기쁜 소식을 선포하시기 위하여 단 위에 서시는 담임목사님을 성령께서 친히 붙드시고 우리 모두가 부활과 구원과 소망이 넘치는 시간이 되게 하시옵소서. 찬양으로 영광의 주님을 높이는 성가대와 예배를 위해 봉사하는 모든 분들을 주님의 크신 은혜와 복으로 채워주시옵소서.

사망 권세를 이기시고 부활하신 예수님의 이름으로 기도드립니다. 아멘.

4
주일 찬양 예배

전능하시고 거룩하신 하나님!

하나님께 영광과 찬송을 드립니다. 찬양예배로 모이게 하시고 찬양하며 주님께 기도하며 예배하게 하시니 감사합니다. 저희가 드리는 찬양예배가 하나님께 온전히 드려지기를 원합니다.

하나님!

지금 저희의 세대는 소돔과 고모라와 같은 시대가 되어버렸습니다. 이 사회는 점점 더 추악한 모습들이 난무하고 도둑과 자살과 정욕의 악령들이 넘실대는 참으로 안타까운 장면들이 이 세상을 어지럽히고 있습니다. 불안의 파도들이 하루도 멈추지 않습니다. 여기저기서 탄식 소리가 들리고 있습니다. 이럴 때일수록 쉬지 말고 기도하라는 주님의 말씀에 더욱 엎드리고 기도하게 하옵소서.

살아 있으나 모든 것이 죽어 있는 것 같은 이 사회가 주님의 은혜와 주님께서 주신 생명의 숨결을 체험할 때까지 저희들이 멈추지 않고 기도할 수 있도록 도와주시옵소서. 주님이 허락하신 참된 평화가 이 민족 곳곳에 가득 차고 넘칠 때까지 무릎 꿇고 가슴을 치며 부르짖을 수 있는 저희들 되게 하옵소서.

특별히 고통과 신음이 가득한 이 사회를 성령님의 은혜로 건강한 사회가 되도록 역사하여 주시고, 미움과 다툼이 일어나는 곳에 주님의 사랑을 심어 주셔서 한 마음 되게 하는 사회가 되게 도와주옵소서. 교회 안에서도 상처받고 고통 받는 심령들이 있습니다. 주님의 은혜로 상한 심령을 치유하시고 하나님의 사랑과 인도하심으로 그들이 새로운 삶을 살 수 있는 놀라운 역사가 이 시간에 일어나게 하옵소서.

이 시간 말씀을 전하시는 목사님을 성령님의 강한 능력으로 붙들어 주시기를 원합니다. 상처받고 마음 아파하는 심령들을 주님의 사랑과 말씀으로 치유하고 싸맬 수 있도록 성령의 능력을 부어 주시옵소서.

예수 그리스도의 이름으로 기도드리옵니다. 아멘.

함께 하는 사람들에 대한 감사기도

윌리암 바클레이

아버지 하나님!
이 세상에서 우정처럼 고귀하고
사랑처럼 우리의 삶을 풍성하게 하는 것이 없음을 아나이다.
오늘 하루 동안
내가 만난 모든 친구들에게 대해 당신께 감사드립니다.
함께 여행하고 함께 다니며 함께 일하고
함께 대화를 나누며, 함께 식사를 한
모든 사람들에 대해 당신께 감사를 드립니다.
음악 감상이나 연극 또는 영화 관람을 함께 한 사람들
그리고 운동 경기를 구경했거나 또는 그것을 함께 즐긴
모든 사람들에 대해 당신께 감사드립니다.
나와 단순한 친구 이상의 가까운 관계를 맺고 있는 자들과
내가 사랑하는 자들과 나를 사랑하는 자들
그리고 내게 필요한 것들을 공급하며
나의 마음에 용기를 주는 자들과
사랑으로 내게 매일 관심을 보여주는 사람들에 대해
당신께 감사드립니다.
나로 하여금 친구들에게는 항상 충성되게 하시고
나를 사랑하는 자들에게는 진실하게 하옵소서.
주 예수 그리스도의 이름으로 기도드립니다.
아멘.

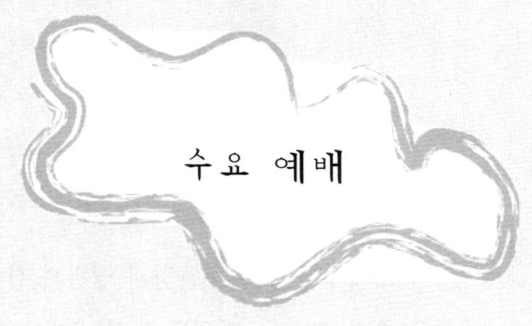

수 요 예 배

"그를 향하여 우리가 가진 바 담대함이 이것이니

그의 뜻대로 무엇을 구하면 들으심이라

우리가 무엇이든지 구하는 바를 들으시는 줄 안즉

우리가 그에게 구한 그것을 얻은 줄 또한 아느니라"

(요한일서 5:14~15)

1

수요 예배

살아계신 하나님 아버지!

이 수요예배를 통하여 찬양과 영광과 감사를 받아 주시옵소서.

죽을 수밖에 없는 저희들을 하나님의 자녀로 삼아 주시니 감사합니다. 저희들의 통회 자복하는 회개를 들으시고 십자가 보혈로 우리의 죄를 깨끗케 씻어 주옵소서.

많은 성도가 고향길을 오고 가는 동안 악인을 만나지 않게 하시고 안전한 여행이 되게 하옵소서. 민족의 고유명절 추석에 우상숭배 없게 하시고, 주님만 의지하는 굳건한 믿음, 성령님 감동하는 성숙한 믿음을 가질 수 있도록 하옵소서.

결실과 감사의 계절에 우리의 믿음이 성숙하여 성령의 9가지 열매가 맺어지게 하옵소서. 전교인 체육대회에 좋은 날씨를 허락하시고 화합의 시간이 되게 하옵소서. 공동의회에서 성령 충만하고 칭찬받는 자가 교회의 일꾼으로 선출되게 하옵소서. 이 나라 지도자를 뽑을 때 백성을 섬기며, 하나님 말씀에 순종하며, 하나님 마음에 합한 자가 지도자로 선출되게 하옵소서.

남북의 정치지도자들이 예수님 믿게 하시고 평화 통일을 이루어 자유민주주의 국가가 세워지게 하소서. 우리교회 모든 성도들이 하늘의 신령한 복을 받아 52주 예배의 승리자가 되고 땅의 기름진 복을 받아 온전한 십일조를 드리는 복을 받게 하소서. 전 성도가 항상 기뻐하며 하루 한 번씩 하나님을 만나는 시간을 가지며 어떤 일이든 감사의 생활을 하게 하소서. 재적 교인이 출석 교인되게 하시고 전 성도가 가정예배와 구역 예배 드리며, 1년에 성경 1독과 2명 이상 전도 열매를 맺게 하소서. 선교 사들이 강건하여 사명을 잘 감당케 하시고 자매교회들도 부흥 성장하여 자립하게 하소서. 사랑의 동산, 천사 유치원, 조은 어린이집 운영에 어려 움 없게 하시고 넓은 주차장을 주시옵소서. 죄와 질병과 죽음을 해결해 주시는 주님을 자랑하고, 교회를 자랑하고, 목사님을 자랑하여 방관자 가 되지 않고 모든 성도들이 전도하게 하소서.

담임목사님을 영육 간 강건케 하시고 하나님 말씀 선포하실 때 성령 충만함을 허락하시옵소서. 하늘 문이 열리고 하늘의 신령한 복이 이 시 간에 차고 넘치게 하옵소서. 임마누엘 찬양대의 정성어린 찬양을 하나 님 받아 주시옵소서.

예수 그리스도 이름 받들어 간절히 기도드립니다. 아멘.

2

수요 예배

은혜의 주님!

삼일간의 짧은 시간이었지만 지나온 날을 생각하면서 주님 앞에 머리 를 숙입니다. 이 예배를 받아주시고 죄악된 것과 잘못이 있다면 긍휼히 여기시고 용서하여 주시기를 원합니다. 주님의 은총 속에 살면서도 저 희는 삶이 늘 괴롭고 힘들다고 불평만 하였습니다. 주님을 대하기에 부끄러운 저희의 몸과 마음을 주님의 보혈로써 다시금 정케 하사, 용서받은 기쁨으로 주님께서 원하시는 길을 걷게 하옵소서. 세상을 이길 능력을 주시고 생명을 위하여 자신을 내어주는 십자가의 사랑을 덧입게 하시옵소서.

소망이 되시는 주님!

주님께서 친히 세우신 가정마다 더욱 강력하게 붙들어 주셔서 이 혼란스럽고 앞길을 분변치 못하는 시대 속에서도 평안을 잃지 않게 하시고 희망을 밝게 하여 주시기를 원합니다. 가정이 무너지고 깨어지는 비참한 일들이 다시는 발생되지 않도록 하여 주시옵소서. 이 사회도 경제 침체로 인하여 심한 슬픔 속에 빠져 있사오니 어서 속히 주의 은혜로 건져주시고, 가뭄에 단비가 내리듯 주님의 자비와 은총으로 봄날의 아름다운 꽃과 같이 생기가 가득한 사회가 될 수 있도록 이끌어 주시옵소서. 이 사회를 그 동안 무너지게 만들었던 모든 죄의 잡초들을 뽑아내게 하시옵소서. 이제는 물질만을 의지하는 방만한 삶을 살지 않도록 하셔서 주님의 은혜를 사모하고 주의 날개 아래 보호함을 받는 주님의 밝은 빛이 가득한 사회가 되게 하시옵소서.

아픔에 처한 이 사회를 보며 교회가 수수방관하지 않게 하시고 가슴으로 껴안고 마음을 쏟고 영혼을 쏟는 기도를 드릴 수 있게 하옵소서. 오늘도 저희들이 하늘의 소망을 바라보며 이 자리에 모였습니다. 하늘의 신령한 은혜를 맛보는 시간이 되게 하시고 기도드리는 심령마다 확신에 찬 응답이 있게 하시옵소서.

신령한 만나를 준비하신 목사님을 성령의 능력으로 붙드시고 귀 기울

여 주님의 말씀 듣기를 사모하는 심령마다 주님의 세미한 음성을 들을
수 있도록 복을 주시옵소서.

예수 그리스도의 이름으로 기도드립니다. 아멘.

3
수요 예배

전능하신 하나님!

사망 권세를 이기신 주님의 부활을 기뻐하며 찬송하는 삶을 살게 하
여 주심을 감사드립니다. 이 시간 주님 앞에 기쁨으로 수요기도회를 가
질 수 있도록 인도하여 주신 은혜를 감사드립니다. 저희 속에 있는 죄의
쓴 뿌리들로 인해 죄를 이기지 못하는 저희들의 나약한 믿음을 불쌍히
여기시고 용서하여 주시기를 원합니다.

생명이 되시는 하나님!

부활의 주님을 믿고 의지함으로 날마다 죄를 이기고 부활의 주님을
증언하게 하시고 우리의 몸을 드려 헌신할 수 있도록 도와주시옵소서.
저희들의 가정과 생업도 부활의 기쁨으로 복된 삶의 터전이 되기를 원
합니다. 언제 어디서나 주님의 살아계심을 심령으로 느끼며 고백하는
은혜의 현장이 되게 하시옵소서. 도망쳤던 제자들이 부활의 주님을 만
난 후 그 기쁨의 소식을 전하기에 주저하지 않았듯이 우리 교회도 주님
의 몸 된 지체들이 주님을 담대하게 증거하게 하시고 늘 기도하게 하옵
소서. 성령의 기사와 이적을 주님의 이름으로 나타내는 교회가 되게 하

시옵소서. 상하고 지치고 연약한 심령들도 소망을 얻고 새 삶을 얻는 은혜의 장소가 되게 하여 주시옵소서.

은혜롭고 자비하신 주님!

이 민족이 하루빨리 주님 앞으로 돌아오게 하시고, 회개하고 주님을 의지하는 자들에게 소망의 문을 열어 주시기를 원합니다. 오늘 그 어느 때보다도 애절하고도 간곡한 기도가 주님께 드려질 수 있도록 인도하시고 이 아픔의 현실을 치료하시기 원하시는 주님의 놀라우신 사랑을 체험하는 시간이 되게 하옵소서.

사랑하는 주의 종 목사님이 말씀을 들고 단 위에 서십니다. 성령께서 강력하게 붙드시고 말씀을 듣는 저희 모두가 주님의 음성을 듣는 복된 시간이 되게 하옵소서.

예수 그리스도의 이름으로 기도드립니다. 아멘.

4

수요 예배

모든 생명의 주인이 되시는 하나님!

빛이요 진리요 생명 되시는 하나님 아버지께 영광과 찬송을 드립니다.

지난 삼일 동안에도 저희를 주님의 사랑과 은혜와 보호 속에서 살게 하시고 이 시간 주님의 거룩하신 성전에 엎드려 기도하게 하시니 그 사랑과 은혜에 감사합니다.

그러나 이 시간 저희들은 저희의 부끄러움을 고백하지 않을 수 없습니다. 저희들은 주의 뜻대로 살지 못하고 주님의 품을 떠나려고 애쓰며 세상의 불의와 타협하며 자신의 죄를 합리화하는 나약한 신앙을 가지고 살아왔습니다.

하나님 아버지!

이제 저희들의 죄를 제거해 주시고 자비로써 저희들 마음에 성령의 불이 붙게 하옵소서. 그리하여 하나님을 중심으로 사는 새로운 마음을 허락하셔서 하나님을 기쁘시게 하며 하나님만으로 즐거워할 수 있는 귀한 믿음을 허락해주시옵소서.

오늘도 갈급한 심령으로 나왔사오니 주께서 저희들의 기도에 응답해 주시옵소서. 주여! 저희 성도들의 사업과 가정과 자녀들에게 함께 하셔서 복을 더하는 놀라운 주님의 역사가 일어나게 하옵소서. 저희들이 물질의 복에만 만족하는 어리석은 자들이 되지 않게 하시고 신령한 영의 복을 사모하며 늘 기도에 힘쓰는 성도들이 되게 하옵소서. 닫혔던 입술과 마음을 활짝 열어주시고 저희의 교회와 가정에서 기도드리는 간구의 소리가 늘 끊어지지 않게 하시옵기를 간절히 원합니다.

은혜로우신 하나님 아버지!

진리의 기둥과 터가 되는 거룩한 교회를 위하여 간절히 기도하오니 우리교회를 진리로 채워 주시고 평화가 가득 차게 하옵소서. 주님께서 저희 교회의 머릿돌이 되어 주셔서 온 성도들이 서로 사랑하고 이해하며 감싸줄 수 있는 마음을 허락해주옵소서. 그리하여 분열과 싸움과 교만과 같은 마귀의 역사가 없는 아름다운 교회로 이끌어 주옵소서.

주님의 몸 된 교회를 위하여 수고하시는 목사님과 교역자들에게 은혜와 진리로 충만케 하여 주시고 장로님들과 집사님들과 권사님들에게도 더욱 크신 복을 내리셔서 교회를 섬기는데 부족함 없게 도와주옵소서.

교회의 머리 되시는 예수님 이름 받들어 기도드립니다. 아멘.

5
수요 예배

살아계신 하나님!

놀라우신 주님의 은혜에 감사드립니다.

지난 삼일 동안도 저희들을 세상에서 지켜주시고 믿는 형제자매와 함께 주님 전에 나와서 예배드리게 하시니 감사합니다. 저희들이 준비된 찬양을 드림으로 인하여 저희가 세상에 젖어있던 마음을 씻고 주님의 말씀을 들을 수 있도록 준비시켜주시니 감사드립니다.

저희가 드리는 예배가 신실한 믿음의 마음으로 드릴 수 있게 하시고 주님의 자비하신 구원의 은혜를 저희들에게 내려 주옵소서.

하나님 아버지!

이 시간 예배드리는 모든 성도들에게 함께 하셔서 믿음이 연약한 심령들에게는 강하고 담대한 믿음을 허락하시고 말씀에 갈급하고 굶주린 심령들에게는 말씀의 충만을 허락하옵소서. 고민과 근심에 빠져 있는 성도들의 무거운 짐은 주님께서 대신 맡아 주시옵소서.

선교사들에게 선교사역이 주님의 은혜 가운데 이루어 질 수 있도록 하시고 귀중한 체험을 할 수 있는 시간으로 인도하여 주시옵소서. 담임목사님과 가족들에게도 소중한 시간으로 채워주시고 영적으로 재충전하는 열매를 주시옵소서.

내년도 장로를 추천하고 선출하는 일에 함께하여 주시고 신실한 종들이 선출되게 하옵소서. 기도를 통하여 참된 곡식과 가라지를 분별할 수 있는 지혜를 갖게 인도하여 주시옵소서.

강단에 세우신 목사님과 함께 하시고 성령의 도우심으로 담대하게 하나님의 말씀을 선포하게 하옵소서. 주 예수 그리스도 이름으로 기도드립니다. 아멘.

6
수요 예배

우리의 기도를 들어주시는 참 좋으신 하나님 아버지!

바쁜 삶 속에서도 이 시간 잊지 않고 모일 수 있는 은혜를 주신 하나님 아버지께 감사와 찬송을 드립니다. 주님의 은혜 가운데 장로 네 분과, 안수집사 스물두 분, 권사 예순네 분의 임직을 은혜 가운데 마칠 수 있게 해주신 것을 감사드립니다. 오직 충성하겠다는 저들의 다짐을 주님께서 아시오니 아버지께서 함께 하시어 더욱 사랑해주시고 감사와 기쁨으로 채워주소서.

하나님! "솔로몬과 맺은 주의 언약"이란 제목으로 주님의 귀히 쓰시는 종을 통하여 주신 말씀에 의지하여, 지난 3일 간도 우리의 삶의 현장에서 열심히 각자의 소임을 다하고자 노력하였습니다. 우리가 일하는 현장이 주님을 증거하는 선교의 마당이 되게 하시고 어디서나 충성된 주의 종이 되어 그리스도의 향기를 드러내게 하시며 우리의 살아가는 모습을 통해 믿지 않는 사람들에게 전도가 되게 하옵소서.

상처받고 지쳐있는 영혼들이 있습니다. 그들을 굳게 지켜주시고 기도로 무장하게 하시고 주의 자녀로서의 본분을 잊지 않게 하시며 늘 하늘의 소망을 가지고 살아가게 하옵소서. 세상의 불의와 타협하지 않게 하시고 이웃의 어려움을 모른 체 하지 않게 하소서. 이웃이 기뻐할 때에 같이 기뻐하고, 이웃이 슬퍼할 때 함께 슬픔을 나누게 하소서.

기도하기 위하여 주님 전에 나왔습니다. 외식하는 기도가 되지 않고 겸손히 우리의 죄를 고백하는 세리의 기도가 되게 하소서. 주께서 우리의 필요한 것을 아시오니 혹 저희가 욕심으로 잘못 구한 것이 있다면 저희를 깨우치시고 먼저 구할 것이 무엇인지 깨닫게 하옵소서.

주께서 귀히 쓰시는 담임목사님과 여러 성도님들이 성지순례 중에 계십니다. 주님께서 친히 동행하시어 그 일정 하나하나를 주장하시고 한없는 주님의 은혜와 사랑을 기억하는 귀한 순례의 길이 되도록 하옵소서.

정성으로 찬양을 준비하여 주께 영광 돌리는 성가대에 더욱 크신 은혜주시고 말씀 전해주시는 목사님에게 말씀의 능력을 주셔서 여기 모인 주님의 자녀들이 주님의 사랑에 다시 한 번 감격하게 하소서.

육신의 질병이나 여러 가지 사정으로 이곳에 참석치 못한 사랑하는 주님의 자녀들이 어디에 있든지 이 시간 이곳을 잊지 않게 하시고, 이 자리에 있는 저희와 같은 마음으로 기도하게 하시며 같은 은혜를 허락하옵소서. 예수님 이름으로 기도합니다. 아멘.

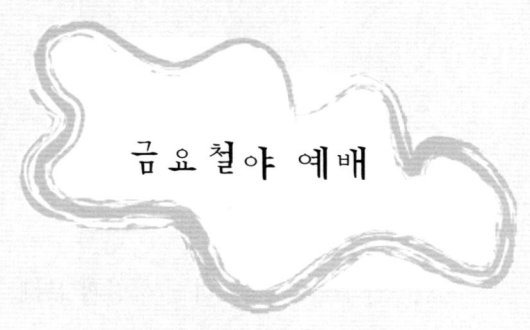

"조금 나아가사 얼굴을 땅에 대시고

엎드려 기도하여 이르시되

내 아버지여 만일 할 만하시거든

이 잔을 내게서 지나가게 하옵소서

그러나 나의 원대로 마시옵고

아버지의 원대로 하옵소서 하시니"

(마태복음 26:39)

1
금요 철야 예배

거룩하신 하나님 아버지!

지난 5일 동안도 지극하신 사랑과 은혜 가운데 저희들에게 복을 주시고 오늘 밤 주님의 몸 된 교회로 불러 모아 주시고 주님을 만날 수 있도록 허락하여 주신 은혜에 온 몸과 마음을 다하여 감사드립니다. 주님의 부르심을 받아 이 자리에 나올 때마다 거룩하신 성령님이 함께 하셔서 저희 교회의 모든 주의 백성들이 진정과 신령으로 아버지 하나님께 감사 예배드릴 수 있도록 도와주옵소서.

오늘밤 저희 교회의 모든 성도들이 금요철야 예배로 하나님 아버지께 찬양과 말씀과 기도로 영광 드리고자 하오니 기뻐 받아주시고, 특별히 이 자리에 이 모양 저 모양으로 함께 하지 못한 성도들의 발걸음을 재촉하여 주시고 한 백성도 빠지지 않고 모두 함께 모여 거룩하신 하나님 아버지께 영광 돌리게 도와주시옵소서. 그리하여 거룩하신 성령님의 임재하심을 깨닫게 하여 주시옵소서.

오늘 밤 주님의 몸 된 우리교회의 지체들이 거룩하신 주님의 십자가의 공로를 힘입어 하나님의 전에 나왔지만, 저희들의 모습은 아름답지 못하고 추악한 것들로 가득 차 있음을 고백합니다. 세상을 사는 동안 저희들의 중심에는 세상적 죄악과 주님의 십자가의 영광을 흐리게 하는 죄가 있었음을 고백합니다. 또한 물질적 욕심을 담고 제 주장만을 앞세우며 살아가는 저희 심령들을 긍휼히 여기시고 용서하여 주시옵소서.

죄 많은 저희들을 성령의 능력으로 강하게 붙들어 주셔서 기쁨과 은혜가 충만한 가운데 주님이 원하시는 길을 걷게 하시고 하나님께서 원하시지 아니하는 모든 세상적인 정욕의 고리를 끊어버리게 하옵소서. 저희를 위하여 스스로 피 흘리신 주님의 뜻을 따라 이제는 저희들도 주님의 영광을 드러내고 각자의 십자가를 지고 주님의 길을 따라 살아갈 수 있도록 도와주시옵소서.

예수님의 이름으로 기도드립니다. 아멘.

2
금요 철야 예배

자비롭고 은혜로우신 하나님 아버지!

저희의 근심하는 소리를 들어 주시고 원수의 두려움에서 저희 생명을 보전하여 주신 주님의 크신 은혜에 감사드립니다. 이 시간도 주를 사모하여 이렇게 주님의 성전에 올라왔사오니 주의 오른 손으로 저희를 붙들어 주시고 저희 심령이 주의 날개 그늘에서 즐거이 주를 찬양하게 하옵소서.

하나님 아버지!

지난 날 세상 부귀와 안일을 좇아 주님의 길과 명령을 저버리고 저희 자신의 이기심에 사로잡혀 이웃을 사랑하지 못하고 괴롭혔던 죄를 주님께 고백하오니 저희의 죄와 허물을 용서하여 주옵소서. 저희의 이 모든 죄를 기억하지 마옵시고 저희를 정결케 하시며 주님 보시기에 기쁘고 선한 것만을 행하도록 인도하여 주시옵소서.

날마다 저희들과 동행하시는 주님!

주님만을 의지하며 주님께로 피하오니 저희를 도와주옵소서. 주님의 빛으로 저희를 비추어 평안 중에 거하게 하시며 주님의 전능하신 손으로 보호를 받을 수 있도록 인도하여 주시옵소서.

구원의 하나님!

저희 상한 심령에 은혜의 단비를 흡족히 내려 주옵소서. 순결한 마음과 정직하고 곧은 심령과 선한 의지와 거룩한 양심과 영적인 건강을 저희에게 허락하시고 책망 받을 것이 없는 생활을 할 수 있도록 인도하여 주시옵소서.

저희는 부족하나 주님의 사랑은 한이 없으며 저희는 나약하나 주님의 팔은 능력이 있습니다. 저희는 범죄하기 쉬우나 불길 같은 성령은 저희의 모든 죄악을 다 태우고도 남음이 있나이다. 주여! 저희 가운데 역사하셔서 저희 마음을 주장하여 주시고 저희 마음을 성령으로 뜨겁게 감동시켜 주시옵소서.

우리의 피난처가 되시는 주님!

이 시간 저희들이 여러 가지 문제와 어려움들로 인하여 찢긴 심령으로 주께 나왔으니 저희들의 마음을 짓누르는 이 모든 문제들을 주께서 맡아주시고 마음의 평안을 허락하여 주시옵소서.

주님! 저희들이 주께 부르짖는 이 모든 간구에 귀를 기울여주시고 저희의 소원을 모두 들어 주시옵소서.

이 시간 저희들이 세상적인 일에 매여 종노릇하지 않고 의로운 일을 위해 주께 간구하는 믿음의 자녀가 되게 하여 주시옵소서. 저희들이 주님의 십자가만을 붙들고 선한 싸움을 싸우게 하여 주시옵소서. 저희의 모든 일들을 주께 맡기오니 주께서 친히 담당하여 주시옵소서.

예수 그리스도의 이름으로 기도드립니다. 아멘.

3

금요 철야 예배

살아계신 하나님!

오늘도 하루의 일과를 마감하고 주님의 성전에 나와서 기도와 찬양으로 하나님께 예배드릴 수 있게 하신 것을 감사합니다.

주님! 저희들은 지난 5일 동안에도 세상에 살면서 하나님을 기쁘시게 하지 못하고 저희들의 육신을 위하여 이기적인 욕망과 죄악에서 살아왔습니다. 이 시간 저희들의 회개를 들어주시고 용서하여 주시옵소서.

주여! 저희들을 특별히 사랑하시어 주님의 자녀 삼아 주신 것을 진심으로 자랑스럽게 생각하며 살아가게 하옵소서. 우리의 삶이 기쁨과 감사가 있는 모습이 되게 하시고 그 속에서 그리스도인의 향기를 발하게 하소서.

하나님 아버지!

교회학교를 위하여 기도드립니다. 주님께서 저희들에게 인도하여 주신 귀중한 우리 어린학생들을 주의 계명과 법도로 잘 교육하게 하시고 교회학교 학생들이 하늘나라의 역군으로 성장하게 하옵소서.

하나님 아버지!

죄악과 방탕의 유혹이 범람하는 이 험한 세상에서 우리 학생들을 지켜주시고 주의 지팡이와 막대기로 인도하옵소서.

교회학교를 섬기시는 교육목사님과 주님의 귀한 말씀의 씨앗을 뿌리시기에 혼신을 다하시는 전도사님들의 눈물의 기도를 들어주시어 우리 학생들의 마음 밭에 주님의 복음과 진리의 씨앗이 성령의 크신 능력 안에서 말씀의 영양분을 충분히 받아서 그들이 영과 육이 건강한 젊은이로 자라게 하옵소서.

사랑과 은혜가 풍성하신 하나님 아버지!

교회학교 어린친구들이 좀 더 나은 여건 속에서 보살펴지고 좋은 분위기 속에서 신앙을 키울 수 있도록 하옵소서. 우리 어른들의 좀 더 많은 관심과 열악한 시설을 개선하기 위한 투자가 있게 하옵소서. 비가 새어 양동이를 받쳐놓고 흐르는 빗물을 걸레로 닦아가며 지하실에서 드리는 어린이 예배를 기쁘게 받아주시옵소서. 아무리 귀를 기울여도 잘 들리지 않는 마이크 시설과 아무리 눈을 닦고 보아도 잘 보이지 않는 OHP 화면을 바라보면서 큰소리로 주님을 찬양할 때 주님께서 함께 하시옵소서. 보석처럼 빛나는 맑고 맑은 눈동자에 주님의 십자가의 사랑을 생각하면서 눈물을 머금고 감사 기도하는 우리 어린이들을 더욱 사랑해주시고 그 기도에 응답하소서. 연약한 그들이 어느 곳에 있던지 어떠한 처지에 있던지 먼저 보호받고 배려되게 하소서.

은혜로우신 하나님!

새로운 해에는 교사가 부족하여 애태우시는 전도사님들이 없도록 지금보다 두 배 세 배 더욱 많은 교사를 보내 주소서. 열심히 봉사하는 선생님들을 더욱 많이 보내주소서. 젊은 선생님들을 보내 주옵소서. 전심으로 사랑하고 기도하며 제자들의 발을 씻어주시던 예수님의 사랑으로 어린이를 사랑하시는 선생님이 금년에는 더욱 많이 오셔서 우리교회의 내일을 이어나갈 어린이들을 바르게 잘 양육하게 하소서. 진정한 마음과 보람을 가지고 감사로 봉사하는 교사의 기쁨을 저들에게 주옵소서.

교구목사님과 교구장로님을 주님께서 더욱 사랑해주시고 능력으로 채워주시어 교구를 이끌어 가시기에 조금도 피곤치 않게 하시며 가정에 주님의 은혜가 충만케 하시며 더욱 풍성하게 하소서.

오늘 말씀을 전해주시는 목사님에게 말씀의 능력을 더해주시고 말씀 듣는 우리 모두에게 큰 은혜의 시간되게 하소서.

저희들의 삶의 주인이 되시는 예수님 이름으로 기도합니다. 아멘.

어느 졸업생의 기도

H. S. 라이스

주님, 내가 약간의 지식을 얻었사오니
슬기롭게 사용하여
내가 사는 이 세상을
좀 더 나은 곳으로 만들
그런 길을 보여 주시옵소서
고뇌 많은 삶을
좀 더 뜻있게 살고자 원하오니
믿음과 용기를 베푸시어
나의 나날에 목적을 심으소서
가장 큰 열매를 맺도록
당신 섬길 길 보이시고
나의 모든 배움과 지식과 기술이
당신 뜻 행함을 배워
참 열매 맺게 하소서
내 모든 일 행할 때
언제나 깨닫게 하소서
지식은 배움에서 비롯함이며
지혜는 당신께로부터 비롯되는 것임을……

새벽기도회

"새벽이 아직 밝기 전에

예수께서 일어나 나가

한적한 곳으로 가사

거기서 기도하시더니"

(마가복음 1:35)

1
새벽기도회

사랑과 은혜가 풍성하신 살아계신 하나님!

이 새벽기도회로 하나님을 만나 기도와 찬양하게 하시고 권능의 말씀을 깨달아 오늘 하루도 승리할 수 있도록 힘을 주시니 감사합니다.

이 새벽예배를 통해 저희들의 영이 새롭게 변화되게 하시고 하나님이 주신 진리의 말씀을 크게 깨달아 기쁨이 넘치는 시간되게 하옵소서.

우리 안에 거하시는 주님!

하나님의 기쁘신 뜻을 위하여 우리의 마음과 생각을 주관하시고 행동을 지켜 주시옵소서.

하나님 아버지!

우리 가운데 하나님을 두려워하는 마음이 있게 하시고 모든 판단과 행동의 기준에 하나님이 첫 번째 되게 하여 주시옵소서. 온 교회 성도들이 합심하여 기도하는 공동기도가 있사오니 주님께서 응답하옵소서. 풍성한 십일조의 복을 받으며 이 지역의 전도와 52주 예배의 승리자가 되게 하시며, 사랑의 동산 천사유치원 과천조은어린이집 운영이 형통케 하옵소서.

대한민국을 사랑하사 주님이 주관하시는 평안한 나라 되게 하시옵소서. 특별히 주님을 사모하고 백성들을 사랑하는 지도자가 되게 하옵소서. 저 먼 이방나라에서 주님의 사랑과 복음을 전하던 젊은이들이 어려운 처지에 있습니다. 주님께서 저들을 기억하시고 속히 가족의 품으로 돌아올 수 있도록 인도하옵소서.

　뜨겁고 가득 차 넘치는 저희 교회를 사랑하사 언제나 복 받는 성도들이 되게 하옵소서. 각 가정마다 기도 제목들이 있사오니 응답하시며 화평과 기쁨이 넘치는 가정으로 인도하옵소서. 우리 성도님들 주님께 아뢰는 간절한 간구의 기도가 있사오니 복 주시고 형통케 하옵소서. 주님! 이 모든 문제를 십자가 앞에 내려 놓습니다. 모든 일들이 주님 은혜로 이루어지게 하옵소서.

　저희 교회와 담임목사님을 사랑하시고 복을 주시어 성령 충만, 은혜 충만하게 하시며 오늘 말씀을 선포하실 때 우리의 영과 혼과 골수가 쪼개지는 역사가 일어나게 도와 주시옵소서.

　사랑의 하나님!

　교구목사님과 교구장로님께 능력을 더하시고 저희 교구 모든 믿음의 식구가 성령 충만하며 은혜 충만케 하시며 주님께 드리는 찬양을 받아 주옵소서. 오늘 하루도 온전히 주님께 맡기며 우리 주 예수 그리스도에 대한 소망이 하나님 아버지께 영원히 기억되기를 간절히 소원합니다.

　모든 말씀을 예수 그리스도 이름 받들어 기도드립니다. 아멘.

2
새벽기도회

사랑과 자비와 은혜가 풍성하신 하나님!

지난 밤 동안도 저희들을 주님의 품안에서 지키시며 편히 쉬게 해 주시고 새 힘과 희망을 가지고 새 날을 맞이하게 하시니 감사드립니다. 또 저희들을 재촉하셔서 이 새벽에 주님의 거룩한 전에 나와서 기도의 제단을 쌓게 하시니 감사합니다.

거룩하신 하나님!

오늘 하루를 시작하기 전에 먼저 주님 전에 나왔습니다. 예배드릴 때에 성령의 충만함을 주셔서 하루를 살아갈만한 힘을 주시옵소서. 오늘은 지난날처럼 살지 않게 하옵소서. 아직도 죄에 이끌리어 주님께 복종하지 못하고 있습니다. 세상의 쾌락을 위해서는 한없는 애착을 가지고 있는 저희들이 영적인 일과 영혼을 위해서는 너무나 나태하였습니다. 우리의 게으름을 용서하시고 오늘은 주를 위해 살게 하옵소서.

세상의 안일만을 추구하며 주님께 엎드려 기도하는 데는 게으르며, 자기를 섬기는 데는 매우 활발하나 남을 섬기는 데는 태만합니다. 저희들을 불쌍히 여기셔서 용서해 주시고 주님의 공로를 의지하여 주님의 형상대로 변화되게 하옵소서.

은혜로우신 하나님!

저희들의 영과 육을 주님께서 맡아 주관하시고 저희들의 영혼을 건강하게 하셔서 등불이 되게 하시옵소서. 저희들의 영혼이 늘 그리스도의 빛으로 충만하게 하셔서 죄와 어둠이 없는 깨끗한 영혼이 되게 하옵소서. 저희들이 육신의 복 뿐만 아니라 영혼의 복을 간구하는 기도를 쉬지 않게 도와주옵소서.

하나님 아버지!

이 새벽에 사랑하는 성도들의 기도를 주께서 들으시고 응답하옵소서.

개인적인 문제로, 가정의 문제로, 사업의 문제로, 신앙의 문제로 고민하여 아뢰는 기도를 주님께서 응답해 주시고 크신 복을 내려 주옵소서.

만복의 근원되시는 하나님!

저희들의 교회를 늘 새롭게 하시고 늘 주님의 성령이 살아있는 교회로 이끌어 주시옵소서. 그리하여 저희 교회가 크게 부흥하게 하시며 주님께서 명령하신 교회의 사명을 잘 감당하게 하시옵소서. 저희 교회에 기도의 불길이 꺼지지 않게 하시며 새벽 제단에 더욱 기도하는 성도들이 되게 하옵소서. 택하신 목사님에게 주님께서 함께 하셔서 교회와 양떼를 보살피기에 조금도 부족함 없게 하옵소서.

저희들의 오늘 하루의 생활을 지키시고 인도하여 주시며 깨끗하고 진실 된 삶을 살 수 있게 하옵소서. 하나님의 선하시고 기뻐하시는 온전하신 뜻을 알 수 있는 지혜도 주옵소서.

예수 그리스도의 거룩하신 이름으로 기도드립니다. 아멘.

3
새벽기도회

은혜가 풍성하신 하나님!

지난 밤도 편히 쉬게 하여 주시니 감사합니다. 저희들의 생명을 연장시켜 주시고 이 새벽에 주님의 거룩한 성전에 나와서 기도하게 하시니 감사드립니다.

자비로우신 하나님!

오늘부터 특별새벽기도가 시작됩니다. 그 동안 세상의 안일만을 추구하고 주님께 엎드려 기도하는데 게을렀던 저희들입니다. 영적인 일에 너무나 나태했던 저희들입니다. 세상의 쾌락을 위해서는 한없는 애착을 가졌던 저희들입니다. 용서를 구하오니 긍휼히 여겨 주옵소서.

이 새벽에 새롭게 변화 받기를 원합니다. 성령의 단비를 내려 주셔서 빈들의 마른풀이 단비를 맞아 소생하듯이 저희들의 영육이 새롭게 변화되어 소생케 되는 역사가 있게 하여 주시옵소서. 특별히 이번 특별 새벽기도를 통하여 새벽기도가 훈련되게 하시고 새벽잠을 희생하고서라도 기도해야 한다는 영적인 부담이 심령을 파고들게 하시고 계속적으로 주님 앞에 새벽기도를 드릴 수 있는 저희들이 되게 하여 주시옵소서. 하나님께서 이스라엘 백성들을 광야 40년 동안 새벽에 일어나도록 훈련시키신 것을 저희가 기억하게 하옵소서. 이번 특별 새벽기도가 하나님께서 저희에게 그와 같은 훈련을 시키시기 위해서 준비하셨으니 이번 기회에 새벽을 깨우는 사람으로 거듭나는 역사가 있게 하옵소서.

하나님께서 새벽에 이적을 행하심으로 새벽을 깨우는 종들로 하여금 하나님의 능력과 성호를 찬양하게 하셨듯이 저희들에게도 동일한 복이 있게 하여 주시옵소서. 한국강산의 영적 대각성 운동이 새벽기도를 통하여 불씨를 당겼듯이 이번 특별 새벽기도회가 제2의 영적 대각성 운동을 일으키는 불씨가 되게 하옵소서. 그리하여 저희 개인은 물론 교회와 이 지역과 사회와 더 나아가 전 세계에까지도 성령의 불길로 활활 타오르게 하옵소서. 이번 특별 새벽기도회에 참석치 못하는 성도들이 없게 하시고 전교인이 한 사람도 빠짐없이 모두 참석할 수 있도록 은혜를 베푸시옵소서.

말씀을 전하시는 담임목사님을 능력의 오른손으로 강하게 붙들어 주시기를 원합니다. 언제나 능력의 말씀을 전하시기에 조금도 피곤함이 없게 하시고, 말씀을 듣는 자의 심령마다 성령의 불을 체험케 되는 역사가 있게 하옵소서. 시간마다 풍성한 은혜를 내려 주옵소서.

예수님 이름으로 기도드립니다. 아멘.

4
새벽기도회

사랑하는 하나님 아버지!

하나님께 은혜를 입은 우리가 함께 모여 이 시간 예배드리는 영광스러운 복을 주신 주님을 찬양합니다.

한 주 동안 특별 새벽기도회를 통하여 우리에게 주신 말씀을 기억합니다. 우리의 정죄하는 입술과 부정적인 마음으로 인하여 지은 죄를 용서하여 주시며 좋은 열매를 맺도록 우리 심령의 토양을 기경하여 주옵소서.

사랑의 하나님!

우리에게 말씀을 주신대로 우리가 당하는 고난도 주의 율례를 배우고 주의 법을 기쁨으로 여길 줄 아는 귀한 시간이 되게 하시며, 그리스도의 빛으로 우리 안에 있는 어두움을 미워하며 버리게 하옵소서. 육체의 소욕을 따라 행하지 않고 그리스도 안에서 성령의 풍성케 하심을 따라 행하여 복된 생명을 전하며 사람을 세우는 입술의 열매를 맺는 삶을 살도록 도와주옵소서.

이스라엘이 가나안 복지에 들어갔을 때에 그 땅 안에 있던 족속을 완전히 멸하도록 하신 것을 기억하게 하옵소서. 이 시대를 살고 있는 저희들도 세상 풍조를 따라 살며 세상을 누리도록 끊임없이 속이는 거짓의 영들을 우리의 삶 가운데서 완전히 제하도록 우리의 믿음을 강건하게 세워주옵소서. 그래서 날마다 삶의 현장에서 주의 다스림이 임하도록 주의 나라를 세우는 전쟁에 능한 자들이 되게 하여 주옵소서.

우리의 부족함과 연약함에도 불구하고 우리를 향하여 성도라 부르시며 거룩한 백성이라고 인정해주시는 주님께 충성하게 하옵소서. 예수 그리스도와 연합하여 한 몸을 이룬 우리들이 한 마음으로 주께 구할 때에 성령께서 우리의 기도를 도와주옵소서. "내 이름으로 일컫는 내 백성이 그 악한 길에서 떠나 스스로 겸비하고 기도하여 내 얼굴을 구하면, 내가 하늘에서 듣고 그 죄를 사하고 그 땅을 고칠지라."고 약속하심을 기억하오니 이 나라의 백성 된 우리에게 회개의 영을 허락하사 우리가 고침을 받게 하옵소서.

담임목사님께서 우리에게 축복하시며 말씀을 전하시고 기도하실 때 저희를 깨우쳐 주시고 충만한 은혜를 받게 하옵소서. 주께서 친히 인도하시는 음성을 주옵소서. 우리가 주님께 찬양과 기도를 드리고 말씀이 선포될 때에 주의 얼굴을 뵙게 하옵소서.

예수 그리스도의 이름으로 기도합니다. 아멘.

5

새벽기도회

살아계신 하나님 아버지!

사랑과 자비와 은혜가 풍성하신 하나님께 영광과 찬양을 드립니다.

지난 밤 동안도 저희들을 주님의 품안에서 지키시며 편히 쉬게 해주시고 우리에게 새날을 허락하시며 하루를 기도로 시작하게 하시니 감사합니다. 우리의 모습을 되돌아볼 때 주님께 내어놓을 것은 죄뿐입니다. 주님 앞에 엎드려 우리의 죄를 고백하고 회개하오니 용서하시고 오늘 하루도 주님의 은혜 안에서 우리의 삶이 복되게 하소서.

하나님께서 기뻐하시는 곳에 우리가 있게 하시며 우리가 행하는 것이 하나님께 영광 돌려드릴 수 있게 우리를 성령으로 인도하시며 오늘도 우리 입술에 찬양과 감사의 기도가 이어지게 하옵소서.

이제 주님께서 사랑하시는 우리 초·중·고등부 및 청년들이 새 학기를 맞이하게 됩니다. 새로운 선생님과 새로운 교육환경을 맞이하게 될 때 세상의 기준으로 가르침을 받지 않게 하시고 하나님께서 우리에게 말씀하신 사랑과 희생과 봉사를 가르치는 참 진리의 말씀으로 양육되게 하옵소서. 앞으로 그들이 이끌어가는 이 사회가 미움과 시기, 질투와 물질에 대한 욕망과 부패가 없는 참으로 맑고 아름다운 기도하는 세대가 될 수 있도록 인도하옵소서. 그래서 샤론의 꽃이신 예수님이 이 땅에 온전히 피어날 수 있도록 하소서.

또한 새로운 친구들을 만날 터인데 좋은 친구들 만나게 하시고 이 새

학기의 시작이 새 학년으로의 진급만이 아니라 하나님께 대한 사랑과 충성과 봉사와 믿음을 다짐하는 귀한 시간되게 하소서.

사랑과 은혜가 풍성하신 하나님!

지난 주에는 정말 가슴 아픈 사고로 인하여 주님께서 사랑하시는 귀한 많은 생명들이 주님의 품으로 갔습니다. 저희들은 알지 못하나 하나님께서 크고 비밀한 뜻을 가지시어 저들을 저희보다 앞서서 주께서 예비하신 영원한 안식처로 부르신 줄로 믿습니다. 저들 중에는 우리와 함께 이 자리에서 같이 기쁨을 나누어야할 많은 친구와 형제가 있습니다. 귀하고 아름다운 소망을 가지고 이 세상을 살아가던 저들을 주께서 손수 준비하신 영원한 안식처로 인도하옵소서. 그리고 사랑하는 아들 딸 그리고 아빠 엄마를 잃고 비통함으로 울부짖는 가족들을 십자가의 보혈로 위로하옵소서.

질병으로 인하여 같이 진급하지 못하고 병상에서 우리의 진급을 축하해주는 친구도 있습니다. 하루빨리 건강을 허락하시어 우리와 함께 하도록 하시고 물질의 어려움으로 같이 진급하지 못하는 친구들에게 위로하시며 물질의 복을 주시어 빠른 시일 안에 우리와 같이 배움의 자리에 있게 하옵소서. 군복무로 함께 진급하지 못하는 젊은이는 건강하게 맡은바 책무를 완수하고 믿음도 더욱 성숙하여 다시금 이 자리에서 기쁨을 함께 나누게 하소서.

이제 새 학기의 시작입니다. 일 년을 지낸 후 뒤돌아볼 때에 정말 귀하고 소중한 한해로 기억되게 성령께서 인도하소서.

우리와 늘 함께하시는 예수님 이름으로 기도합니다. 아멘.

6

새벽기도회

살아계신 하나님!

하나님께 영광과 찬송을 드립니다. 지난 밤도 저희를 편히 쉬게 하시고 이 새벽에 건강한 모습으로 맥추감사주일을 위한 특별 새벽기도회에 참석하여 하나님을 만나게 하시고 은혜 받게 하시니 감사합니다.

은혜로우신 하나님!

저희의 모든 죄와 허물을 십자가 앞에 내려놓습니다. 저희를 깨끗케 하시고 복 있는 하나님의 자녀로 받아주시옵소서. 우리교회 모든 성도들이 새벽이슬 같은 믿음을 갖게 하옵소서. 감사가 넘치는 삶을 살게 하옵소서. 불평과 원망은 사라지고 하나님께 감사드릴 수 있는 믿음의 삶을 살게 하옵소서. 특별히 6개월을 지켜주신 하나님께 몸과 마음과 정성을 다해 감사하는 맥추감사주일이 되게 하옵소서.

전능하신 하나님!

우리교회 모든 성도들이 성령 충만을 받게 하옵소서. 재적교인이 출석교인 되게 하시며 전 성도가 신령과 진정으로 예배드리며 성경말씀을 공부하고 기도하게 하옵소서. 어느 곳에 있든지 감사하며 형통하는 삶을 살게 하옵소서. 하나님의 것을 구별하여 온전히 드릴 수 있는 복을 받게 하옵소서. 이 지역에 입주하는 모든 분들이 저희와 함께 교회에서 예배드릴 수 있는 복을 받게 하옵소서. 영생을 주시기로 작정된 자들을 만날 수 있도록 성령께서 인도하옵소서.

은혜로우신 하나님 아버지!

이 나라와 이 민족을 기억하옵소서. 이번 선거에서는 하나님을 경외하고 역사를 두려워하며 국민의 소리를 듣는 지도자를 꼭 세워 주시옵소서. 이 나라 정치인들에게 지혜의 마음을 주셔서 바른 정치를 하게 하시고 모든 국민들이 삶의 현장에서 열심히 일할 수 있도록 하시고 일한 만큼 결실을 얻으며 기쁜 마음으로 살 수 있게 하옵소서.

고통과 굶주림 속에 있는 북한 동족들을 구원하여 주시고 평화적인 남북통일이 이루어지게 하옵소서. 북녘의 무너진 성전을 회복하게 하시고 지하교회에서 눈물로 신음하는 성도들을 구원하여 주옵소서.

이 시간 강단에서 말씀을 선포하시는 담임목사님에게 성령의 충만함과 말씀의 능력을 주시옵소서. 모든 성도들의 생명을 살리는 말씀을 선포하게 하옵소서. 새벽을 깨워 하나님께 찬양하는 여전도회연합회 모든 회원들의 찬양을 기쁘게 받으시고, 모든 회원들이 감사와 찬송과 전도와 봉사가 넘치는 삶을 살게 하옵소서. 임원들에게 지혜를 주셔서 맡은 책임을 잘 감당하게 하옵소서. 예수님 이름으로 기도드립니다. 아멘.

7
새벽기도회

전능하신 하나님!

금년에도 예수 그리스도의 고난과 부활을 기억하는 특별 새벽기도회를 허락하신 하나님 아버지께 영광과 찬송을 드립니다. 저희가 하나님 여호와를 경외하며 섬기게 하시니 감사합니다.

한결같은 사랑으로 약속을 지키시는 하나님!

진정한 회개와 경건과 절제를 통한 사순절이 되도록 역사하옵소서. 참회하는 성도들은 말로 다 형용 못하는 크신 사랑과 구원받고 의롭게 된 영생의 복을 찬양하게 하옵소서. 오늘은 하나님의 은총으로 그리스도와 함께 죄에 대해서 죽고 새 생명으로 다시 태어나는 세례식이 있습니다. 세례를 받는 이들이 성령 안에서 그리스도의 지체가 되게 하시고 하나님을 위하여 새로운 삶을 사는 성도가 되게 하옵소서. 이들을 비롯한 온 성도는 자기를 십자가에 죽이고 예수 그리스도만 따르게 하옵소서. 또한 아직도 버리지 못한 세상의 못된 풍습은 물리쳐 주시고, 우리에게 주신 성령의 합당한 열매로 이해와 관용의 아름다운 부활을 소망하며 살아가게 하옵소서.

은혜로우신 하나님! 춥고 어두웠던 겨울의 고난을 믿음으로 이겨냈던 성도들 가정마다 매화가 만발하고 산천이 기지개를 켜는 좋은 봄날에 하나님께서 친히 위로하옵소서. 다음 한 주간은 예수님께서 고난 받으시고 십자가에 못 박혀 돌아가신 고난주간입니다. 특별 새벽기도회에 참여하는 성도가 늘어나게 하시고 새벽마다 하나님의 말씀을 깊이 묵상하는 성숙한 믿음을 회복시켜 주시옵소서.

강단에 세우신 담임목사님께 하나님의 능력으로 입히시고 육신의 건강도 보살펴 주시옵소서. 말씀의 흡족한 단비를 내리시어 은혜를 사모하는 심령을 촉촉하게 적셔주옵소서. 성도들이 받은 은사대로 예배를 섬기는 일에 충성하게 하옵소서. 예수님의 이름으로 기도드립니다. 아멘

이 세상을 위한 기도

Walter Rauschen Bush

우리의 큰 가정인 이 우주를 주심에 감사드립니다.

그의 거대함과 풍성함에 감사드리며

생활의 여러 면에서 세상을 충만시키고

그 중에 우리는 지극히 작은 일부분입니다.

아취형의 하늘과 축복 받은 바람에

당신을 찬양하며

운행하는 구름과 높은 곳의 성좌를 찬양합니다.

소금 바다와 흐르는 물, 모든 수목,

우리 발밑에 있는 초목을 볼 때 당신을 찬양합니다.

우리에게 감정을 주셨으매

우리가 아침의 아름다움을 볼 수 있으며

봄의 향기를 맡을 수 있습니다.

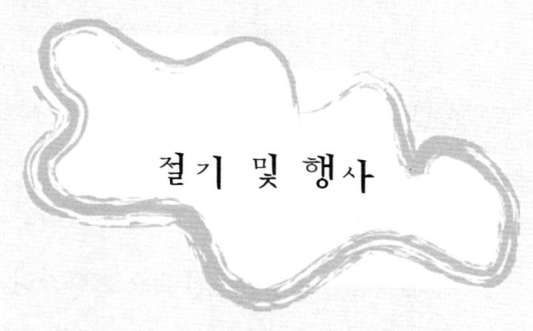

절기 및 행사

"주여 들으소서

주여 용서하소서

주여 귀를 기울이시고 행하소서

지체하지 마옵소서

나의 하나님이여

주 자신을 위하여 하시옵소서

이는 주의 성과 주의 백성이

주의 이름으로 일컫는 바 됨이니이다"

(다니엘 9:19)

신년주일

만군의 주 하나님!

저희를 지으시고 선하신 뜻으로 다스려 주시는 하나님 아버지께 영광과 존귀와 찬송을 드립니다. 부족한 저희들에게 신년 첫 번째 거룩한 주일을 허락하셔서 예배를 드릴 수 있게 하시니 감사드립니다.

거룩하신 하나님 아버지!

새해를 맞아 연초에 품었던 생각이나 결심이 주어지는 세상 환경에 젖으며 살다보니 한 달도 안 되어 이런 저런 때가 묻습니다. 하나님 보시기에 바르게 살아온 것보다는 너무나 잘못이 많고 허물뿐인 것을 고백합니다. 때때로 나 자신이 나를 쳐다볼 수 없을 정도로 나약한 존재이고 심지가 아주 약하여 우유부단합니다. 가슴에 품고 있었던 어제의 결심도 오늘 쉽게 무너지고 사소한 미움과 시기로 인해 귀중한 믿음과 사랑에 상처를 주는 죄의 유혹을 단호히 뿌리치지 못하였습니다. 하나님 앞에 지은 죄와 허물을 내어놓으며 이 시간 회개하오니 주 예수 그리스도의 보혈로 깨끗함을 얻게 하시고 거듭나는 체험을 하게 하옵소서.

저희들의 어려움을 아시는 하나님 아버지! 세계 도처에서 아픔을 당한 이웃이 점점 많아지고 있습니다. 고통과 어려움에 있는 이웃과 민족을 위로하여 주시고 그곳에서 주님을 만나는 일들이 일어나게 하시며 주님의 선하고 평화로움이 이루어지는 귀중한 역사의 시간이 되게 하옵소서.

감사하신 하나님 아버지.

저희들의 교회를 주님의 뜻이 계셔서 이곳에 세워 주시고 지난 58년을 한결같이 지켜주시며 부흥 발전시켜 주시니 감사합니다. 이웃에게 더욱 겸손하고 진실로 봉사하며 기쁨이 되는 교회가 되어 저희로 하여금 주님의 영화로움이 나타나게 하옵소서.

다음 달에 새로 임직하는 제직들과 헌신자에게 새로운 힘을 주셔서 맡은 바 사명을 감당하게 하시고 안으로나 밖으로나 자기를 드러내지 않고 주님의 영광을 나타내는 제직이 되게 하옵소서. 사정이 있어 예배에 함께 참여치 못한 사랑하는 성도들을 기억하시고 다음 시간에는 모두 나와서 주님께 영광 돌리며 은혜를 나누는 복을 받게 하옵소서.

찬양으로 영광 돌리는 성가대의 찬양을 받으시고 오늘 이 예배를 온전히 주님께서 주장하옵소서.

빛 되신 예수 그리스도 이름으로 기도드립니다. 아멘.

제직회 헌신예배

거룩하시고 전능하신 하나님!

오늘 저희들에게 성일을 주시어 아침부터 주님 전에 나와 주님 품안에서 편히 쉼을 갖게 하시고 제직회 헌신예배로 드리게 하시니 찬양과 감사를 드립니다.

그동안 하나님께서 저희 제직들에게 일을 맡겨주셨건만 저희들은 그 소임을 다하지 못하여 하나님 앞에 서기에 심히 부끄럽습니다. 저희들은 믿음이 약하고 나태하여 주님의 책망을 피할 수 없는 악한 종들입니다. 주여, 저희 악한 죄를 용서하여 주시고 저희들의 심령을 정결케 씻어 주시옵소서.

올해도 주께서 저희들에게 직무를 맡겨 주셨는데 지난해를 거울삼아 올해는 과거에 못 다한 일까지도 성실히 수행하게 하옵소서.

자비로우신 하나님!

금년 1년 동안 주님의 교회를 위하여 세워주신 제직들이 헌신을 다짐하는 예배를 드립니다. 하나님께서는 저희들에게 제직의 직분을 맡기시고 그 뜻을 이루시기를 원하십니다. 그러나 저희들은 지식도 물질도 재능도 부족합니다. 저희들에게 더욱 믿음을 주셔서 주의 보좌 앞에 나아와 큰 사명을 지고 교회의 기둥답게 교회의 살림을 꾸려가며, 구제와 봉사, 복음전파 등의 일을 잘 감당하게 하옵소서. 특히 막중한 직무를 맡은 회장과 임원들을 중심으로 서로 협력하여 교회의 부흥발전에 애쓰며,

가난하고 어려운 교우들을 돌보며, 주님의 복음의 증거자로서의 사명을 잘 감당하게 하옵소서.

사랑의 하나님!

저희 제직회에서 계획하고 있는 모든 사업 위에 복을 주시고 모든 제직들과 성도들이 뜻을 합하여 주님의 선한 사업에 동참할 수 있도록 인도하옵소서. 제직들의 가정에 평안을 주시며 그 사업 위에 복을 주사 번영케 하시고, 각 직장에 함께 하여 주옵소서.

능력의 주님!

저희들을 매일 매일 붙들어 주시옵소서. 오늘의 헌신예배를 통하여 마음을 무장하게 하시고 이 결단이 금년 한 해 동안 변하지 않도록 지켜 주옵소서. 모든 제직회원들이 교회 앞에서 예배와 봉사와 선한 사업에 본이 되게 하시고 교회 분위기가 뜨거워져서 크게 발전하게 하시고, 결코 한 분도 게을리 하다가 책망 받지 않도록 일깨워 주옵소서.

은혜로우신 하나님!

오늘 이 헌신예배를 위해 주님께서 귀히 쓰시는 목사님을 보내주셔서 말씀으로 은혜 받을 기회를 주시니 감사합니다. 강단에서 주의 말씀이 선포되어질 때 성령으로 함께 역사하셔서 저희 제직들에게 새 힘을 불어 넣어주는 은혜와 능력의 말씀이 되게 하옵소서. 말씀을 들을 때에 저희 제직들이 큰 은혜를 받아 더욱 헌신하게 하옵소서. 저희 제직들이 주님께 헌신하는 마음과 진정으로 드리는 예배가 되게 하시고 주님께 충성하기로 거듭 다짐하는 시간이 되게 하옵소서. 고통당하는 성도들을 위로해 주시는 주 예수님의 이름으로 기도합니다. 아멘.

제직수련회

1

우리의 인생에 주인이 되신 하나님!

우리의 삶을 주관하시고 인도하여 주신 은혜에 감사를 드립니다. 지난 한 해 동안도 저희들에게 주님의 일을 맡겨주셨는데 저희들은 그 소임을 다하지 못했음을 고백합니다. 연초에 주님 앞에 열심을 다하겠다고 다짐했고, 나름대로 주님의 뜻대로 살아보려고 애써도 보았지만 믿음이 약하고 부족하여 세상 염려와 걱정에 사로잡혀 다짐했던 모든 일을 이루지 못했습니다. 하나님의 영광을 드러내기보다는 우리 자신들의 욕심을 내세우며 살아왔었고 저희들의 이익만을 생각해왔으며 교만한 모습으로 살아왔었음을 고백합니다. 주님! 저희들의 부족함을 용서하여 주옵소서.

사랑의 주님!

우리교회를 지금까지 지켜주시고 인도하여 주심을 감사드립니다. 이 지역에 반드시 필요한 교회가 되게 하시고 어머니같이 따뜻한 품으로 이웃을 사랑하고 주님께서 주신 사명을 성실히 감당하는 좋은 교회가 되게 하옵소서. 주님께서 힘을 주시고 함께 하여주서서 우리가 주님을 사랑하듯 교회와 이웃을 사랑하며 맡겨주신 모든 일을 잘 감당하게 하시고 우리에게 선한 마음을 주서서 착한 사마리아 사람같이 자기를 희생하면서 이웃을 위해 희생할 수 있는 믿음을 주시옵소서. 우리들이 살아가는 모습들이 거룩한 삶이 되어 이 세상의 모든 것을 소유하지 아니하더라도 오직 주님 한분만으로 만족할 수 있는 삶이 되게 하옵소서.

은혜로우신 하나님!

오늘은 앞으로 일 년 동안 수고할 제직을 임명합니다. 구원해주신 것도 너무나 감사한데 귀한 직분까지 허락하시고 저희들에게 주님의 몸 된 교회를 위하여 봉사할 수 있도록 귀한 일들을 맡겨주시니 감사합니다.

저희들은 너무나 부족하여 아무런 일도 감당할 수 없지만 힘을 주신 하나님을 의지합니다. 저희가 오직 주님만을 의지하게 하시고 주님께서 주신 새로운 힘을 공급받아서 강하고 담대함으로 맡겨주신 모든 일을 온전히 감당하게 하시며 주님의 뜻을 잘 분별하게 하옵소서. 주님께서 맡겨주신 모든 일에 기쁘고 감사한 마음으로 순종하며 충성을 다 할 수 있도록 저희들의 생각과 마음을 주장하옵소서. 주님을 사랑하고 이웃을 사랑하는 아름다운 교회로 세워지게 하옵소서.

또한 당회를 비롯한 모든 부서와 나누어 주신 구역과 모든 기관이 세우신 목적대로 그 사명을 잘 감당하게 하시며 맡겨주신 담당자들에게 지혜와 능력을 주셔서 모든 기관을 잘 이끌고 나가도록 도와 주시옵소서. 특별히 교회의 재정 위에도 하나님께서 함께 하시고 복을 주셔서 교회 재정이 차고 넘쳐 주님의 뜻을 이루어 나가는데 어려움이 없게 하옵소서.

주님!

이 시간은 사랑과 은혜를 사모하는 간절한 마음으로 주님 앞에 왔습니다. 사랑하는 담임목사님을 통하여 말씀을 들을 때에 주님의 음성을 듣게 하시고 주신 말씀대로 순종하게 하옵소서. 소망을 잃은 자에게는 새로운 희망을 주고 힘이 없는 자에게는 새로운 힘을 얻게 하시며 교만했던 자들은 겸손함을 가질 수 있게 하옵소서. 이 시간 찬양으로 예배를 드리는 성가대에게도 복된 시간이 되게 하옵소서. 담임목사님과 모든 교역자들과 장로, 집사, 권사, 모든 성도들의 가정과 직장과 사업위에 넘치는 복을 주옵소서. 오직 주님만을 섬기고 주님만을 바라보면서 주님만을 사랑할 수 있게 하시며 주님의 성품을 닮아가는 은혜를 주옵소서. 예수님의 이름으로 기도드립니다. 아멘.

2

존귀와 영광을 받으시기에 합당하신 하나님!

2007년도 하나님의 도우심으로 1년을 무사히 보내고 대망의 2008년 새해를 맞이하여 기도로 준비한 제직수련회 첫 시간을 개회할 수 있도록 인도해주신 하나님께 감사드립니다.

2007년도에 저희 교회를 사랑해주셔서 모든 계획된 사업들이 주님의 은혜가운데 잘 마무리되게 하시고 온 성도님들이 열심히 전도한 결과 2,976명을 구원하게 하신 것을 감사합니다.

전 인류가 구원받기를 원하시는 하나님!

2008년도에는 더 많은 사람들을 구원할 수 있도록 도와 주옵소서. 그리하여 우리 교회가 이 지역에 있고 구원받은 내가 있기에 이 지역에서는 지옥 가는 사람이 하나도 없도록 도와 주옵소서.

살아계신 주님!

저희 교회가 2008년도에는 "저희가 날마다 성전에 있든지 집에 있든지 예수는 그리스도라 가르치기와 전도하기를 쉬지 아니하니라."라는 표어아래 실천사항으로 쉬지 아니하는 예배, 교육, 전도, 봉사, 양육의 사명을 충실히 감당하기 위하여 제직수련회로 모여서 주님께서 귀히 쓰시는 강사목사님께서 말씀을 증거하십니다. 성도님들 마음의 문을 활짝 열고 주신 말씀을 나에게 주신 말씀으로 알고 아멘으로 받게 하시고 이 수련회를 통하여 과거의 나태하고 게을렀던 것을 회개하게 하시고 내가 이 교회에 꼭 필요한 일꾼이 되겠다고 다짐하는 귀한 시간이 되게 하시옵소서. 주님께서 맡은 자에게 구할 것은 충성이라 하였사오니 하나님 아버지 말씀에 순종함으로써 2008년도에 하늘의 신령한 복과 땅의 기름진 복이 넘치는 귀한 성도들의 가정이 되게 하여 주시옵소서.

살아계신 주님!

2007년은 평양 대부흥운동이 일어난 지 100주년이 되는 해였습니다. 우리 사회에 다시 한 번 대부흥운동이 일어나게 하여 주시옵소서.

살아계신 주님!

이 나라가 지금 국가 최고 통수권자의 무분별한 발언으로 인하여 정치, 경제, 사회적으로 참 어렵습니다. 이럴 때일수록 우리 1,200만 기독교인들이 한마음 한뜻으로 힘을 모아 기도함으로써 이 나라가 정치, 경제, 사회적으로 안정될 수 있도록 도와 주시옵소서.

이 모든 말씀을 살아계신 예수님의 이름으로 기도드립니다. 아멘.

설날

1

홀로 하늘을 펴시며 땅을 넓히신 하나님!

민족의 명절인 설날에 하나님을 찬양하고 예배하게 하시오니 진실로 감사합니다. 참석한 성도들에게 우상숭배자들을 물리친 엘리야의 예배가 되게 하시고 큰 영광을 받으시옵소서.

하나님 아버지!

신령과 진리로 예배드리오니 우리에게 영원히 마르지 않는 생수를 베푸시옵소서. 믿음의 조상들을 보내주신 하나님을 찬양합니다. 예배를 통하여 선조들의 믿음을 본받게 하시고, 하나님께서 믿는 자들에게 값없이 주시는 영원한 생명과 은혜를 깨닫게 하옵소서.

우리의 죄를 구름을 거두듯 없애시고 안개처럼 사라지게 하신 하나님 아버지!

우리의 겉 사람은 낡아질지라도 우리의 속사람은 날마다 새로워지기를 소원합니다. 이 시간 지은 죄를 고백하오니 용서하시고 하나님의 말씀으로 우리의 영혼이 참 지혜를 얻으며 풍성한 삶을 누리게 하옵소서. 설날을 즈음하여 일가친척을 찾아 이동하는 성도들을 보호하시며 그릇된 이기심으로 하나님의 사랑을 거역하지 않도록 하옵소서.

사랑이 넘치는 자비하신 하나님!

추위와 물질의 궁핍으로 소외된 이웃과 병마에 시달리는 환자들의 심령을 위로하시고 졸업과 입학의 시기에 권속들의 가정마다 바라는 기도 제목을 주님의 뜻대로 이루시옵소서.

설날 고향의 부모와 형제자매에게 효도의 발걸음을 옮기기에 앞서 예배하며 봉사하는 하나님의 백성들에게 크신 복을 주시고 그들이 만나는 모든 가족이 성도의 경건을 닮도록 역사하옵소서.

강단에 세우신 담임목사님에게 함께하셔서 담대히 복음을 전하게 하옵소서.

예수님 이름으로 기도드립니다. 아멘.

2

역사를 주관하시는 하나님!

우리 민족 고유의 명절인 설날을 맞이하여 저희의 감사와 찬송과 기도를 드립니다. 해 아래 새 것은 없습니다. 그러나 주 예수 그리스도 안에 있는 자는 누구나 새로운 피조물로서 늘 창조적인 새 날을 살아가는 하나님의 복된 자녀임을 깨닫도록 하시니 감사드립니다. 가족들이 한 자리에 모일 수 있는 뜻 깊은 설을 맞이하여 흩어져 있던 가족이 모처럼 함께 모여 하나님의 은혜와 사랑에 감사예배를 드립니다. 오늘의 화목한 가정이 있도록 애쓰신 어른들께 감사하는 아름답고 즐거운 명절이 되게 하여 주옵소서.

자비로우신 아버지 하나님!

좋은 명절인 설날을 보내면서 세속의 문화와 인습에 물들거나 우상숭배하지 않도록 저희의 마음을 굳건한 믿음과 절제의 미덕으로 채워주옵소서. 명절과 축제의 시간을 맞이할 때 더욱 하나님을 경외하는 마음이 간절하게 하시고 명절을 보낸 뒤에 오히려 후회함이 없도록 저희의 영적 상태를 순간순간 점검하게 하여 주옵소서.

과거 그 어느 때보다 국가 경제가 어렵고 정치가 혼란스럽고 가정마다 실직자가 속출하는 우울한 현실 속에서 경제적 씀씀이를 절제하여 모범을 보이게 하소서. 부부간에도 사랑이 더욱 풍성하고 부모와 자식간에도 사랑과 존경이 넉넉한 설날이 되게 하옵소서. 설을 맞이하여 오히려 외롭고 쓸쓸한 우리의 이웃들에게 위로하며 다가가게 하옵소서. 모처럼 온 가족과 일가친척이 만나 밝고 명랑하되 들뜨거나 방종하지 않게 하시고 위로와 격려를 나누며 내일의 비전을 바라보게 하소서. 존경과 사랑으로 섬김의 가정과 공동체를 형성하게 하옵소서.

자비와 긍휼이 풍성하신 아버지 하나님!

가깝게는 우리가 다 알지 못하는 소외된 이웃과 멀게는 저 북녘 땅의 고통 받는 동족들과 복음을 듣지 못한 채 죽어가는 땅 끝의 인류에게까지 새해의 새 소망이 주 예수 그리스도의 구원의 복음으로 전파되게 하여 주옵소서. 온 가족이 주님을 모시고 한 상에 둘러앉아 감사와 찬송과 기도로 열어가는 설날에 새로운 결단과 비전을 꿈꾸는 설날 아침이 되게 하소서.

주 예수 그리스도의 이름으로 기도합니다. 아멘.

살아계신 하나님!

우리에게 민족의 명절인 설날을 허락하시고 오늘 온 가족이 한자리에 모여 가족의 교제를 나누며 귀한 것으로 먹고 마시게 하시니 감사를 드립니다. 주께서 우리민족에게 복을 주신 명절이 이 민족 모두에게 축제의 설이 되게 하시며 주안에서 온 가족이 하나가 되는 귀한 사랑의 시간이 되게 하옵소서.

사랑의 주님!

우리가 조상들의 훌륭한 전통을 이어받아 한 해의 계획을 세우고 서로의 건강과 형통을 위해 축복하는 설 명절이 되기를 원합니다. 우리가 먹고 마시는데 자신을 잃어버리지 않고 이런 축제 가운데서도 외롭고 고통 가운데 있는 이웃을 생각하고 나누고 베푸는 그리스도의 사랑을 기억하게 하옵소서.

우리의 처지와 형편을 다 아시는 주님! 가정마다 남모르는 고민과 근심으로 눈물 짓는 이들의 무거운 짐을 주님과 함께 대신질 수 있는 믿음을 주옵소서. 시험에 빠진 이들을 강하게 붙들어 주옵소서.

숨어있는 자를 찾으시고 남모르게 행하는 선한 손길을 기뻐하시는 주님!

오늘도 주님의 그늘에 숨겨진 자 되게 하옵소서. 사람 앞에 드러나는 것보다 숨어서 드리는 골방의 기도가 많게 하시고 은혜를 받았어도 티가 나지 않게 하시고 사랑을 행하여도 드러나지 않게 하옵소서.

이 시간도 선조들의 얼과 생전의 모습을 기억하게 하시고 늘 연로하신 가운데 노심초사하며 수고하시는 부모님의 건강을 붙들어 주시고 주님께서 친구가 되셔서 날마다 기쁨과 소망의 삶으로 평안한 삶이 되게 하옵소서.

특별히 태의 열매로 자녀들을 허락하시고 건강하게 양육되게 하시니 감사를 드립니다. 이 민족에게 꼭 필요한 일꾼으로 세우시고 어떠한 상황에도 감사하며 사랑이 많고 예의바른 자들이 되게 하옵소서. 한 자리에 모여 찬송하고 영광 돌리게 됨을 감사드리며 예수님 이름으로 기도드립니다. 아멘.

사순절

오! 주 예수 그리스도!

운명을 맞이하여 뒤로 물러서지 아니하고 다만 앞으로 나아가신 예수님!

주님께서는 가난하고 비천하게 태어나셨고 죄 많은 저희들을 위하여 스스로 고난을 당하셨습니다.

고통을 겪으시고 미움을 받으시고 배반을 당하시고 채찍을 맞으시고 침 뱉음을 받으시고 온갖 조롱을 받으셨습니다. 마지막에는 하나님께 버림을 받으심으로써 세상의 죄를 대신 속죄하시려 십자가를 지셨습니다. 주님께서는 머리를 숙이시고 수치스럽게 죽으셨습니다.

오! 그러나 주님께서는 다시 일어나셨습니다.

영원하신 승리자시여! 이 세상에서는 당신의 적들 손에 죽임을 당하셨지만 주님은 그렇게 죽으심으로써 오히려 죽음을 이기셨습니다.

주님께서는 머리를 들어 영원히 승리하셨습니다. 그리하여 하늘에 이르셨습니다. 우리로 하여금 다만 주님을 따르게 하소서.

예수님 이름으로 기도합니다. 아멘.

성금요일

존귀와 영광을 받으시기에 합당하신 하나님!

하나님께서 우리를 너무도 사랑하셔서 죄와 사망 가운데서 건지시려고 독생자이신 예수그리스도를 보내주신 하나님께 찬송과 영광을 올려드립니다.

오늘 성금요일은 하나님께서 죄악 가운데 빠져있는 인간을 구원하시기 위해 예수님을 죽음에서 생명으로 이끄신 놀라운 사랑이 나타나도록 십자가에 못 박히시게 하신 슬픈 날입니다. 누구든지 나를 따라 오려거든 자기를 부인하고 자기 십자가를 지고 나를 좇으라는 말씀과 같이 십자가의 고난 없이는 부활의 영광에 동참할 수 없음을 우리가 깨닫게 하여 주시옵소서. 그리하여 우리가 예수의 모습을 바라보며 주님께서 받으셔야 할 영광을 우리가 받으려 하지 말고 주님이 걸어가신 그 고난의 길을 뒤따라 걸어가는 자들이 되게 하옵소서.

우리의 인생이 끝나는 그날까지 언제나 이 십자가만을 자랑하며 죄악으로 말미암아 지옥으로 향하고 있는 내 부모 형제 친척 이웃들에게 복음을 증거하며 살아가게 하시옵소서. 우리교회는 이 사명을 감당하기 위하여 눈물을 흘려가며 최선을 다해 기도하며 준비하고 있습니다. 우리가 목표한대로 주님께서 2,000명 이상의 새신자를 주실 줄 믿습니다. 이 일에 전 성도들이 동참하여 주님께서 최고로 기뻐하시는 부활주일이 되게 하옵소서.

이 시간 주님께서 우리의 죄를 사해주시기 위하여 흘리신 피와 살을 먹고 마시는 성찬에 참여합니다. 구원의 소망과 내세의 기쁨을 갖게 하시고 주님의 피로 사신 이 교회를 위해 충성과 헌신을 다짐하는 시간이 되게 하시고 이 생명 다하기까지 전도자의 삶을 살아가게 하시옵소서.

담임목사님께서 생명의 말씀을 증거하십니다. 성령 충만한 은혜의 말씀을 선포할 수 있도록 주님께서 도와주시고 모든 성도들이 부활의 기쁨을 생각하면서 마음 문 활짝 열고 은혜 충만히 받는 귀한 시간이 되게 하옵소서. 성가대원들이 정성껏 준비한 찬양을 주님께서 기쁘게 받아주시고 성가대원들의 직장과 사업과 가정에 복에 복을 더하여 주시옵소서.

예수님 이름으로 기도드립니다. 아멘.

부활주일

하나님 아버지! 영광과 찬송을 드립니다.

인간의 죄 값으로 죽으셨지만 사망 권세를 이기시고 다시 살아나신 주님!

부활의 아침에 주님의 부활을 믿는 권속들이 주님을 찬양하오니 예배를 받으시옵소서. 주님의 이름으로 모인 이 땅의 모든 성도들이 하늘에 속한 사람답게 성령 충만한 삶을 살도록 하옵소서.

몸이 다시 사는 것을 보여 주시고 영생의 소망을 주신 주님!

현실의 삶이 힘들어 두려움과 근심에 시달린 심령들이 부활의 주님을 만나도록 인도하옵소서. 죽음의 두려움을 떨치게 하시고 주님 부활의 날이 죄를 용서 받고 구원을 얻는 날이 되도록 하옵소서.

지금도 우리와 함께 하시는 부활하신 주님!

부활의 주님을 만난 제자들에게 복음 전파의 능력이 임하신 것처럼 이 시간 기도하는 권속들에게 주님의 증인이 되는 영광을 베푸시옵소서. 우리의 영을 새롭게 하시고 전도의 열정이 불붙게 하옵소서. 잠자는 심령이 없게 하시고 주님의 말씀을 바르게 받아 하나님 나라를 확장하는 믿음을 주시옵소서.

빛으로 오신 부활의 주님!

주님이 다시 우리 곁에 오심으로 우리의 근심이 기쁨이 되게 하시고 우리의 기쁨을 빼앗을 자가 없게 하시니 감사합니다. 우환과 질고로 실족한 성도들을 위로하시고 그들을 일으키서서 인생의 생사화복이 주님께 있음을 깨닫게 하옵소서. 게으르고 교만하여 죽을 수밖에 없는 저희들이지만 외면하지 않으시고 한 알의 밀알로 많은 열매를 맺도록 믿음을 주시니 감사합니다. 잠자는 자들의 첫 열매가 되신 주님의 가르침대로 자신을 부인하고 겸손과 헌신으로 낮아지는 감사의 자리에 서게 하옵소서. 우리가 잠시 지녔던 주님의 모든 소유물인 시간과 재물과 건강과 지식을 쏟아 복음의 씨앗을 뿌려서 많은 열매를 거둘 수 있도록 도와주옵소서.

말씀을 선포하시는 목사님에게 갑절의 능력을 더하서서 요나의 선포를 듣고 니느웨 사람들이 회개했던 역사가 나타나게 하옵소서.

하나님의 사랑으로 이 땅에 오신 우리 구주 예수 그리스도 이름으로 기도드립니다. 아멘.

부활주일(어린이 기도문)

죽음을 이기고 삼 일 만에 다시 살아나신 예수님!

주님께 찬양을 드립니다. 예수님께서 부활의 첫 열매가 되신 것처럼 우리도 다음에 다시 살아날 것을 믿어요. 이제는 죽는 것도 무섭지 않아요.

하나님! 많은 사람들이 부활의 기쁜 소식을 들었으면 좋겠어요. 예배를 마치고 계란을 가지고 나가 나누어주면서 "예수님이 다시 살아나셨어요."라고 외치겠어요. 그 말을 들은 사람들이 꼭 다시 사신 예수님을 믿게 해주세요.

예수님의 이름으로 기도드립니다. 아멘.

어린이주일

1

오월의 아름다운 햇볕과 따스함을 주신 하나님!

이 좋은 계절에 주님 앞에 나아와 감사와 찬송을 올립니다. 오늘 어린이 주일을 맞이하여 어린아이와 같이 순수하고 겸손한 마음으로 예배드릴 수 있도록 은혜 베풀어 주신 주님의 사랑을 감사드립니다.

하늘나라는 어린아이와 같은 자들의 것이라고 말씀하신 주님!

저희들은 주님의 자녀로서 순수성을 잃어버리고 거짓과 오만으로 가득 찬 방만한 삶을 살았습니다. 진리를 수용하는 열정도 잃어버렸고, 위선만이 가득하여 이를 깨닫지도 못한 채 자신이 지니고 있는 모습이 가장 정직한 것인 양 포장과 위장을 하였습니다. 이처럼 저희들의 죄악 된 모습을 주님 앞에 고백하오니 용서하여 주옵소서.

오늘날 많은 어린이들에게 발생되는 문제도 궁극적으로 저희 어른들의 이기심과 무관심 속에서 빚어진 것임을 고백합니다. 주님께서 본을 보여주신 대로 어린이를 진정으로 이해하고 받아들이고 아끼지 못했습니다. 어른 입장에서 아이들에게 무조건적으로 강요하기만 했던 독선적인 모습이었음을 고백합니다. 이 시간 부모 된 입장에서 자녀들을 진정으로 사랑하지 못했던 것을 회개하오니 용서하여 주시옵소서.

사랑이 많으신 주님!

저희 교회에 속해 있는 어린이들뿐만 아니라 이 민족, 이 세계 안에 속해 있는 모든 어린이들을 기억하시고 험하고 죄악이 많은 세상에 물들지 않고 정직하게 자랄 수 있도록 인도하옵소서. 특별히 믿음을 주셔서 주님을 섬기고 있는 어린이들이 세상을 밝게 비추는 진리의 등불들이 되게 하시고 세상의 불의와 타협하지 아니하며 하나님을 온전히 섬기는 자녀들로 성장케 하옵소서. 믿음의 좋은 군사로 쓰임받기에 부족함이 없는 일꾼들이 되게 하여 주시옵소서.

어린 자녀들을 양육하는 부모들도 붙잡아 주시고, 어렵고 고통을 받는 환경에 처할지라도 어린 생명들을 해하거나 버리는 일이 없게 하시며, 부모 된 자로서 책임을 다할 수 있도록 붙잡아 주옵소서. 또한 건강하게 자라야 할 자녀들이 부모의 허영과 사치 속에서 멍들어 가고 있는 어린이들도 있습니다. 부모로서 자녀에게 보여주고 심어줘야 할 것이 무엇인지 올바로 깨닫게 하시고, 자녀를 유기하는 무책임한 모습이 발견되지 않도록 지켜주시옵소서.

어둠을 밝히는 빛이신 주님!

주님께서 교회를 사랑하시고 세워주셨습니다. 사랑 많으신 주님의 형상을 잘 드러낼 수 있는 교회들이 되게 하시고, 특별히 때 묻지 않은 어린이들에게도 빛 되신 주님을 알려주고 주님의 사랑을 심어주는 교회들이 되게 하여 주시옵소서.

오늘 어린이 주일로 기념하여 드리는 이 예배가 차별 없이 사랑을 쏟아 부으신 주님의 사랑을 심령 깊숙이 새기고 닮을 수 있는 복된 시간이 되게 하옵소서.

말씀을 전하시는 목사님께 성령의 능력으로 인도하여 주옵소서.

예수 그리스도의 이름으로 기도드립니다. 아멘.

2

은혜로우신 하나님!

우리로 하나님의 자녀를 삼으신 은혜를 감사드립니다.

언제나 주님 안에서 자녀로서의 삶을 바르게 살아갈 수 있도록 도와 주옵소서. 우리에게 귀한 가정을 허락하여 주신 하나님께 감사드립니다. 또한 우리들에게 사랑스런 자녀들을 선물로 허락하시고 자녀들로 인하여 기쁨을 얻게 하시니 더욱 감사합니다.

세상이 점점 더 악하여지고 살아가기 힘들어지고 있습니다. 주님께서 어린아이들을 안아 주시고 사랑하여 주신 것같이 우리의 자녀들도 주님의 사랑으로 잘 자라나서 하나님의 귀한 자녀들이 되기를 원합니다. 하나님의 성품을 닮은 훌륭한 인격자로 길러 주옵소서.

어린아이를 품에 안으시고 축복해 주셨던 주님!

우리의 자녀들을 이 시간 주님의 품에 안아 주시고 복을 주시옵소서. 우리의 자녀들이 하나님의 말씀과 성령님의 지혜로 총명하게 자라서 하나님의 귀한 복음을 전하는 사역의 일군들이 되게 하여 주옵소서.

어린아이와 같지 아니하면 결단코 천국에 들어올 자가 없다고 하신 주님!

우리 어른들에게도 어린아이들처럼 순수하고 아름다운 마음을 주옵소서. 어른들이 아이들의 모범이 되게 하시고 올바른 행동으로 어린이들을 바른 길로 인도할 수 있도록 도와주옵소서. 특별히 교회 교육을 담당하고 있는 교사들을 사랑해 주시고 진리의 말씀으로 잘 양육할 수 있는 지혜를 허락하여 주옵소서. 우리 교회가 어린 새싹들을 양육하는 일에 더욱 힘쓰며 아낌없이 투자할 수 있도록 도와 주옵소서. 우리 이웃의 어린아이들에게도 관심을 가지고 하나님에게로 인도할 수 있는 지혜를 우리에게 허락하여 주옵소서. 특별히 부모님이 안 계시는 아이들과 불우한 환경에 처해 있는 아이들을 기억하시고 주님의 풍성한 사랑을 입게 하옵소서. 또한 우리 자녀들을 노엽게 하지 않고 오직 주의 교양과 훈계로 양육할 수 있도록 지혜로 인도하여 주옵소서.

예수님의 이름으로 기도드립니다. 아멘.

3

사랑의 주님!

주님이 세우신 귀한 가정마다 어린 생명들이 태어나게 하시고 건강하게 자랄 수 있도록 인도하여 주시니 감사드립니다. 오늘은 특별히 어린 아이들을 지극히 사랑하신 주님을 본받아 티 없이 맑고 깨끗한 어린 생명들을 생각하는 주일로 지키게 하시니 감사드립니다. 이 시간 어린아이 같은 마음을 가지고 예배드리기를 원하는 저희들 가운데 임재하셔서 찬양과 경배를 받으시옵소서.

은혜의 주님!

어린아이들과 같이 되지 아니하면 천국에 들어가지 못할 것이라고 말씀하신 주님의 말씀을 심령에 새겨봅니다. 천국 백성의 모습과 사뭇 멀어진 저희들이었습니다. 저희의 마음은 온갖 사욕으로 가득 차 있어 순진하고 깨끗한 어린아이 마음같이 되지를 못했습니다. 남의 눈치 보기에 익숙한 눈이 되어 어린아이처럼 순수하지 못했습니다. 말과 행동도 거칠고 자유분방했고 모든 것이 어린아이 같은 마음과 반대되는 것들 뿐이었습니다. 저희들의 이 못난 모습을 불쌍히 여기시고 긍휼을 베푸시고 용서하여 주시옵소서. 어린아이들 같이 주님을 믿고 따르는 저희들 되게 하시고 어린아이들 같이 천국에 합당한 자녀들이 되게 하옵소서.

어린이를 사랑하신 주님!

이 땅에 사는 모든 어린이들에게 복을 주시옵소서. 어린 마음속에 믿음을 간직하고 하나님을 경외하는 법을 배우며 자라게 하시며, 세상에 잘못 돋아난 독버섯 같은 존재들이 되지 않도록 진리의 말씀으로 강하게 붙잡아 주옵소서. 모든 어린이들이 주님의 날개 아래서 세상을 밝게 비추는 등불이 되게 하시고 그 어떤 불의와도 타협하지 아니하고 정직한 사람으로 성장하기에 부족함이 없도록 이끌어 주옵소서. 특별히 부모가 없거나 부모의 사랑을 받지 못하고 있는 어린 아이들을 위로하여 주시고 병들고 장애를 가졌거나 정신이 박약한 어린이들에게도 치유와 용기의 은총을 주시옵소서.

자비로우신 주님!

어린아이를 양육하고 있는 부모들을 위해서 기도합니다. 자녀들이 신앙적인 분위기 속에서 잘 자랄 수 있도록 신앙의 모범을 보이는 부모들이 되게 하옵소서. 자녀들이 믿음으로 성장하여 사회나 교회에서 귀하게 쓰임 받는 재목들이 될 수 있도록 주님의 계명과 법도로 잘 양육할 수 있는 부모들이 되게 하여 주시옵소서.

주님의 교회에서 어린이들의 신앙교육을 전담하고 있는 주일학교가 있습니다. 신앙교육을 담당하고 있는 모든 교사들에게 함께하셔서 백지와 같은 어린 심령 속에 주님의 형상을 닮아가는 신앙교육을 잘 시킬 수 있도록 지혜를 주시고, 어린 심령들에게 믿음을 심어주는 것이 무엇보다도 주님이 주신 중요한 사명인 것을 깨달아 충성을 다하는 교사들이 되게 하옵소서.

오늘 어린이 주일을 맞이하여 주님의 귀한 말씀을 선포하시는 목사님을 성령의 능력으로 붙드시고 말씀을 듣는 저희 모두가 어린 아이들에게 어떻게 행할 것인가를 깊이 깨닫는 시간이 되게 하옵소서. 찬양으로 주님께 영광 돌리는 찬양대를 기억하시고 입술의 찬양이 아닌 중심의 찬양이 되게 하셔서 주님께 온전한 영광이 되게 하여 주시옵소서.

예배를 돕는 손길들도 기억 하시고 저들의 수고가 더해질 때마다 주님이 채우시는 신령한 은혜가 저들 가운데 있게 하시고 샘솟는 기쁨이 있게 하여 주시옵소서.

예수 그리스도의 이름으로 기도 드립니다. 아멘

어버이 주일

1

하나님 아버지!

주님의 은혜에 감사드립니다.

지난 한 주간도 저희들을 지켜 주시고 하나님을 사모하는 마음으로 예배드릴 수 있는 복을 주셨으니 감사합니다. 오늘은 어버이 주일로 하나님께 영광을 돌립니다. 일찍이 저희들에게 부모님을 선택하시어 저희들을 이 땅에 보내 주시고 저희들이 부모로서 자녀로서 주님의 뜻하신 일을 가정을 통하여 이루도록 복 주신 것을 감사드립니다.

하나님께서 주신 이 땅의 모든 것 가운데 다른 어떤 것과도 비교할 수 없는 사랑의 어머니, 삶이 고단하고 괴로울 때 저희와 함께 하는 따뜻한 이름 어머니! 어디에 계시든지 우리에게 고향의 강이 되는 늘 변함없는 어머니의 사랑 주심을 감사드립니다. 그러나 바쁜 세상 핑계로 나 자신과 나의 가족의 앞길 가리기에 급급하다 제대로 효도하지 못했던 것을 용서하여 주옵소서. 지금이라도 어머니에 대한 작은 보답으로 시작할 수 있는 감사와 은혜의 마음을 주시옵소서.

가장인 아버지가 먼저 하나님 앞에 온전히 서게 하옵소서. 육체적으로는 물론 영적으로 정신적으로 성결한 아버지가 되어 하나님께서 계획하신 소중한 가정을 리드하는데 부족함이 없도록 인도하옵소서.

특별히 엄마, 아빠가 없는 어린이들을 지켜주시고 하늘나라가 주는 비전을 볼 수 있도록 도와주시옵소서. 장애를 가진 어린이에게는 단점을 극복하여 약함이 강함으로 나타나는 복으로 인도하시길 간절히 기도드립니다.

가정의 달에 가정이 부모와 자녀가 서로 섬김을 실천하는 곳이 되어 더욱 많은 감사가 가정의 사역을 통해 일어나도록 인도하여 주시고 넘치는 겸손과 사랑이 이웃과 성도들에게도 전해 질 수 있도록 하옵소서.

하나님 아버지!

우리가 크리스천이라고는 하지만 내가 먼저 잘못했다고 주님 앞에 고백하지 못했습니다. 죄인이라는 의식을 가져 보지도 않고 어떻게 자신을 낮추며 십자가에 못 박히신 예수 그리스도를 마음에 품으면서 살아간다고 할 수 있겠습니까? 모세와 바울이 처음 하나님을 만났을 때 경외하며 두려워하는 마음을 가진 것 같이 저희에게 하나님을 경외하며 두려워하는 마음이 있게 하옵소서. 성령님께서 오셔서 심령을 깨워주시고 회개하고 참회하는 이가 되도록 도와주시옵소서.

믿는 자에게 능치 못할 자가 없다고 하셨으니 아프고 힘들어하는 성도들에게 담대한 믿음으로 회복되고 치유되는 체험을 주시옵소서. 여러 곳에서 주님의 이름으로 사역을 맡아 수고하시는 모든 분들을 기억하여 주시고 저들의 선한 양심을 움직여 주님의 뜻을 전하고 행하는데 부족함이 없도록 영육 간에 강함을 주시옵소서. 특히 어려운 환경에 목숨도 아끼지 않으며 헌신을 삶의 실천하는 선교지의 선교사들을 기억하시고 능히 이겨낼 수 있는 건강함과 지혜를 주시옵소서.

성가대의 찬양으로 준비된 마음과 정성을 드립니다. 드리는 찬양만큼이나 저희들에게 복이 되게 하시고 깊은 은혜의 체험을 하게 하옵소서. 감사하며 예수님이름으로 기도드립니다. 아멘.

2

만복의 근원 하나님!

"너희 아버지와 어머니를 잘 섬겨라. 그러면 나 여호와가 너희에게 준 이 땅에서 너희를 오래 살게 할 것이다." 약속이 보장된 첫 계명을 말씀하신 하나님 아버지께 영광을 돌립니다. 어버이주일을 맞이하여 감사와 찬양과 기도를 드리오니 우리의 예배를 받으시옵소서.

사랑의 하나님!

저희들은 낳으시고 길러주신 부모님의 수고를 쉽게 잊어버리고 살아왔으며 자식을 위한 기도를 드리는 부모님의 정성을 기억하지 못했습니다. 또한 받은 은혜를 모두 갚기도 전에 부모님은 우리 곁을 떠난다는 정한 이치를 깨닫지 못했습니다. 우리의 불효를 용서하여 주시옵소서.

천지를 지으신 하나님!

지금까지 주님의 계명을 떠나 살며 주님의 뜻을 따르지 않고 부모님의 마음을 안타깝게 해드렸던 모든 잘못을 고백하오니 용서하여 주옵소서. 그리스도의 십자가 보혈로 깨끗케 하여 주옵소서.

푸른 산천과 갖가지 꽃들이 어우러진 아름다운 계절에 주님의 위대하심을 찬양합니다. 우리의 삶도 희망과 기쁨이 넘치게 하시고 우리의 심령에 하나님의 사랑과 말씀이 충만하여 이 땅에 사는 동안에 부모님께 효도하며 행복을 누리게 하옵소서.

교회의 머리가 되시는 주님!

하나님의 영광이 머무는 거룩한 주님의 몸 된 교회가 세상에서 방황하는 불쌍한 영혼들의 피난처가 되게 하시고 주님께 돌아오는 백성에게 안식과 평안을 주시옵소서.

말씀을 선포하시는 목사님께 성령님이 함께 하셔서 선포되는 말씀대로 부모님을 공경하여 주님이 약속하신 복을 받게 하시고 모든 부모님들에게는 큰 위로가 되게 하시옵소서. 어버이 주일에 성도 모두에게 주님을 섬기는 마음으로 육신의 부모님께 효도하기를 결단하는 시간이 되게 하옵소서.

예수님의 이름으로 기도드립니다. 아멘.

어버이주일(어린이 예배)

어버이 주일이에요. 부모님께 꽃을 달아 드리고 선물도 드렸어요. 아이처럼 기뻐하시는 부모님의 얼굴을 보니 정말 기뻐요. 꼭 어버이날만이 아니라 다른 날에도 엄마 아빠에게 기쁨을 드리고 싶어요.

싫어! 라는 말을 버리고, 감사드려요! 사랑해요! 알겠어요! 라는 말을 하겠어요.

엄마 아빠의 기대에 어긋나지 않는 착한 어린이가 되도록 도와주세요.

그런데 사고나 병으로 부모님을 잃은 친구들도 있어요. 하나님께서 친구의 마음을 위로해 주시고 새 힘을 주세요.

예수님의 이름으로 기도드립니다. 아멘.

스승의 주일

살아계신 하나님!

귀한 이 시간 우리를 주님 전으로 불러주시어 감사와 찬양으로 하나님께 예배드릴 수 있게 하신 것을 감사합니다.

저희들은 지난 한 주간도 세상 속에서 정말 바쁘게 살았습니다. 세상적인 즐거움과 힘든 경쟁 속에서 하나님을 잊고 살다가 힘들고 지친 모습으로 주님께 나왔습니다. 저희들이 잘못한 것으로 주님의 마음을 아프게 해드린 것이 많이 있습니다. 이 시간 저희들의 회개를 들어주시고 용서하여 주시옵소서.

주여! 저희들을 특별히 사랑하시어 주님의 자녀 삼아 주셨습니다. 정말 주님의 자녀된 것을 자랑스럽게 생각하며 기쁨과 감사의 모습이 되게 하옵소서.

우리를 주님의 말씀으로 인도하시는 목사님에게 늘 동행해주신 것을 감사합니다. 우리를 양육하실 때 더욱 능력을 더해주시고 귀한 말씀을 전하실 때에 지혜와 능력을 더해주소서. 목사님의 말씀에 권능을 허락하시고 목사님을 통하여 주님의 음성을 듣게 하옵소서. 목사님과 주님께서 함께 하시어 어린이 목회를 통하여 오직 주께만 영광 돌릴 수 있게 하옵소서.

하나님! 오늘은 스승의 날입니다. 우리를 위해 기도와 말씀을 통하여 주의 계명과 법도로서 주께로 이끄시는 선생님께 감사드립니다. 건강주시고 가정이 주님의 은혜 안에서 복되게 하시고 사업장과 직장에 큰 복을 내려 주옵소서. 예수님 이름으로 기도하옵나이다. 아멘.

세계선교주일

영원토록 동일하신 하나님!

세상에서 미련하고 연약한 저희들을 택하셔서 힘을 주시고 담대하게 하시니 진실로 감사합니다. 어려움에 있었던 성도들의 생명을 보호하시고 자비의 손길로 구원하신 주님의 성호를 찬양합니다.

우리의 기도와 소원을 들어주신 하나님!

하나님이 세워주신 이 성전을 예배 때마다 가득 차는 은혜를 베푸시옵소서. 한 사람의 생명도 멸망받기를 원치 않으시는 하나님 아버지의 뜻을 따르는 저희들이 되게 하옵소서. 오늘은 총회가 제정한 세계선교주일입니다. 선교가 모든 교회의 사명이며 그리스도인들에게 주어진 지상명령임을 믿습니다. 아직도 예수 그리스도의 복음을 듣지 못한 사람들이 많습니다. 한국 교회를 부흥케 하시고 사랑하신 하나님께 감사하며 해외 선교에 적극적인 참여로 보답하게 하옵소서.

특별히 세계 도처에서 목숨을 아끼지 않고 선교 사역을 감당하는 선교사들을 위해 기도합니다. 어려운 현지 상황을 극복하며 희생하는 헌신을 위로하옵소서. 온 세계에 파송된 선교사와 파송한 우리 교단의 사업 위에도 함께 하셔서 하나님의 큰 역사를 이루시옵소서. 선교사들을 위한 재정 후원과 기도로 많은 열매를 거두게 하옵소서.

하나님 아버지!

사람을 강권하여 내 집을 채우라 하시는 주님의 음성에 저희가 순종합니다. 저희가 많은 사람들이 구원받도록 전도하는 일에 앞장서게 하시고 주님의 성전을 가득 채우도록 앞장서는 성도들이 되게 하옵소서.

말씀을 선포하실 목사님에게 영육의 권능으로 함께 하셔서 모든 성도들이 말씀으로 변화되어 성령 충만한 예배자가 되게 하옵소서. 찬양대의 찬양과 기도를 받으시옵소서.

예수 그리스도의 이름으로 기도드립니다. 아멘.

현충일

살아계신 하나님!

현충일을 맞은 이른 아침에 조국과 민족을 위해 기도드립니다. 우리 선배들은 조국을 지키기 위하여 십여 살의 어린 나이에 전장으로 끌려가 어머니를 외치며 쓰러져갔습니다. 젊음을 불태워 이 나라를 지키던 학도병들의 숭고한 뜻을 새기며 국가와 민족을 위해 헌신하신 선열들 앞에 삼가 머리를 숙입니다. 그러나 현충일에 드물게 게양된 태극기를 바라보며 안타까운 마음으로 주님 앞에 섰습니다. 한때 암울했던 이 민족을 사랑하셔서 전쟁의 폐허와 쓰라린 상처를 싸매어주시고 오늘날 세계 속의 한국으로 번성케 하신 하나님께 감사와 영광을 올려드립니다.

그러나 산업사회를 거치고 정보화시대에 접어들면서 일등이 아니면 살아남지 못하는 현실 앞에서 자신만을 생각하는 개인주의로 말미암아 오직 자신만 잘살기 위해 그 어떤 부정부패라도 일삼는 행위들이 일어납니다. 이러한 보도를 볼 때마다 오직 조국을 사랑하고 민족을 사랑하는 마음으로 기꺼이 한목숨 바쳐 조국을 지켰던 이들의 정신이 오늘을 사는 우리들에게는 점점 훼손되고 퇴색되어지는 것 같아 부끄러운 마음 금할 길 없습니다.

말살될 위기에 처해있던 민족을 구원하기 위해 죽으면 죽으리라는 각오와 신앙으로 살았던 에스더의 신앙과 용기를 기억합니다. 이제 이 땅에 하나님께서 부르신 일천만 하나님의 택한 백성들이 있음을 감사드립니다. 이제 택한 백성들에게 사명을 주셔서 이 민족의 영존과 번영을 위해 기도하게 하시고 온 국민들로 하여금 나라를 사랑하는 마음이 충만하도록 하나님께서 택한 백성들이 앞장서게 하옵소서. 정직한 마음으로 두렵고 떨리는 마음으로 이 나라를 가꾸어가게 하시옵소서.

이 나라가 정치적으로나 경제적으로 매우 어려운 처지에 놓여 있습니다. 나라를 이끌어나가는 대통령을 비롯한 모든 공직자들이 겸손함을 잃지 않게 하시고 백성을 존중히 여기며 사리사욕에 눈이 어두운 사람들이 되지 않게 하시옵소서. 특별히 역사적인 남북 정상회담이 평양에서 열리게 됩니다. 대통령에게 지혜를 주시옵소서. 이 회담으로 인하여 서로가 오고가며 일천만 이산가족의 상봉도 이루어지고 복음으로 이 나라가 통일되게 하여주시옵소서. 그리하여 평화로운 대한민국을 우리 후손들에게 물려줄 수 있도록 도와주시옵소서.

예수님의 이름으로 기도드립니다. 아멘.

맥추감사주일

구원의 날에 우리를 도와주신다고 약속하신 하나님!

우리의 죄과를 묻지 않으시고 말씀으로 그리스도 안에서 하나님과 화해하게 하심을 찬양합니다. 오늘은 이스라엘 백성에게 율법을 내리시고 주님의 백성으로 삼으신 오순절이며 맥추감사주일입니다. 지난 해 추수감사절 이후로 처음 익은 열매를 봉헌하오니 우리에게도 초대교회처럼 성령이 임하게 하옵소서.

예수 그리스도로 말미암아 우리에게 화해의 직분을 맡겨 주신 하나님!

예수님께서는 숨을 거두시는 마지막 순간에도 자신에게 해를 끼친 사람들을 용서하셨습니다. 이 악한 세대에서 우리를 건지시려고 갈보리 언덕에서 예수님이 고난을 당하게 하시고 우리의 죄를 대속하신 하나님의 은혜를 감사드립니다.

하나님 아버지!

악이 관영한 이 세상을 이길 희생과 사랑을 간절히 소원합니다. 하나님의 뜻을 멀리하면 고통일 뿐이며 하나님이 우리에게 가르치신 사랑은 스스로 약해짐으로써 그 고통을 흡수해야 된다는 것을 깨달았습니다. 비록 느리고 어려운 길이더라도 하나님은 사랑이시오니 저희가 모두 죽음에서 부활하신 신앙을 갖게 하옵소서.

생명의 떡과 잔을 허락하신 하나님!

이 시간 성찬을 나누며 죄로부터 구원해 주신 하나님을 기리게 하시니 감사드립니다. 우리가 당할 고난을 대신하신 예수님을 믿는 믿음으로 교회가 하나 되게 하는 책임 있는 성도가 되게 하옵소서.

거룩하신 하나님!

오직 겸손과 헌신으로 우리의 도리를 다 할 수 있도록 도와주옵소서. 행여 악의 무리가 틈탈까 두렵사오니 주님의 오른손으로 우리를 붙들어 주시옵소서. 맥추감사주일로 예배하는 이 나라의 온 교회 위에 하나님께서 같은 은혜를 베푸시고 하나님께서 지도자로 부르셔서 말씀을 선포하시는 목사님의 영육을 강건케 하옵소서. 함께 자리한 모든 성도가 말씀대로 순종하고 복종하여 복 받게 하옵소서. 하나님께서 세상에서 가장 소중히 여기시는 교회와 기쁘게 받으시는 예배를 위하여 여러 가지 은사로 섬기는 손길을 기억하옵소서.

우리 구주 예수 그리스도의 이름으로 기도드립니다. 아멘.

여름성경학교를 위한 기도

1

사랑의 하나님!

벌써 여름성경학교 시즌이 다가 오고 있습니다. 그 동안 저희 어린이들을 사랑하여 주시고 주님의 그 사랑 안에 신앙이 자랄 수 있도록 인도하여 주신 은혜에 감사를 드립니다.

하나님!

이제 우리 어린이들이 방학을 하면 여름성경학교를 하게 됩니다. 이번 여름성경학교는 특별히 교회에서 진행하지 아니하고 외부로 나가서 진행을 하게 됩니다.

외부에서 여름성경학교가 진행되는 만큼 여름성경학교가 진행되는 동안 안전사고가 발생하지 않도록 우리 어린이들을 보호하여 주시길 기도합니다. 또한 외부에서 오랜만에 진행되는 만큼 이번 여름성경학교를 통해서 우리 아이들의 신앙이 많이 성장하기를 기도합니다. 여름성경학교를 준비하는 기간 동안에 주제에 맞는 좋은 프로그램들 준비하게 하시고 그 프로그램을 통해서 우리 어린이들의 믿음을 튼튼히 세워주시길 기도합니다. 이번 여름성경학교를 통해서 우리 어린이들이 성령님을 체험하게 하시고 하나님께 깊은 기도를 드릴 수 있도록 인도하여 주시길 기도합니다.

하나님!

여름성경학교의 모든 것을 하나님께 맡깁니다. 저희들이 기도하며 준비할 때 하나님께서 저희들에게 지혜를 주시고 저희 어린이들을 인도하여 주옵소서.

우리 어린이들을 너무너무 사랑하시는 우리 주 예수 그리스도의 이름으로 기도드립니다. 아멘.

2

은혜롭고 사랑이 많으신 하나님 아버지!

연약한 저희들을 더 이상 죄 아래 살지 않게 하시고 그리스도 예수 안에서 충만한 은총 아래 살게 하시니 감사드립니다. 더욱이 완악한 저희 심령 속에 늘 변화를 주시어 주님의 사랑을 시시각각으로 깨닫도록 하심을 감사드립니다. 삶의 긴박함 때문에 가졌던 온갖 추하고 어긋난 생각들을 이 시간 깨끗이 회개하게 하시고, 넉넉한 여유와 은총으로 찾아오시는 하나님과 행복한 대화를 나누는 예배가 되게 하시옵소서. 오직 저희 마음속에 주님만 계시는 시간이 되게 하옵소서.

자비로우신 주님!

이 시간 한 주간 동안의 삶을 더듬어 보면서 주님 앞에 회개합니다. 죄악 된 세상에 살다보니 죄의 종이 되어 주님의 자녀로서의 자격을 잃어버린 몸이 되었습니다. 늘 저희에게 구원의 길을 밝게 비추셨지만 저희는 그릇되어 파멸의 길로 달려갔습니다. 이 어리석음을 고백하옵고 주님의 자비를 구합니다. 죄악을 기억하지 아니하시겠다는 약속을 믿고 다시금 소망을 얻은 저희들이 주님 앞에 엎드립니다. 자비를 베푸시고 용서하여 주시옵소서. 일상생활 속에서 저희에게 옳은 길을 제시하시는 주님의 음성을 듣고 승리의 길을 걸을 수 있게 하시옵소서.

은혜로우신 주님!

오늘도 이 전에 나와서 주님 앞에 예배드리기를 원하는 저희들 가운데 삶에 지치고 시달린 심령도 있습니다. 원치 않는 질병으로 고통에 신음하는 심령도 있습니다. 힘든 일이나 직장 생활로 힘겨워하는 심령도 있습니다. 여러 모양으로 고달픈 삶을 살고 있는 저들의 심령을 주님께서 친히 위로하여 주시고 그 어떤 상황에서도 좌절하지 않는 든든한 믿음을 소유할 수 있도록 은혜 베풀어 주옵소서. 무슨 일을 만나든지 주님의 사랑을 기억할 수 있게 하시고 능력 주시는 주님을 바라보며 승리하는 삶이 될 수 있도록 인도하옵소서.

능력의 주님!

주님께서 친히 세우신 교회를 위하여 기도합니다. 이 교회에 마음과 뜻과 정성을 다하여 주님께 예배하는 주의 백성들이 넘쳐나게 하시고 주님께 대한 헌신과 봉사가 살아있는 교회가 되게 하시옵소서. 무엇보다도 죄 많은 세상을 향해서 십자가의 복음을 담대하게 증거할 수 있는 교회가 되게 하시고 그 어떤 영혼이라도 주님의 능력으로 새로워지고 변화 받는 복된 동산이 되게 하시옵소서.

이제 교회가 여름철 행사로 교사 강습회와 여름 성경학교를 준비하고 있습니다. 준비하는 교사들에게 피곤하지 않도록 이끌어 주시고 지혜를 더하여 주셔서 어린 심령들이 성령의 능력을 체험하며 주님의 말씀을 따라 살려고 하는 다짐과 고백이 넘쳐나는 여름 성경학교를 준비할 수 있도록 붙들어 주시옵소서.

새롭게 하시는 주님! 계절적으로 무더운 여름 날씨이기에 육신이 지치고 피곤하여 신앙생활에 게을러지기 쉬우니 저희가 게을러지지 않고 오히려 더욱 열심 있는 신앙생활을 할 수 있도록 힘을 주시옵소서.

오늘도 주님의 말씀을 듣고 단 위에 서신 목사님을 성령의 능력으로 붙드시고 말씀을 귀 기울여 듣는 저희 모두에게 주님의 은혜를 깊이 경험하는 시간이 되게 하옵소서.

예수 그리스도의 이름으로 기도드립니다. 아멘.

3

하나님 아버지!

오늘 교사들과 모든 성도들이 한자리에 모여 하나님께 교사헌사예배를 드리게 됨을 감사드리며 영광을 올려 드립니다.

우리 자신을 돌아볼 때 하나님께서 주신 교사의 직분을 잘 감당하지 못함을 솔직히 고백합니다. 저희들의 게으름과 나태함과 연약함으로 인하여 하나님께서 우리에게 맡겨 주신 어린 영혼들을 잘 감당하지 못한 죄를 용서하여 주옵소서.

하나님! 오늘 헌신예배를 통하여 우리 교사들이 새롭게 결단하는 시간이 되게 하옵소서. 말씀을 전하실 목사님에게 영육간의 강건함을 주시어 우리에게 꼭 필요한 말씀을 주시옵소서. 말씀을 통하여 전무후무한 큰 은혜를 교사들과 성도님들에게 내려 주옵소서. 말씀을 통하여 큰 은혜와 도전을 받고 결단하게 하옵소서. 먼저 우리 교사들이 기도에 생명을 걸게 하옵소서. 그리고 한 영혼이상 전도하게 하옵소서.

성경학교 예배 시간마다 성령님을 체험하게 하옵소서. 모든 아이들이 교사들의 말씀을 통해 변화 받게 하옵소서.

금번 여름성경학교는 영적으로 먼저 준비되고 인적과 물적으로 충분히 준비되어 많은 열매를 거두게 하옵소서. 하나님께서 예비하여 주신 어린 영혼을 많이 보내 주옵소서. 보내주신 영혼을 교사들이 잘 감당케 하옵소서. 여름성경학교 이후 주일학교가 배가하는 역사를 체험하게 하옵소서.

우리를 구원하여 주신 예수님의 이름으로 기도 드리옵나이다. 아멘.

수련회

사랑이 풍성하신 하나님!

저희 교회를 사랑하셔서 하나님의 아름다운 자연 속에서 새롭게 신앙을 무장하고 심신을 단련시킬 수 있는 수련회를 갖게 하심을 감사드립니다. 금번 수련회 기간을 통하여 저희들의 신앙을 다시 한 번 점검할 수 있는 계기로 삼게 하시고 느슨했던 신앙을 돌아보며 영적인 각성이 있게 하시고, 심령을 내어 쏟는 회개와 더불어 심령의 불을 붙일 수 있는 더욱 큰 은혜를 사모하는 시간이 되게 하옵소서. 2박 3일의 짧은 기간이지만 저희들이 새롭게 변화 받고 성령의 큰 능력을 체험하게 하시고 저희들에게 향하신 주님의 놀라운 사랑과 은혜를 그 어느 때보다도 가슴 깊이 느끼는 복된 시간이 되게 하옵소서. 여기에 머무는 동안 서로를 위해 배려하고 봉사하며 희생하는 아름다운 모습이 더욱 넘쳐나게 하시고 겸손한 생활 태도를 익힐 수 있는 유익한 시간이 되게 하옵소서.

특별히 이번 수련회를 위하여 오래 전부터 땀과 기도로 준비한 분들이 있습니다. 복된 수련회가 되기 위하여 수고한 손길마다 갑절의 은혜를 주시고그 수고가 결코 헛되지 않았음을 귀로 듣고 눈으로 보는 복스런 시간이 되게 하옵소서. 여러 가지 프로그램을 준비한 진행위원에게도 함께 하셔서 준비한 모든 것들이 저희 모두에게 큰 유익이 되게 하시고 시간 시간마다 큰 비전을 가지는 귀한 시간들이 되게 하옵소서. 이 수련회를 돕기 위하여 함께 오신 목사님, 전도사님, 장로, 권사, 집사들께도 은혜가 넘치게 하시고 그 심령이 더욱 복되게 하옵소서.

수련회 기간 동안 날씨도 주관하여 주셔서 불편하거나 어려움 당하지 않게 하시고 준비한 모든 프로그램들이 주님의 은혜 가운데 잘 진행되게 하옵소서. 그 어떤 미미한 불미스러운 일도 발생하지 않도록 성령의 검으로 막아 주시옵소서. 성삼위 하나님께서 홀로 영광 받으시옵소서.

예수 그리스도 이름으로 기도드립니다. 아멘.

광복주일

1

저희를 위로해주시는 하나님!

고난과 시련의 역사를 거듭해 온 이 민족을 긍휼히 여기사 해방의 기쁨을 주시니 감사드립니다. 주님의 도우심으로 민족의 통일을 이루기까지 희망을 가질 수 있도록 꿈을 주옵소서. 여러 가지 절망과 염려로 삶을 포기한 채 고통하고 있는 사람들을 위로하여 주옵소서. 이 무더운 계절에 믿음마저 메마르지 않도록 붙들어 주시며 낙망을 이기고 승리하는 저희들이 되게 하옵소서.

이 민족을 사랑하시고 해방의 은총을 주신 하나님!

아직도 하나님을 온전히 섬기지 못하고 죄악 속에서 방황하는 이 백성들을 긍휼히 여겨 주시옵소서. 부정과 불의와 불신과 갈등 속에서 방황하는 이 백성들로 니느웨 성의 회개가 있게 하시며, 하나님을 찾고 하나님께로 돌이키는 역사가 있게 하시옵소서. 하나님을 경외하는 신앙의 사람, 정의의 사람들로 충만케 하옵소서. 무엇보다 이 백성들이 과거의 고난과 서러움을 잊지 말게 하시고, 이를 거울삼아 근신하고 경계함으로써 결코 같은 죄를 다시는 범하지 말게 하시며 같은 고난으로 고통을 받지 않도록 도와주시옵소서.

이 땅의 지도자들을 기억하시길 원합니다. 아직까지도 백성의 아픔은

뒤로한 채 당권을 키우기 위하여 본분을 망각하는 일을 아무런 양심의 가책도 없이 태연하게 일삼고 있습니다. 이권을 확보하는 데만 지혜를 모으는 지도자들이 되지 않게 하옵소서. 목숨을 초개같이 버리며 나라와 민족과 백성을 사랑했던 조상들처럼 민족에 대한 사랑과 책임의식을 가지고 공무에 충실히 임할 수 있는 지도자들이 되게 하여 주시옵소서. 대통령을 비롯하여 각계 장관과 모든 공무원들에게 정직한 지도력과 지혜를 주시옵소서. 진정으로 이 백성의 설움을 달래줄 수 있는 정부가 되게 하시고 백성으로부터 외면당하는 정부가 되지 않도록 도와주옵소서.

오늘날 하나님의 교회와 하나님의 백성들이 고난 중에 신실함을 증거했던 신앙의 선배들의 믿음과는 달리 집단 이기주의에 사로잡혀 교회로서 해야 할 사명을 망각하고 있습니다. 복음을 파종하기 위해서 고난을 두려워하지 않고 믿음의 길을 달려갔던 신앙의 선배들처럼 교회 내에 복음의 본질이 왜곡되고 화석화되어가는 것을 재앙으로 생각하며 십자가의 정신으로 분연히 일어설 수 있는 교회들이 되게 하옵소서. 교인의 숫자를 자랑하기보다는 주님께 쓰임 받는 일꾼을 자랑하는 교회가 되게 하시고, 화려하고 웅장한 건물을 내세우기보다는 십자가의 정신으로 무장된 믿음의 사람을 자랑하는 교회가 되게 하옵소서. 이와 같은 교회로 하여금 부패와 부정에 굳어버린 이 사회를 기경하게 하시고 병들어가는 조국을 건지는 구명선이 되게 하시옵소서.

오늘도 시대의 아픔을 안타까워하며 말씀으로 치유되길 간절히 열망하는 마음으로 영적인 부담을 안고 단 위에 서신 목사님을 기억하시고 말씀을 전하실 때마다 권세를 더하셔서 죄악을 태우고 사르는 불의 말씀, 치료의 말씀이 되게 하시옵소서.

예수 그리스도의 이름으로 기도드립니다. 아멘.

2

우리를 자유케 하시며 해방을 주신 하나님!

동방의 작은 나라, 아직도 분단된 아픔을 안고 살아가는 서글픈 나라이지만 그래도 이 민족을 사랑하시는 하나님! 오늘도 한국의 모든 교회와 믿음의 백성들이 일제히 엎드려 해방의 감격을 주신 하나님께 감사와 영광을 돌립니다.

그 기쁨을 맛본 지 육십년이 넘었습니다. 남북이 모두 회개하지 못했던 지난 세월을 용서하여 주시고 해방의 희년을 불일치의 상태로 맞아야 하는 이 민족을 긍휼히 여기옵소서. 새로운 일치의 과업을 지금 이 순간부터 시작하게 하옵소서. 더 이상 옛 이스라엘과 유다처럼 한 민족이 남북으로 나뉜 채 서로 미워하고 싸우며 오랜 세월을 보내는 일이 없게 하옵소서. 어서 속히 회개하고 겸손히 하나님께 돌아와 하나님의 뜻을 이루는 민족이 되게 하옵소서.

은혜롭고 자비로우신 하나님!

저희들에게 조상들의 믿음을 본받을 수 있는 은혜를 허락하여 주옵소서. 21세기를 맞이한 한국교회는 말할 수 없이 비대해졌지만 교회마다 십자가 정신이 사라지고 있고, 영적 충만 대신 우정으로 충만해지는 현상이 나타나고 있습니다. 십자가 없는 교회는 없지만 십자가를 붙들지 않는 교회는 계속적으로 늘어만 가고 있습니다. 오늘의 교회와 성도들이 무엇보다도 세상과 타협하지 아니하고 오직 예수 십자가만 붙들고 순교의 자리까지 기쁨으로 나아갔던 조상들의 믿음을 본받을 수 있도록 은혜를 부어주옵소서. 안일과 적당주의로 신앙생활할 수 있으리라는 망상은 버리게 하여 주옵소서. 그 어떤 핍박이 온다할지라도 넘어지지 않고 꿋꿋하게 주님의 뜻을 높이며 그 뒤를 따를 수 있는 참된 믿음을 소유하게 하옵소서.

오늘 이 시간! 이 예배를 통해 무엇보다도 저희들의 잘못된 사고방식과 잘못된 신앙관을 고치고 주님의 자녀에 합당한 믿음을 지니도록 거듭나는 시간이 되기를 원합니다. 주님이 말씀 중에 역사하셔서 저희의 사악한 심령을 도말하시고 정케 하사 오직 주님을 사모하는 마음으로 가득차게 하옵소서.

사랑의 주님!

저희가 드리는 광복절 기념예배를 받으시고 이 예배 중에 성령이 임재하셔서 마음에 근심 있는 심령에게는 기쁨을 주시고, 절망에 빠진 심령에게는 소망을 주시어 주님 안에서 항상 기뻐할 수 있는 은총을 허락하여 주옵소서.

말씀을 들고 단 위에 서신 목사님을 성령의 권능으로 붙드시고 주님의 권세 있는 말씀이 선포될 때마다 심령의 해방이 이뤄지고 저희에게 향하신 주님의 크고 놀라운 뜻을 깨닫는 시간이 되게 하옵소서.

예배를 돕는 손길들이 있습니다. 몸을 깨뜨려 주님 앞에 헌신할 때

마다 주님을 높이는 삶이 되게 하시고 하늘의 상급이 넘쳐나게 하시옵
소서.

예수님 이름으로 기도드립니다. 아멘.

여름사역 보고회

살아계신 하나님!

오늘도 귀한 성일을 허락하시고 이른 아침부터 주의 성전에 나와서 진정과 충심으로 찬양과 경배를 드리게 하여 주심을 감사드립니다.

저희들의 마음과 입술에서 주님께 드리는 감사와 찬송이 끊어지지 않게 하소서. 오직 하나님만 바라고 하나님의 뜻 가운데 거하는 일을 기뻐하게 하소서.

영광과 존귀를 받기에 합당하신 주님!

영아부로부터 에녹부까지 여름 수련회를 통하여 많은 은혜를 받고 하나님께 영광 돌리게 하여 주심을 감사드립니다. 기도회를 통하여 하나님께 온전히 의뢰하는 모습을 배우게 하시고 수련회 기간 내내 작은 일에도 간섭해주시는 하나님의 섭리를 깨닫게 하여 주심을 감사드립니다.

사랑하는 많은 학생들이 수련회를 통하여 살아계신 하나님의 은혜를 체험하게 하여 주심을 감사드립니다. 수련회 준비와 기간 내내 헌신하신 모든 분들에게 주님의 놀라운 복이 임하게 하소서.

사랑의 하나님!

이제 수련회 준비하고 진행하는 동안 가졌던 선생님들의 열정들이 수련회로 끝나지 않게 하소서. 이제부터 한 영혼 영혼들을 위해서 더욱 더 기도하게 하여 주옵소서. 수련회를 통하여 성령으로 충만해진 학생들의 그 믿음이 이제 교회학교에서 아름다운 열매를 맺어가게 하옵소서. 교회학교 부흥의 원동력이 되게 하옵소서. 모든 교역자들과 선생님이 겸손히 주님께 무릎 꿇고 기도드림으로 성령 충만 가운데 늘 깨어있게 하소서. 먼저 삶에서 구별되고 모범되는 선생님들이 되게 하옵소서.

간절히 간구하기는 교회학교 교육이 세상을 닮아가지 않고 오직 하나님 중심에서 이루어지게 하옵소서. 영적 말씀의 가르침을 통해서 사랑하는 학생들이 주님 안에서 비전을 발견하고 그 소망을 이루기 위해 헌신할 수 있도록 가르치게 하옵소서. 이웃을 사랑하고 사회봉사를 통해서 하나님의 사랑을 실천하는 학생들로 성장하게 하옵소서

교육목사님께서 하나님의 말씀을 선포하십니다. 생명력이 넘치는 살아있는 말씀이 되게 하여 주셔서 이곳에 참석한 모든 성도들이 은혜로 충만하게 하옵소서. 늘 목사님의 건강을 지켜주시고 지혜를 허락하여 주셔서 학생들에게 영적 양식을 제공하는데 조금도 부족함 없도록 인도하여 주옵소서. 교사들이 주님께 마음과 정성을 모아 찬양을 드립니다. 주님이 기뻐 받아 주옵소서.

예수님의 이름으로 기도드립니다. 아멘.

추석

복의 근원되시는 하나님!

영광과 찬송과 존귀를 돌립니다.

우리의 형편과 처지를 아시고 복주시기를 원하시는 주님! 고유의 명절 한가위를 맞습니다. 우리의 모든 삶이 한가위만큼만 되게 하소서. 넉넉함으로 감사하는 마음 허락하소서.

"더도 말고 덜도 말고 한가위만큼"이라고 우리 옛 조상들이 불렀던 한가위 노래처럼 우리의 삶이 노래하고 춤추는 기쁨과 나눔으로 넉넉하고 화평한 삶이 되게 하소서.

그리움과 감사의 맘으로 고향을 찾는 이의 부풀어 설레는 넓고 포근한 가슴처럼 우리의 삶이 일 년 열두 달 삼백육십오 일 그리움과 기쁨의 만남으로 서로를 보듬고 안아주는 따뜻한 사랑의 삶으로 차고 넘치게 하소서.

서로가 손에 손을 잡고 춤추고 노래했던 강강수월래처럼 아름답게 하나 된 모습이 되기를 원합니다. 이웃과 더불어 떡을 떼며 한마음 되어 즐기고 어우러졌던 한가위 그 모습 그대로가 우리 일상의 삶이 되게 하소서. 풍년가를 부르며 하늘의 뜻에 감사했던 조상들의 경천보은(敬天報恩) 사상이 우리 삶의 규례와 법칙이 되게 하시고 한가위에 온 세상을 환히 밝힌 보름달처럼 우리의 모습도 밝은 모습으로 맑고 밝은 사랑의 빛이 되게 하소서.

한가위의 넉넉함과 풍요로운 모든 것들이 하나님께서 우리를 향한 귀하고 선한 뜻임을 우리 모두가 깊이 깨달아 알게 하시고 우리의 모든 삶이 하나님의 뜻에 부응하는 선하고 값진 아름다운 삶이 되게 하소서.

예수님 이름으로 기도드립니다. 아멘.

2

살아계신 하나님!

어제나 오늘이나 변함없이 사랑하시고 우리들을 지켜주신 하나님 아버지께 감사드립니다. 추석명절을 맞이하여 온 가족이 함께 모여 지난 날 동안 베풀어 주신 은혜를 생각하면서 주의 이름을 찬양하며 겸손히 주님 앞에 예배드리게 하심을 진심으로 감사드립니다.

지난날을 돌이켜 보면 하나님께서 베풀어 주신 은혜가 너무나도 놀랍건만 믿음이 부족하여 다 감사드리지 못한 저희들의 죄와 허물을 용서하여 주옵소서. 지난 과거 우상을 섬기며 살아온 이 나라와 민족에게 구원의 복음을 주셔서 생명의 길을 걷게 하시고 소망의 주를 바라보며 살게 하신 은혜를 감사드립니다.

사랑의 하나님!

저희 가정을 주의 사랑 안에서 거할 수 있도록 인도하여 주옵소서. 부모 형제 일가친척 모두가 주안에서 화목하게 하시며, 구습을 좇는 옛사람을 벗어 버리고 예수님의 사랑의 띠로 하나 되어 이웃에게 주의 사랑을 증거하며 살게 하옵소서. 때로는 어려움을 만나나 그때마다 십자가에서 승리하신 주님을 바라보며 굳센 믿음으로 극복할 수 있는 믿음을 주옵소서. 항상 성령께서 저희 가정을 이끄셔서 화평과 은혜와 사랑이 충만한 가정이 되게 하옵소서.

이 자리에 참석 못한 가족들, 멀리 나가 있는 가족들, 특히 어려움을 당하고 있는 가족들에게 하나님께서 늘 함께 하시고 새 힘을 주옵소서. 오늘 하루의 생활도 온전히 주님께 영광 돌리는 복된 하루가 되도록 인도하옵소서.

예수 그리스도의 이름으로 간절히 기도드립니다. 아멘.

추수감사절

1

우리를 풍성한 것으로 먹이시는 하나님!

아무것도 가진 것 없는 이 세상에 온 저희들이 주님의 은혜로 모든 것을 얻었음을 고백합니다. 늘 감사가 있게 하시고 감사를 고백하게 하소서.

자비하신 하나님!

오늘은 험난하고 복잡한 이 세상의 삶 가운데서도 그 동안 입을 것, 먹을 것을 주시고 베풀고 나눌 수 있도록 은혜주신 것을 감사합니다. 또한 이토록 풍성한 결실을 얻을 수 있도록 복을 주신 것을 감사하며 온 마음을 드려 영광 돌리게 하시니 감사합니다. 이 시간 저희들이 정성을 모아 드리는 이 예배를 받아 주시옵소서.

사랑의 하나님!

주님 앞에 감사보다 불평이 많았던 저희를 용서하시고 나누기 보다는 더 가지기 위해 애를 썼던 부끄러운 모습도 용서하여 주옵소서. 이 시간 주님의 보혈로 저희의 심령을 정케 하시고 정한 마음으로 예배케 하여 주옵소서. 삶 속에서 늘 풍성한 결실을 맺어서 소중한 열매를 주님 앞에 드리는 삶이 되게 하소서.

추수감사 주일을 맞이하여 저희들의 영혼의 추수를 되돌아봅니다. 주

변의추수할 많은 영혼들을 위해 계속 기도한 것을 기억하시고 주께서 합당한 때에 불러주시고 열매를 맺게 하여 주시옵소서. 영혼구원에 나태했던 저희의 모습들은 기억하지 마시고 이제부터라도 영혼의 추수에 최선을 다하게 도와주소서. 날마다 생명의 복음을 말과 행함으로 힘써서 전하는 저희들이 되게 하여 주시옵소서.

때를 따라 비와 햇빛을 내려 주시는 하나님! 이 풍성한 추수의 계절에 태풍과 재해로 고통을 당하는 이웃들을 기억하시고 아픔과 상처를 싸매 주시옵소서. 돕는 손길을 허락하시고 우리 또한 돕는 손길이 되게 하여 주옵소서. 용기를 주시고 더욱 더 하나님께 은혜와 사랑과 복을 받는 기회로 삼아 주시옵소서.

말씀을 전하는 자나 듣는 자가 하나 되어 하나님께 영광 돌리는 예배가 되게 하여 주시옵소서.

예수 그리스도의 이름으로 기도드립니다. 아멘.

2

거룩하신 하나님!

감사와 영광과 존귀와 찬송을 드립니다.

우주만물을 창조하시고 빛과 광명을 두시고 때에 따라 단비를 내리시는 하나님!

이 땅을 만드신 후 황무지로 두지 아니하시고 각종 곡식과 채소를 있게 하심을 감사드립니다. 올해에도 풍성한 수확을 하게 하신 하나님께 추수감사예배를 드립니다.

하늘과 땅의 만나로 영육을 살찌우게 하신 하나님! 감사로 예배드리는 이 시간, 몸과 마음과 물질을 하나님께 온전히 드리게 하옵소서. 지금까지 도우시고 지켜주신 하나님 아버지! 목마른 자들을 불러 모아 값도 없이 물을 주시고 먹을 것이 없는 자들에게 돈 없이 양식을 주시오니 감사합니다. 구원의 소식을 만방에 전할 주님의 제자가 되기 원하오니 크나큰 평화를 이 땅에 심게 하옵소서.

마지막 때에 추수할 일군을 부르시는 하나님!

곡식 단만 추수할 것이 아니라 주님이 택하신 알곡 신자들을 추수해 거두어들일 수 있는 일꾼으로 우리들을 세워 주옵소서. 세상 광풍에 시달려 고생하다가도 주님의 위로하심으로 믿음의 길을 힘겹게 걸어가는 저희들입니다. 오늘의 말씀을 통하여 주의 형상으로 변화되어 아멘으로 화답하는 심령마다 하나님의 풍성한 은혜가 넘치게 하옵소서.

영원한 사랑으로 자비를 베푸시는 하나님!

주의 전을 사모하면서도 병석에 누워있는 자들을 기억하시고 치료의 광선을 비춰 주옵소서. 속히 자리를 털고 일어나게 하옵소서. 우울증과 마음의 병으로 고생하는 이들에게 흑암의 세력을 끊을 수 있는 믿음을 주시고 주님을 영접함으로 모든 저주가 끊어지게 하시며 기쁨이 넘치는 가정으로 변화시켜 주시옵소서.

국가와 민족을 위해 나라의 부름을 받고 군대에 나가 수고하는 젊은 이들을 지키시고, 대학입시 준비로 인하여 지쳐있는 학생들에게 용기와 지혜와 총명을 주셔서 앞길을 인도하여 주옵소서.

전능하신 하나님! 이 나라의 5만 교회와 7천만 민족을 옳은 길로 인도하시고 하늘의 정의와 평화를 드러내게 하옵소서. 위정자들과 백성들이 하나님을 경외하게 하시고 타락과 불의가 성행하는 이 땅의 모든 백성들이 감사로 예배드리게 하옵소서. 허락하신 풍요로움으로 가난한 이웃들과 모든 것을 나눌 줄 아는 마음을 허락하옵소서.

주님! 처음 나온 이들에게도 복을 주시고 은혜 베풀어주셔서 기도하는 중에 계획하게 하옵소서. 기도하는 중에 새로 나온 형제자매의 마음을 열어주시며 새 생명으로 인도하여 주시고 주님의 자녀로 삼아 주시옵소서.

예배 후에 있을 사랑의 봉사 현장에도 하나님 함께 하셔서 우리가 나타나지 않게 하시고 오직 하나님의 사랑만 나타날 수 있게 하옵소서.

이 예배가 성삼위 하나님께는 영광이요 참예한 우리들에게는 은혜의 시간이 되게 하옵소서.

예수님의 이름으로 기도드립니다. 아멘.

3

만복의 근원되시는 하나님!

금년 한 해도 주님의 섭리 아래서 모난 것을 다듬고 연약함을 고치시고 하나님을 더욱 닮아가게 하시고 강하게 하시니 감사를 드립니다. 지금까지 많은 열매를 허락하여 주신 하나님 아버지께 감사함으로 추수감사예배를 드리오니 받아 주시옵소서.

오늘 주님의 성전에 머리 숙여 모인 성도들 한 주간 동안 추수감사절을 지키기 위해 새벽마다 기도하며 준비하였습니다. 한 사람 한 사람마다 드리는 성도들의 감사들을 기쁘게 받아주시고 복 주시기를 원합니다.

우리의 나약함과 부족함을 늘 아시고 채워주시는 하나님!

우리를 구원하시고 사랑하여 주시고 우리가 원하고 바라는 영원한 천국까지 인도하시기 위해 독생자 예수까지 내어주신 하나님의 사랑과 은혜에 감사드립니다. 저희가 이 시간 내려주시는 그 은혜가 얼마나 크고 귀한 것인지 감사하며 경배합니다.

왕이신 하나님!

지금 이 자리에 왕으로 임하시어 우리들의 심령을 다스려 주시고 우리 모두의 삶을 인도하사 주님 뜻대로 살게 하시옵소서. 우리가 배부를 때 저 한켠에서는 허기진 배를 움켜쥐고 배고파하는 많은 사람이 있는 것을 잊지 말게 하시고 우리만이 아니라 어려운 우리들의 이웃과 함께 할 수 있도록 우리들의 닫혀 있는 마음들을 열어주옵소서. 먹을 것을 찾아 목숨을 내 걸고 나온 북한의 탈북자들을 주님이 기억하시고 전쟁에만 광분하여 굶주려 고통을 당하고 있는 동포를 외면하는 북한의 위정자들의 마음을 변화시켜 주옵소서.

사랑의 하나님!

우리교회가 우리들만의 만족에 빠져 있지 않게 하시고 우리의 가진 것을 어려운 이웃과 함께 나누게 하옵소서. 우리의 삶에 늘 감사가 넘치게 하옵소서. 하나님이 허락하신 풍성함으로 저희 배만 채우지 않고 나누고 흘려보내는 은혜도 주옵소서.

오늘도 걸어서 주님 전에 나오게 하심을 감사드립니다. 오늘도 숨을 멈추지 않고 살아 숨 쉬게 하심을 감사하게 하옵소서. 우리에게 믿음에 믿음을 더 하시고 주님의 사역에 동참하게 하옵소서. 우리의 생업에 복 주심을 감사하게 하옵소서. 이 후로도 우리의 모든 삶을 지켜주시고 인도하시고 주관하여 주옵소서.

오늘 감사와 복 된 기쁜 소식을 듣고 단에 서신 목사님께 영력을 더하여 주시고 듣는 우리들의 믿음이 커가게 하옵소서.

예수님 이름으로 감사하며 기도드립니다. 아멘.

성탄절

1

평화의 왕으로 오신 하나님!

죄악가운데 빠져있는 인생들을 구원하시기 위해 친히 인간의 몸으로 오셔서 말구유에서 나시기까지 스스로 낮아지신 주님의 은혜와 사랑을 찬양합니다. 귀한 예물을 가지고 아기 예수를 찾아간 동방박사들처럼 저희도 이 시간 아기로 오신 주님께 경배를 드리옵나이다.

부족한 저희들을 위해 주님께서 하늘의 영광과 보좌를 버려두시고 낮고 천한 몸으로 이 땅에 오심을 감사드립니다. 주님께서 이처럼 저희들에게 베풀어 주신 은혜를 생각할 때마다 머리 숙여 주님께 감사를 드립니다. 특별히 많은 사람들 중에 저희를 택하여 주셔서 아기 예수를 영접하여 기쁘게 찬양드릴 수 있도록 은혜를 주시니 감사합니다.

사랑의 주님!

그동안 저희는 주님께서 베풀어주신 구원의 은혜를 감사할 줄 모르고 오만한 마음에 사로잡혀 입으로는 주님을 그리스도로 고백하면서도 주님께 마음과 정성을 드리기를 아까워하고 먼저 주님의 뜻을 생각하기 보다는 내 마음에 좋은 대로 살아왔습니다. 주님께서 낮고 천한 구유에서 태어나신 그 섬김의 자세를 본받으려 하기 보다는 형제들 사이에도 서로 섬김을 받으려고 아귀다툼하는 불쌍한 죄인들입니다. 주께서 이 불쌍하고 죄 많은 저희들을 용서하여 주서서 향유를 주님께 붓고 머리 털로 닦은 베다니의 여인처럼 정성을 다하여 주님을 섬기는 믿음을 허락하여 주시옵소서.

은혜의 주님!

말구유에 나신 아기 예수를 영접하지 못한 심령들이 있습니까? 어서 가서 아기 예수를 영접하여 사망의 권세 아래에서 놓임 받는 은혜를 얻게 하여 주시옵소서. 아직도 인생의 무거운 짐을 지고 고통을 당하고 있는 심령들이 있습니까? 오신 구원의 주님 앞에 무거운 짐을 다 내려놓고 앞으로의 인생을 온전히 주님께 맡기는 놀라운 역사가 있게 하옵소서.

이 시간 질병과 경제적인 어려움이나 여러 가지 문제들 앞에서 낙심하고 좌절한 심령들 있습니까? 친히 말구유에 나심으로 가난한 자, 병든 자, 낙심과 좌절에 빠져있는 자들의 친구가 되어 주시는 주님을 의지하게 하옵소서. 그래서 온 세상을 구원하러 오신 우리 주님을 기쁘게 영접하여 주님이 가신 길을 기꺼이 따르며 주님이 지신 십자가를 함께 지며 주님의 영광된 나라에 가기까지 주님과 동행하는 저희 믿음의 성도들이 되게 하옵소서.

긍휼이 풍성하신 주님!

주님께서 이 세상을 구원하시기 위해 오신 지 벌써 2,000년이나 되었건만 아직도 주님을 따르지 않는 자가 많습니다. 모든 사람들이 주님 오신 날을 기뻐하고 즐거워하고는 있지만 주님이 이 땅에 오신 그 참된 의미를 깨닫지 못한 채 육체적인 쾌락을 즐기는 날로 사용하고 있습니다. 주님께서 그들에게 참된 생명과 소망을 허락하여 주서서 헛되고 헛된 것에 시간과 정력을 낭비하여 죄의 구렁텅이속으로 빠지지 않게 하시고 생명의 길로 들어설 수 있도록 인도하옵소서.

구원의 주님!

말씀을 선포하실 목사님께 영력을 더하여 주서서 주님의 탄생의 비밀을 저희들에게 깨우쳐 줄 수 있도록 하옵소서. 찬양으로 예배를 돕는 성가대 위에도 주께서 함께 하여 주서서 그들의 입술을 통해 나오는 찬양이 주님께는 영광이요 주님을 믿는 우리에게는 은혜가 되게 하옵소서.

이 시간 성탄절을 맞이하여 나태하고 게을렀던 심령들이 새롭게 눈을 떠서 힘차게 전진해 나가며 더 강건한 믿음으로 덧입혀질 수 일도록 은혜 베풀어 주옵소서. 주께서 친히 주장하여 주시고 성령이 임하셔서 이 자리에 참석한 모든 성도들에게 큰 은혜와 복을 내려주옵소서.

예수 그리스도의 이름으로 기도드립니다. 아멘.

2

전능하신 하나님!

하나님의 본체로서 인간에게 오신 우리 주 예수님께 찬양과 경배와 영광과 존귀를 돌립니다. 멸망에서 영생으로 인도하시고 고통과 어둠을 물리치신 주님을 맞이하는 이 거룩한 주일에 저희를 불러주시니 감사드립니다. 주님을 영접하는 모든 백성들에게 평화와 승리를 주시옵소서.

은혜로우신 하나님!

저희같은 죄인을 위하여 친히 죄를 담당해주시니 감사합니다. 이 엄청난 사건 앞에 저희의 추하고 작은 욕망들이 모두 사라져 없어지기를 원합니다. 저희에게 오신 주님! 저희와 영원히 함께 하시고 떠나지 마시옵소서. 주님은 흑암을 비추는 생명의 빛이심을 고백합니다. 영원토록 저희를 밝게 비추시옵소서.

자비로우신 하나님!

주님이 세상의 빛으로 오시고 생명으로 오셨으나 아직도 흑암에 휩싸여 깨닫지 못하는 영혼들이 많습니다. 사망의 음침한 골짜기를 정처없이 헤매고 있는 영혼들을 불쌍히 여겨주시고 미련하고 둔하여 죄악의 길에서 방황하고 있는 영혼들에게 이 위대한 사실을 깨달을 수 있는 기회를 주시옵소서.

주님의 몸 된 우리 교회가 이 위대한 복음을 증거할 수 있게 하시고 천사의 음성을 듣고 주님의 음성에 겸손히 무릎 꿇고 순종했던 마리아의 신앙처럼 저희 교회도 주님의 말씀에 순종하고 주님의 뜻을 신실하게 행할 수 있게 하옵소서. 어두운 이 민족에게도 구원하시는 주님의 은혜가 넘치게 하시옵소서. 주님이 베풀어 주신 은혜를 기억하고 사신과 우상을 숭배하는 못된 버릇을 버리게 하시고 만유의 주재이신 주님께 소망을 두게 하옵소서. 또한 주님을 의지하지 않는 번영과 평화는 진정한 번영과 평화가 아님을 깨닫게 하시고 주님이 허락하신 진정한 번영과 부요를 누릴 수 있는 우리 민족이 되게 하시고 평화의 왕이신 주님만을 의지할 수 있게 하시옵소서.

주님이 오신 이 날에 주님 탄생한 기쁜 소식이 가난한 자와 병든 자 그리고 믿지 아니하는 수많은 이웃들에게 전파되게 하시고, 저들에게 구원의 소식, 영원한 소망의 소식이 되게 하옵소서.

아기 예수님의 탄생을 축하하기 위하여 저희들이 한 자리에 모였습니다. 황금과 유향과 몰약을 드리는 것처럼 진실하고 값진 정성으로 예배 드리기를 원합니다. 주님께서 받아 주시고 주님이 주시는 기쁨과 평화가 충만하여 감사가 강물같이 흘러넘치는 예배가 되게 하시옵소서.

오늘 생명의 말씀을 전하여 주실 목사님께 주의 은혜를 충만히 내려 주시고 찬양으로 영광 돌리는 성가대 위에도 동일한 은혜를 부어 주시옵소서. 허다한 천군 천사의 찬양과 같이 주님께 영광 돌리는 찬양이 되게 하옵소서.

예수님 이름으로 기도드립니다. 아멘.

송구영신예배

선하시며 인자하심이 영원하신 하나님!

지난 한 해에도 주님께서 베푸신 특별한 혜택과 많은 사랑을 받은 성도들이 한 자리에서 예배합니다. 삼백 예순 여섯 날을 마지막 보내는 시각에 주님을 찬양하오며 그 거룩한 이름에 감사를 드립니다.

주님께서는 우리의 통곡을 기쁨의 춤으로 바꾸어 주셨고, 슬픔의 상복을 벗기시고 기쁨의 나들이옷으로 갈아입혀 주셨습니다. 새해에는 모든 성도들이 살아계신 하나님을 영화롭게 하기를 기도합니다.

하나님 아버지!

세상의 크고 작은 모든 일들을 하나님께서 작정하심을 믿습니다. 그 계획은 지혜롭고 변치 않으며 주님의 영광 중에 역사하심도 믿습니다. 이 시간에 우리에게 거저주신 구원의 은혜를 생각나게 하시니 감사합니다. 그리스도의 사랑을 덧입은 성도들이 세계 평화를 위해 기도합니다. 재앙을 그쳐주시고 전쟁을 물리치셔서 평화와 화해가 넘치게 하옵소서. 재난 당한 이웃에게는 선한 사마리아인의 헌신이 있게 하시고 대립과 분쟁의 지역에는 예수 그리스도의 복음이 전해지게 하옵소서.

하나님 아버지!

선교 100년 만에 한국교회는 놀라운 부흥을 했습니다. 세계 기독교인이 부러워하는 이러한 부흥은 하나님께서 이 땅을 사랑하시고 이 백성들을 사랑하셔서 베푸신 은혜입니다. 또한 하나님 나라의 확장을 위하여 교회를 세워 기도하며 섬겼던 목회자들의 헌신이 있었기 때문입니다. 한국의 온 교회와 성도들이 말씀과 기도로 변화되기를 기도합니다. 교회 안에서는 화해와 일치를 이루고 세상에서는 사회의 아픔을 치유하며 위기와 혼란의 시대에 민족을 향하여 믿음과 소망을 심는 빌립과 같은 전도자로 세워 주시옵소서. 복음으로 나라와 민족이 복을 받아 주님 보시기에 아름다운 나라, 온 민족이 주님을 경외하며 진리를 따르는 백성이 되게 하옵소서. 주님을 따르는 백성에게 평화의 복을 주옵소서.

예수님 이름으로 기도드립니다. 아멘.

총동원주일 결단예배

1

살아계신 하나님!

오늘 주일을 맞이하여 하나님께 예배드릴 수 있는 은혜 주신 것을 감사드립니다.

하나님이 가장 기뻐하시는 전도의 사명을 감당하기 위해서 교역자들과 직원들이 총동원주일을 위한 결단예배를 드리게 하심을 감사드립니다.

우리교회 교역자들을 비롯한 과천교회 모든 성도들이 추수할 것은 많되 추수할 일꾼이 적어, 추수할 일꾼을 간절히 찾으시는 주님의 초청에 기쁨으로 즉시 순종하며 주님의 마음을 시원케 하는 주의 자녀가 되게 하옵소서. 전도의 사명을 위해 주님이 찾는 사람이 내가 되게 하여 주시고 나의 몸이 주님의 손과 발이 되어 하나님이 기뻐하시는 일을 맘껏 행하겠다는 결단이 오늘 예배 가운데 있게 하옵소서.

11월 18일 총동원주일을 위해 간절히 기도드립니다. 사도행전에 나타난 성령의 강한 부흥의 역사가 교회 모든 공동체 가운데 동일하게 일어나게 하옵소서.

2,500명 이상 전도 열매를 주시고, 11월 18일 이전에 재적 교인 2만명 이상 돌파하게 하셔서 하나님께 감사의 예배를 드리게 하옵소서. 모든

예배마다 하나님을 만나는 감격의 예배를 드리게 하옵소서. 교회학교 각 예배에도 동일한 은혜를 주서서 재적 교인이 출석 교인이 되는 큰 은혜를 경험케 하여 주옵소서.

총동원주일이 전 교인이 출석하는 주일, 가족을 구원하는 주일, 이웃을 구원하는 주일이 되게 하옵소서. 담임목사님을 비롯한 모든 말씀 사역자의 영육을 강건케 하시며 말씀의 큰 권능을 더하여 주옵소서. 잃어버린 영혼을 향한 눈물의 기도가 넘치게 하시며 하나님 나라의 부흥을 위한 기도의 불이 꺼지지 않게 하옵소서. 전 성도가 성령 충만하여 한 사람이 한 사람 이상의 전도의 열매를 맺게 하옵소서. 등록한 새 가족이 잘 양육되어 온전한 그리스도인으로 성장하게 하옵소서. 1년을 지켜 주시고 인도하신 하나님의 사랑과 은혜에 감사하고 찬송하며 기뻐하는 추수감사주일이 되게 하옵소서.

예수님의 이름으로 기도드리옵나이다. 아멘.

2

하늘과 땅에 있는 모든 족속에게 이름을 주신 하나님!

추위로 움츠러든 어깨처럼 가뜩이나 어려운 경제 형편이지만 주님의 크신 은혜로 기도하며 인내하게 하시고 온전하신 사랑으로 예배하게 하신 하나님께 찬양과 영광을 드립니다.

의로우신 하나님 아버지!

믿음이 없는 삶은 무가치하고 덧없는 것인데 세상의 어둡고 추한 자리에 마음을 적시고 발을 딛었던 저희들을 생명의 교회로 불러주시니 감사합니다. 절망과 불안에 매였던 죄인들이 이 시간 주님 앞에 무릎 꿇고 회개하오니 용서하옵소서. 부패한 우리의 영혼이 그리스도의 정결한 의로써 새로워지게 하옵소서.

우리를 동역자로 세우신 하나님!

지난 63일 동안 총동원 전도기간으로 기도하며 전도하여 오늘을 맞게 하심을 감사드립니다. 그러나 주님의 뜻을 따라 전도자 역할을 충성스럽게 감당했는지 돌아볼 때 부끄러울 따름입니다. 잠에 취하여 기도하지 못하였고, 육신의 안일에 빠졌고, 믿음의 담대함이 없어 전도하지 못했습니다. 구령의 열정이 식어버린 우리를 용서하시고 하나님의 영원하신 사랑을 나타내시옵소서.

오, 사랑의 주님!

전도의 소산을 받으시옵소서. 한 영혼의 구원을 위해 간절히 사모하며 기도한 성도들의 수고를 기억하시옵소서. 모든 성도들은 심었고 물을 주었으나 자라나게 하시는 분은 하나님이십니다. 이제 주님을 구주로 영접하고 믿음의 대열에 합류한 초청된 이들을 성도의 이름으로 생명책에 기록하옵소서. 먼저 부르신 이들을 통하여 가족이 구원되고 주님을 모르는 이웃들이 구원의 기쁜 소식을 듣게 하옵소서.

모든 성도들이 주님의 아름다운 도구로 쓰여서 믿음이 회복되고 소망이 이루어지는 복을 받게 하옵소서. 신실한 믿음으로 하나님 성전의 야긴과 보아스같은 기둥으로 세워 주시옵소서. 우리의 봉헌은 믿음으로 독자 이삭을 제물로 드린 아브라함을 닮게 하옵소서.

은혜로우신 하나님!

내일부터 부흥성회로 모이게 하시니 감사합니다. 이번의 성회는 사무엘의 미스바 집회가 되게 하셔서 강사 목사님의 말씀으로 성도들을 회개와 변화의 길로 인도 하옵소서. 모든 성도들이 성령 충만으로 하나님만 바라보는 굳건한 믿음을 얻게 되는 역사를 베푸시옵소서.

총동원 전도주일 생명의 말씀을 선포하시는 담임목사님에게 권능을 더하시어 이 날을 위하여 수고한 성도들과 초청된 모든 이들이 하나님 앞에 정직하고 말씀대로 살기로 다짐하며 결단하는 시간이 되게 하옵소서. 예정된 찬양예배의 순서 위에도 하나님의 은혜를 바라며 성령님의 은사로 교회의 필요를 채우는 봉사의 손길에 상급을 예비하옵소서.

예수 그리스도의 이름으로 기도드립니다. 아멘.

3

전능하신 하나님!

영광과 찬송을 하나님께 돌립니다. 총동원주일을 위한 여전도회 결단예배로 찬양예배를 드리게 하시고 국가와 민족을 위해 기도하게 하시니 감사합니다.

하나님께서 대한민국을 사랑하심으로 이 땅에 복음이 전파되게 하시고 믿는 자들이 많아지게 하시니 감사합니다. 경제적으로도 성장시켜 주시고 부흥하게 하시니 감사드립니다.

하나님 아버지!

하나님께서는 많은 복을 주셨지만 저희는 감사하지 못하고 이 나라와 민족을 위해 진심으로 기도하지 못했습니다. 우리의 죄를 용서해 주시옵소서

지금 우리 국민들은 정신이 없습니다. 국민들의 마음은 갈기갈기 찢어지고 상처투성이가 되었습니다. 한치 앞을 예측하기 힘든 정치와 정책들로 인해 위정자들을 신뢰하지 못하고 믿음을 잃어버렸습니다. 많은 젊은이들이 직장이 없어 길거리를 방황합니다. 범죄와 자살률은 높아만 갑니다. 우리의 많은 형제들이 정든 조국에서 살지 못하고 낯선 외국으로 떠나가기도 합니다.

그러나 이 나라 정치인들과 지도자들은 정신을 차리지 못하고 있습니다. 정권욕에 불타고, 사리사욕과 당리당략으로 자신들의 안위와 이익에만 눈이 멀어 있습니다. 국민들의 고통과 아픔에는 관심도 없습니다. 하나님! 어찌해야 좋습니까?

은혜로우신 하나님!

어지러운 이 나라와 이 민족을 회복시켜주시옵소서. 정의가 강물처럼 흐르는 정치, 나누어 주면서 살 수 있는 풍성한 경제, 이웃을 사랑할 수 있는 사회가 되게 하옵소서. 성령께서 역사하셔서 새로운 나라가 되게 하옵소서. 그러기 위해 일천만 그리스도인들이 세상에서 올바르게 살게 하시고, 저희가 국가와 민족을 위해 눈물로 기도하게 하옵소서. 대한민국이 모두 복음화 되게 하옵소서.

6.25 남북전쟁으로 인해 분단된 이 나라와 이산가족들의 아픔을 치유해주시고 다시는 이 땅에 전쟁이 없게 하시옵소서. 남북의 정치지도자

들이 예수님을 믿고 평화통일을 이루어 자유민주주의 국가가 세워지게 하옵소서.

올 12월 19일에 있을 대통령선거에 하나님께서 간섭하시고 국민들에게 지혜의 마음을 주셔서 하나님 마음에 합한 자, 하나님을 두려워하는 자, 국민의 소리에 귀를 기울이는 자가 대통령으로 선택되게 하옵소서. 그래서 정치와 사회가 안정되고 경제가 회복되어 온 국민들이 살기 좋은 나라가 되게 하옵소서. 모든 국민들이 기쁜 마음으로 살게 하옵소서.

예수님 이름으로 기도 드립니다. 아멘.

세례식

존귀와 영광을 받으시기에 합당하신 하나님!

하나님 아버지 은혜에 감사를 드립니다. 세상에서 그냥 버려두면 지옥으로 갈 수밖에 없는 저희들을 예수 믿게 하시고 천국으로 갈 수 있는 길을 열어주시니 감사합니다. 예수님께서도 받으신 세례를 저희도 받기 위하여 경건한 마음으로 이 시간 주님 앞에 머리를 숙입니다.

성령이 비둘기같이 임하는 성령 충만한 세례식이 되게 하옵소서. 그리하여 이들이 세례를 받으므로 이제부터 옛 습관을 깨끗이 씻어버리고 예수님을 영원한 구주로 영접하고 앞으로는 이들의 삶이 하나님 중심의 삶이 되게 하옵소서. 기쁠 때나 슬플 때나 주님만 의지하게 하시고 하나님 말씀에 순종하며 모든 일을 행할 때 주님의 영광을 위하여 살아가는 삶이 되게 하옵소서.

오늘 어린이 주일을 맞이하여 아기 축복식에 참석한 모든 어린이들이 예수님처럼 그 지혜와 키가 자라며 하나님과 사람에게 더 사랑스러워가게 하셔서 이들의 가정에 하늘의 신령한 복과 땅의 기름진 복이 넘치게 하시옵기를 간절히 바라고 원합니다.

말씀 전하실 담임목사님을 통해 성령 충만한 말씀이 증거되게 하시고 그레이스 성가대의 찬양을 기쁘게 받아 주시옵소서.

살아계신 예수님 이름으로 감사하며 기도드립니다. 아멘.

부흥회

1

살아계신 하나님!

주님을 믿는다고 하면서 내 마음과 뜻대로 살아왔던 이 불쌍한 죄인들이 주님 앞에 나왔습니다. 저희를 불쌍히 여겨주시고 저희들에게 긍휼을 베풀어 주시옵소서.

지금 전 세계는 전쟁의 충격과 두려움에 떨고 있습니다. 이번 미국과 이라크의 전쟁에서 인명피해가 최소화되게 하시고 이번 전쟁이 지구상의 마지막 전쟁이 되게 하시며 핵무기와 테러의 공포로부터 벗어날 수 있게 하시옵소서.

이 시간 온 성도들이 드리는 간절한 기도를 들어 응답하여 주시옵소서. 온 성도들이 기도로 준비했던 부흥성회가 은혜 충만한 가운데 진행되게 하심을 감사드립니다. 이번 부흥성회 기간 동안 강사 목사님께서 주시는 말씀을 내게 주시는 말씀으로 알고 아멘으로 받게 하옵소서. 모든 죄와 허물이 생각나게 하시고 자복하고 회개하므로 우리의 모든 기도가 응답받고 어려운 문제들이 해결 받는 귀한 시간이 되게 하옵소서. 그리하여 오순절 마가의 다락방에 임재하신 불같은 성령이 이 시간 모인 성도들에게 임하여 주시옵소서. 이번 부흥성회를 통하여 온 교회가 더욱 더 힘을 얻게 하시고 각 기관이 더욱 더 활성화되게 하시옵소서. 그리하여 우리교회가 항상 뜨겁고 가득 차 넘치는 교회가 되게 하시고 매 집회시간마다 이 예배당이 가득 차게 하여 주시옵소서.

주님의 지상명령인 전도를 위하여 전 교인이 한 사람이 한 사람 이상 전도하려고 기도로 준비하고 있습니다. 영생을 주시기로 작정된 자를 많이 만나게 하여 주시옵소서. 전 교인이 한사람도 구경꾼 없게 하시며 많은 불신자들이 교회로 나와서 구원받는 날이 되도록 도와 주시고 좋은 일기도 허락하여 주옵소서.

이 시간 '구원을 이루는 근심' 이란 제목으로 담임목사님이 말씀을 선포하실 때 피곤치 않게 하시고 성령 충만한 은혜의 말씀이 선포될 수 있도록 도와주옵소서. 우리 목사님의 건강을 지켜주서서 20,000여 성도들을 이끌고 나가시기에 조금도 부족함이 없는 능력 있는 목자가 되게 하옵소서.

찬양을 정성껏 준비한 성가대원들의 찬양을 주님께서 기쁘게 받아주시고 성가대원들의 가정과 직장과 사업에 복에 복을 더하여 주시옵소서.

예수님 이름으로 기도드립니다. 아멘.

2

사랑과 은혜가 풍성하신 아버지 하나님!

우리교회를 사랑하사 하나님의 계획하심을 따라 좋은 일기 가운데 신실한 주의 사자 강사목사님을 보내주시고 오늘부터 부흥성회를 갖게 하심을 감사드립니다.

아버지 하나님!

이번 성회에 성령께서 우리교회에 첫 시간부터 마지막 시간까지 충만히 임재하시어 시간마다 각양각색의 은혜와 은사를 풍성히 내리어 주시옵소서. 시간마다 기도의 응답과 성령의 역사가 크게 일어나게 하옵소서. 성령이여! 은혜와 은사를 사모하는 우리에게 행함이 있는 믿음의 은사, 전도의 은사, 섬기고 사랑하고 구제하는 은사, 병마를 물리치고 방언을 말하는 은사들을 각 사람의 필요에 따라 풍성하게 내리어 주시옵소서. 온 성도가 한 가지 이상의 은사를 받아 성령이 주시는 힘으로 주의 몸 된 교회를 섬기게 하옵소서.

하나님!

이번 부흥성회를 통하여 우리에게 영적 가나안을 정복할 수 있는 담대한 믿음과 새 힘과 지혜를 충만하게 주시옵소서. 우리교회가 많은 영혼을 전도하여 하나님 아버지께 영광을 돌리게 하시고 이 지역에 지옥에 가는 사람이 하나도 없게 모두 구원하는 주님의 교회가 되게 하옵소서.

하나님!

이번 성회를 통하여 불신영혼들이 주님을 영접하며 우리교회 성도로서 주님을 섬기겠다고 결신하는 은혜가 나타나게 하옵소서. 또한 이제까지 각자의 신앙생활을 돌아보면서 주께 불충하고 주의 일에 소극적이고 내 마음대로 판단하고 내 욕심대로만 살았던 것을 철저히 회개하고 충성된 사람, 주의 일에 열심을 품고 섬기는 사람으로 변화되게 하옵소서. 기도의 사람, 겸손의 사람, 성령의 사람으로 변화되어 주님의 몸 된 교회를 섬기는 자들이 되게 하옵소서.

하나님! 이번 성회가 끝나고 나면 교회와 가정에서 하는 일마다 형통하게 하시며, 금년에는 우리교회가 양적 질적 대 부흥과 성장을 이루게 하옵소서. 이번 부흥성회 때 기도한 것들이 응답되어 예수 믿고 복 받았다는 간증이 넘치게 하옵소서. 부흥성회 준비를 위해 기도하며 힘쓰고 협력하고 수고하는 목사님과 성도들에게 늘 영육간 풍성하고 윤택한 삶이 되도록 복을 주옵소서.

하나님!

하나님 나라의 확장을 위해 택하신 강사목사님을 강건케 하시며 하시는 일마다 하나님의 영광을 나타내게 하옵소서. 주의 복음을 전하실 때 늘 성령 충만하게 하시고 복음 들고 가시는 곳곳마다 회개와 구원의 역사가 일어나고 질병이 치료되고 마귀가 물러가며 주의 일이 크게 부흥케 되는 역사가 나타나게 하옵소서. 이 시간 말씀을 전하실 때 그의 입술을 성령의 나팔로 삼으시고 온 성도가 말씀을 간절한 마음으로 아멘으로 기쁘게 받게 하시며, 선포된 말씀마다 영원히 살아 움직이는 능력의 말씀이 되게 하옵소서.

예수 그리스도 이름으로 간절히 기도합니다. 아멘.

체육대회

1

살아계신 하나님!

천지를 창조하시고 인류를 구원하신 하나님께 영광과 존귀와 찬양을 돌립니다.

허물과 죄로 얼룩진 저희들을 용서하시고 독생자 예수 그리스도를 보내서서 구원하시고 새 생명 주심을 감사드립니다. 오곡백과가 무르익는 계절에 남선교회 서울남노회 체육대회로 모이게 하시고 하나님께 예배드리게 하심을 감사드립니다.

저희들은 주님의 뜻대로 살지 못하고 세상 풍속을 좇으며 욕심과 질투와 분을 내며 살았습니다. 부족한 저희들을 용서하여 주시고 성령 충만케 하옵소서.

이번 남선교회 서울남노회 체육대회를 통해서 서울남노회와 남선교회회원들과 각 교회와 성도들이 모두 하나 되게 하시고 같은 마음을 가지고 예수 그리스도를 증거하는 도구가 되게 하옵소서.

분단의 아픔을 가지고 살아가는 우리 민족을 불쌍히 여기시고 평화적인 남북통일을 이루게 하여 주옵소서. 이산가족의 아픔을 위로하여 주시고 고통과 굶주림 속에서 고난 받는 북한 동족들을 불쌍히 여기시고 그들에게도 한없는 복을 허락하옵소서. 북녘 땅에 무너진 성전을 회복하게 하시고 모든 민족에게 복음이 전파되게 하옵소서.

예수님의 이름으로 기도드립니다. 아멘.

2

만복의 근원이 되신 하나님!

좋은 환경과 맑은 날씨를 허락하시어 온 성도들이 한자리에 모여 체육대회를 개최할 수 있도록 이끄신 주님의 크신 은혜와 사랑을 감사드립니다.

오늘, 어린아이로부터 장년에 이르기까지 교회에 속한 온 교우들이 한자리에 모였습니다. 믿음의 식구들이 뜻을 같이했습니다. 우리 주님께서 이 시간을 통하여 홀로 영광 받으시고 주님이 채워주시는 큰 은혜가 넘치는 귀한 시간되게 하옵소서.

사랑의 주님!

오늘 이 자리에 선수로 뛰는 교우와 응원하는 모든 성도님들에게 복을 주시고 이 체육대회가 단순한 체육대회가 아닌 마귀와의 영적 전투를 어떻게 해야 하는지를 배우는 자리가 되게 하옵소서. 영적으로 승리하는 삶을 살기 위하여 어떤 자세로 살아야 할 것인지를 깨닫는 시간이 되게 하옵소서. 특별히 오늘 경기에 선수로 출전하는 성도들의 마음을 주장하여 주셔서 지나친 승부욕에 집착하지 않게 하시고 서로 용납하는 마음으로 멋진 경기를 만들어 나갈 수 있도록 이끌어 주시옵소서. 규칙을 어기거나 다투는 일이 발생하지 않게 하시고 몸을 다치는 일이 없도록 성령께서 보호하여 주시옵소서.

이 복되고 즐거운 자리가 있기까지 마음과 정성을 다하여 준비한 손길들이 있습니다. 저들의 수고에 주님의 위로가 있게 하시고 기쁨이 넘치게 하옵소서. 이 대회를 운영하는 성도들에게도 함께 하셔서 하루의 수고가 헛되지 않도록 이끌어 주시옵소서. 경기에 임하기 전 목사님을 통하여 주님의 귀한 말씀을 듣습니다. 듣는 저희들의 귀가 더욱 복 있게 하시고 말씀을 전하시는 목사님을 성령의 능력으로 붙들어 주시옵소서.

오늘 하루의 모든 일들을 주님께서 주관하시고 인도하시고 함께 하여 주실 것을 믿습니다. 감사드리며 예수 그리스도의 이름으로 기도드립니다. 아멘.

교사헌신예배

사랑이 충만하신 하나님!

저희들을 수많은 사람들 가운데 구별하여 불러주시고 귀한 직분을 맡겨 주셔서 어린 생명들을 주님의 귀한 말씀으로 양육할 수 있도록 은총을 허락하여 주시니 그 크신 사랑에 감격하며 영광을 돌립니다. 주일 찬양예배를 맞이하여 저희 교사들이 한자리에 모여 더욱 큰 헌신을 다짐하는 헌신예배로 드리오니 주님 홀로 영광과 찬송을 받으시옵소서.

긍휼이 풍성하신 하나님!

지난 날을 돌이켜 보건대 저희들은 세속과 육신에 관계된 일로 말미암아 여러 가지 이유와 핑계를 대면서 주님이 맡겨주신 귀한 직분과 사명을 충실히 감당하지 못하고 충성하지 못했던 게으르고 무익한 교사들이었음을 고백합니다. 어떤 때는 이 귀한 직무를 대수롭지 않게 여길 때도 있었습니다. 오, 주님이여! 지난 날의 죄악들은 십자가의 보혈로 씻어 도말하여 주시고 긍휼을 베풀어 주시기를 원합니다. 이 시간 새로운 다짐을 갖고 충성할 수 있기를 소원하오니 연약한 저희들을 도와주옵소서.

자비롭고 노하기를 더디하시는 하나님!

저희들에게 맡겨주신 어린 양떼들을 자원하는 마음으로 보살피게 하시며 어린 생명들이 주님께로 가는 길을 막는 저희들이 되지 않도록 믿음을 더하시고 어린 심령들에게 언제나 신앙의 모범을 보일 수 있는 교사들이 될 수 있도록 성령께서 이끌어 주시옵소서. 혹 부지중에라도 저희들의 잘못된 모습으로 말미암아 어린 생명들이 상처받고 낙심하지 않도록 지켜주시고 언제나 주님 앞에 바르게 서게 하옵소서. 저희들의 신앙의식이 흐트러지지 않게 도와주시고 먼저 우리 자신을 주의 말씀으로 잘 갈고 닦을 수 있도록 이끌어 주시옵소서.

영혼을 귀하게 여길 줄 아는 교사들이 되기를 원합니다. 맡겨진 영혼들을 한 영혼이라도 곁길로 나가지 않도록 잘 살필 수 있는 교사들이 되게 하여 주시옵소서. 열악한 환경 속에서도 교사의 직분을 감당하고자 힘쓰고 애쓰는 주의 종들이 있습니다. 성령께서 위로하여 주시고 은혜를 더하여 주셔서 항상 기쁨이 넘쳐나는 삶이 되게 하시고 착하고 충성된 종이라고 인정하시는 주님의 음성이 있기를 원합니다. 전도사님을 위시하여 교회학교 부장과 교사들이 한 마음 한 뜻이 되어 주님이 맡기신 어린 생명들을 잘 양육할 수 있게 하시고 부흥하는 주일학교가 될 수 있도록 이끌어 주시옵소서.

이 자리에 함께 머리 숙인 모든 성도들이 영적인 교육의 중요성을 깨닫기를 원합니다. 온 성도들이 혼연 일치가 되어서 자녀들의 신앙교육에 전념할 수 있도록 하옵소서.

말씀을 들고 단위에 서시는 목사님을 성령의 능력으로 붙들어 주셔서 선포하시는 말씀을 통해 모든 교사들이 영적으로 재충전하고 더욱 사명에 충실한 교사들로 결단하는 시간이 되게 하옵소서. 예배의 순서를 맡은 분들과 함께 하셔서 성령의 인도함을 받게 하옵소서. 어린 생명들을 천국의 주인공으로 보신 주님께 감사드리며 예수 그리스도의 이름으로 기도드립니다. 아멘.

청년부 헌신예배

거룩하신 하나님!

주님을 앙망하고 의지하는 자에게 새 힘을 주시는 능력의 하나님께 찬양과 영광을 돌립니다. 지난 한 주간도 저희들을 주님의 은혜로 지켜 보호하여 주시고 오늘 이렇게 주의 백성들이 함께 모여 주님 앞에 찬양 드리며 예배할 수 있도록 이끌어 주신 은혜를 감사드립니다. 특히 자신의 주장과 패기만을 앞세우며 살기 쉬운 청년시절부터 주님을 경외하고 의지하는 지혜를 주셔서 하나님의 일꾼으로 쓰임 받으며 주님의 오묘한 진리를 깨닫게 하시니 감사드립니다.

사랑이 많으신 하나님!

우리 곁에는 젊다는 이유로 지나친 자만심에 사로잡혀 살아온 청년도 있을 것입니다. 젊음과 패기만 있으면 무슨 일이든지 해낼 수 있을 것이라는 교만한 마음을 버리지 못한 청년들도 있을 것입니다. 그러나 젊음이 영원한 것이 아님을 이 시간에 깨닫게 하시고 모든 죄와 허물을 회개하게 하시며 인생의 주인이 되신 주님께 겸손히 자기를 내어 맡길 수 있는 청년들이 되게 하옵소서.

청년들 중에 아직도 주님을 온전히 영접하지 못하고 기분에 이끌려 교회의 문턱을 밟는 청년들도 있을 것입니다. 우리 주님께서 그 심령 속에 찾아 가셔서 저들의 영안을 밝혀 주시고 인생의 참된 주인이 되시는 주님을 온전히 영접하게 인도하옵소서. 주님께 더욱 귀하게 쓰임 받을 수 있는 일꾼들이 되게 하여 주시옵소서.

주님을 위해서 자신을 드리는 청년들도 있습니다. 그러나 자칫 주님을 위한 열심과 열정이 교만함으로 나타나지 않게 하시고 주님의 뜻을 앞서가는 지나침이 되지 않게 붙잡아 주시옵소서. 오늘 이 교회를 통하여 불러주신 주의 청년들이 주님의 교회를 든든히 세우는데 변함없는 귀중한 일꾼으로 쓰임받기를 원합니다. 청년들의 헌신을 통해서 더욱 건강한 교회, 젊은 교회가 되게 하시고 독수리 날개 짓 함같이 강한 믿음으로 힘차게 비상하는 교회가 되게 하옵소서.

오늘 이 시간 헌신의 삶을 살기 위해 헌신을 다짐하면서 주님께 드리는 청년들의 헌신예배를 향기로운 제물로 받아 주시고 이 청년들을 주님의 역사를 이끌어 가는 도구로 삼아 주시옵소서.

청년들에게 생명의 말씀을 증거하시기 위하여 단위에 세우신 목사님을 기억하시고 선포하시는 말씀에 권세와 권능을 주셔서 이 자리에 참석한 청년들과 모든 성도들이 심령의 뜨거움을 경험하게 하시고 새 힘을 얻어 승리의 삶을 살아가기를 다짐하는 복된 시간이 되게 하옵소서.

거룩하신 예수님 이름으로 기도드립니다. 아멘.

성가대 헌신예배

1

찬양받으시기에 합당하신 하나님!

주님께 감사와 찬송과 경배를 드립니다. 부족한 저희를 불러주셔서 주님의 자녀로 삼아 주시고 이전에 세상과 마귀를 찬양하던 입술을 정케 하사 주님을 찬송하는 새 노래, 구원의 노래를 부르게 하신 은혜를 감사드립니다. 주님을 찬양할 수 있는 귀한 은총을 내려 주신 것을 감사드리며 저희들에게 귀한 달란트를 주셔서 성가대원으로 봉사할 수 있도록 이끌어 주신 주님의 그 크신 사랑에 감사드립니다.

이 시간은 저희들을 주님을 힘껏 찬양할 수 있는 성가대원으로 세워 주신 것이 너무나 감격스럽고 놀라워 헌신을 결단하는 마음으로 성가대 헌신예배를 드립니다. 모든 찬양 대원들이 뜻을 같이하여 주님께 헌신과 충성을 다짐하는 이 예배를 받아주시옵소서. 이 시간 헌신예배를 드리면서 주님이 저희에게 맡기신 사명이 얼마나 중요하고 귀중한 것인지를 다시 한 번 깨닫게 하시고 찬양의 도구로 새롭게 거듭나는 시간이 되게 하옵소서.

구원의 하나님!

성가대가 부르는 찬양이 구속받은 은총의 감격과 특별한 은사를 받은데 대한 기쁨을 가지고 찬양하게 하옵소서. 찬양할 때에 저희의 모든 것이 다 주님께 드려지게 하시고 형식적이거나 가식적인 찬양이 되지 않게 하옵소서. 항상 향기로운 제물을 주님께 드린다는 정성된 마음으로 찬양하게 하옵소서. 자랑이나 명예를 위해서가 아니라 오직 하나님을 사랑하고 감사하는 마음으로 주님을 찬양하며 영광 돌리는 성가대원이 되게 하옵소서. 듣는 이들의 영혼도 감동시킬 수 있는 찬양이 되기를 원합니다. 찬양을 듣는 주의 백성들의 심령도 주님을 찬양하고 싶은 마음으로 변화시키는 성가대가 되게 하옵소서.

찬양을 연습하는 것 뿐 아니라 믿음과 신앙의 훈련에도 더욱 충실하게 하옵소서. 항상 경건에 이르는 연습을 게을리하지 않는 성가대원들이 되게 하시고 예배생활도 흐트러짐이 없게 하옵소서. 더욱 주님의 말씀을 가까이 하고 기도하는 성가대원들이 되게 하셔서 찬양이 있기 전에 무릎 꿇는 기도가 먼저 있어야 함을 뼛속 깊숙이 체험할 수 있게 하옵소서. 아직 부족한 것이 많고 주님을 찬양하기에는 부끄러운 것도 많습니다. 그러나 찬양을 힘써서 준비하고 주님 앞에 드리는 가운데 저희들의 신앙인격도 성숙하게 하옵소서. 예배 때만 찬송하는 것이 아니라 가정에서도 학교에서도 직장에서도 찬송이 끊이지 아니하는 저희들이 되게 하옵소서.

성가대장과 지휘자와 반주자에게 더 뛰어난 재능과 지혜와 건강을 주셔서 귀한 직분을 감당하는데 어려움이 없게 하시고, 모든 대원들에게도 크신 은총을 내려주셔서 찬양의 일로 주님께 봉사하며 헌신하는데 부족함이 없게 하옵소서.

주님의 말씀을 듣고 단위에 서시는 귀한 강사목사님을 성령의 능력으로 붙들어 주셔서 온 성도들의 심령에 주님의 은혜로 가득 채워지는 말씀이 선포되게 하옵소서. 예배순서를 맡은 성가대 임원들에게도 함께 하셔서 실수하지 않도록 도와주시옵소서. 이 시간 함께 예배드리는 온 성도들의 심령을 주님을 찬양하는 은혜로 가득 채워 주시옵소서.

저희들과 언제나 함께 하시고 동행하여 주시는 예수님 이름으로 기도드립니다. 아멘.

2

능력과 구원의 하나님!

날마다 우리 짐을 지시는 우리의 구원자이신 하나님을 찬양합니다.

이 백성은 나를 위하여 지었나니 나의 찬송을 부르게 함이라고 말씀하신 하나님! 저희들이 마땅히 찬양으로 영광 돌리며 여호와의 성호를 선포해야 했음에도 불구하고 찬양의 삶을 살지 못했음을 고백합니다. 우리의 입술이 미련하여 감사보다는 불평과 원망을, 하나님을 찬양하기보다는 세상의 노래를 즐겼음을 고백합니다. 이 시간 우리의 잘못된 입술을 제단 숯불로 뜨겁게 하시어 감사와 찬양과 하나님의 노래로 바뀌는 심령들 되게 하옵소서.

하나님 아버지!

저희 교회에 특별히 구별하여 성령의 감동하심을 입은 무리들을 즐거이 하나님의 성호를 찬양하는 성가대로 세우신 은혜를 감사드립니다. 성가대가 부르는 노래가 레바논의 영광과 샤론의 아름다움을 실어 하나님을 기쁘시게 하는 성가가 되게 하옵소서. 찬양을 부르는 자와 듣는 자가 그 머리 위에 영영한 기쁨을 쓰고 즐거움을 얻고 슬픔과 탄식이 달아나는 역사가 있게 하옵소서. 찬양하는 심령들마다 성령의 감동하심을 입어 영으로 찬미하게 하옵소서. 지휘자와 반주자, 성가대원이 하나되어 가사 한 절 한 절이 신앙으로 고백되게 하시고 마음 깊이 감격이 넘쳐서 하나님을 찬양하게 하옵소서. 오늘 헌신예배가 성가대원들을 더욱 하나로 묶어 하나님께 산 제물이 되는 역사가 있게 하옵소서.

예수님의 이름으로 기도드립니다. 아멘.

중·고등부 헌신예배

1

전능하신 하나님!

저희의 창조주가 되시고 구원자가 되시는 하나님 아버지께 영광과 찬송을 드립니다. 오늘도 저희를 향하여 은혜와 평강으로 지켜주시니 감사합니다. 이 복된 주일 저녁에 저희 학생들이 주님 앞에 나와서 헌신예배를 드릴 수 있도록 인도하여 주시니 감사합니다.

어릴 때부터 주님을 섬기고 주님의 말씀을 가까이 하며, 주님을 본받아 살기를 원하는 귀한 학생들을 기억하시고 붙들어 주셔서 늘 주님의 은혜를 체험하고 만나는 삶이 되게 하시옵소서. 다윗과 같이 주님만을 섬기고, 주님만을 의지하며, 주님만을 따라가는 복된 삶이 되게 하여 주시고, 솔로몬과 같이 지혜롭게 하시고 늘 진리 안에 거할 수 있도록 이끌어 주시기를 원합니다. 주님의 성품을 닮아가는 훌륭한 인격으로 성장되게 하옵소서. 주님을 본받아 겸손과 섬김의 도를 실천할 수 있는 학생들이 되게 하시고 주님과 이웃을 위해서 봉사의 삶을 살 수 있는 학생들이 되게 하옵소서.

사랑이 많으신 하나님!

학생으로서의 본분을 망각하고 탈선하는 학생들이 급증하고 있습니다. 자라나는 학생들을 바로 지도하지 못한 기성세대의 책임도 매우 큽니다. 이 땅의 학생들이 충동에 의해서 자신들이 가야 할 인생의 노선을 결정하지 말게 하시고 미래를 내다볼 줄 아는 학생들이 되게 하시며 바른길을 갈 수 있도록 도와주시옵소서. 학업을 연마하는 중입니다. 선생님으로부터 가르침을 잘 받게 하시고 배운 만큼 이 민족과 이 사회의 공익을 위하여 지식의 힘을 사용할 수 있는 학생들이 되게 하옵소서. 그 무엇보다 하나님의 말씀에 잘 순종하고 하나님을 기쁘시게 하는데 자신의 모든 것을 깨뜨릴 수 있는 학생들이 되게 하옵소서.

학생들을 신앙으로 지도하고 양육하고 있는 교역자들과 교사들에게도 은총을 더하셔서 신앙의 인격을 고루 갖춘 사람으로 바로 지도하는 데 부족함이 없게 하옵소서. 학생회 임원들을 붙들어 주셔서 주님의 말씀과 사랑으로 뭉쳐 학생회를 운영해 나갈 수 있도록 도와주옵소서. 오늘 중·고등부 헌신 예배로 드리는 이 예배가 하나님께서 기뻐 받으시는 예배가 되게 하시고 말씀을 전하시는 목사님께 주님이 함께 하셔서 학생들에게 꼭 필요한 영생의 말씀을 선포하게 하옵소서.

학생들이 정성껏 찬양을 준비했습니다. 저들의 입술을 통해서 주님을 위한 찬양이 울려 퍼질 때 홀로 영광 받아주시기를 원합니다.

예수님 이름으로 기도드립니다. 아멘.

은혜로우신 하나님!

사랑으로 우리를 길러주시는 하나님 참 감사합니다. 우리들에게 귀한 배움의 시간을 주신 것을 감사드립니다. 그리고 좋은 교회와 귀한 믿음의 선배들과 우리를 위해서 늘 기도해 주시는 모든 성도님들을 허락하신 것을 감사드립니다.

저희를 사랑하는 모든 분들의 기도에 힘입어 하루하루 자라나게 하시니 감사합니다. 키와 몸이 자랄 뿐만 아니라 믿음도 자라고 생각하는 마음도 자라서 하나님이 원하시는 인물들이 다 될 줄 믿고 감사드립니다.

사랑의 하나님!

또한 우리들을 디모데처럼 기르시기 위해서 힘쓰시는 바울 사도와 같은 선생님들을 주신 것을 감사드립니다. 그분들을 통하여 주시는 주님의 말씀이 우리 몸에 녹아서 뼈에 양약이 되게 하옵소서. 그 말씀에 순종하며 우리가 새사람으로 변화되게 하시고 말씀전파에 힘쓰며 어릴 때부터 주님이 원하시는 삶의 도리가 무엇인지 잘 알고 사는 지혜로운 사람이 되게 하옵소서.

하나님! 창세기의 꿈을 가진 요셉처럼 하나님께서 허락하신 꿈을 가지게 하옵소서. 우리에게도 밝고 아름다운 꿈을 허락하시고 그 꿈을 위해 노력하고 인내하게 하옵소서. 그리고 그 꿈이 이루어질 때 하나님께는 영광이 되고, 교회는 부흥하며, 우리 모두에게는 진실된 기쁨이 넘치는 귀한 역사가 일어나게 하옵소서. 다니엘처럼 신앙의 정조를 지키는 굳센 믿음의 인물들이 다 되게 하옵소서. 아무리 어려운 시험이 올지라도 주님을 의지하여 결코 넘어지지 아니하고 바로 서게 하옵소서.

예수님 이름으로 기도드립니다. 아멘.

여전도회 헌신예배

1

온 인류를 구원하시기를 기뻐하시는 하나님!

전도를 통하여 택한 자를 부르시는 하나님께 찬양을 드립니다. 여성도들의 숨은 봉사와 헌신을 귀하게 여기시는 하나님께서 이 시간 여전도회 회원들을 한 자리에 불러 모아 헌신예배를 드리게 하시니 감사합니다.

은혜가 풍성하신 하나님!

하나님께서 저희 여전도회를 사랑하여 주시고 복 주심에 보답코자 주님의 여러 가지 사업을 계획해놓고도 자녀들의 문제와 기타 사정으로 핑계를 삼아 주님의 일을 소홀히 해왔음을 솔직히 고백하오니 저희들의 죄를 용서하여 주옵소서.

구원의 주님!

신랑을 맞으러 나간 열 처녀 중 슬기로운 다섯 처녀처럼 주님을 맞이하는 일에 소홀함이 없게 붙들어 주옵소서. 저희들은 여전도회 회원들인 동시에 각 가정의 주부들입니다. 저희들을 한 아내로서 한 어머니로서 믿음으로 남편을 내조하고, 자녀를 양육하며 가정에 충실하여 그 본분을 다하게 하시며 여전도회 회원과 교회의 봉사자로서 주님의 일에 충성하는 지혜로운 여인들이 되게 하옵소서.

예수님께서 제자들의 발을 씻겨 섬김의 본을 보여주신 것 같이 주님을 본받아 겸손한 자세로 다른 사람을 위하고 섬기며 사랑하게 하옵소서. 한나와 같이 기도의 승리자가 되게 하시고 위기에 처한 가문을 구해낸 나발의 아내 아비가일과 같은 담대한 믿음과 지혜를 주옵소서. 죽으면 죽으리라는 굳센 믿음으로 조국을 구해낸 에스더와 같은 믿음을 우리 여전도회 회원들에게 주옵소서.

사랑의 하나님!

금년도 여전도회에서 계획한 모든 사업들이 차질 없이 실행되기를 원합니다. 저희들을 믿음의 전신갑주로 덧입혀 주셔서 땅 끝까지 이르러 내 증인이 되라고 하신 말씀대로 저희들이 복음을 들고 국내는 물론 온 세계 땅 끝까지 갈 수 있게 하옵소서. 저희들이 사는 곳곳에서 주님을 증거하고 복음을 전파할 때에 그 수고가 헛되지 않고 좋은 결실을 맺도록 은혜 베풀어 주옵소서.

여전도회 헌신예배를 위해 단상에 세우신 귀한 목사님을 기억하여 주옵소서. 목사님에게 능력을 주시고 붙들어 주셔서 능력의 말씀을 전파하게 하옵소서. 목사님의 귀한 말씀을 통하여 그 동안 주님을 위해 충성치 못한 나태한 저희 여전도회 회원들의 심령들이 변화 받아 새로워지고 주님과 교회를 위해 헌신 봉사할 것을 다짐하는 놀라운 역사가 일어나게 하옵소서.

우리와 함께 예배드리는 온 성도들도 은혜를 풍성히 받게 도와주옵소서. 저희 연약한 여전도회 회원들이 드리는 이 헌신예배를 기쁘게 받아주옵소서. 저희 회원들 중 가정적으로나 신체적으로, 기타 말 못할 어려운 여건 하에 처해 있으면서도 열심히 헌신하는 회원들이 위로 받는 시간이 되게 하옵소서.

거룩하신 우리 주 예수 그리스도의 이름으로 기도드립니다. 아멘.

2

살아계신 하나님!

영광과 찬송을 올립니다. 저희를 사랑하시고 거룩한 주일을 구별하여 복되게 하시며 이 시간 여전도회연합회 헌신예배로 찬양예배를 드리게 하심을 감사드립니다.

영화로우신 하나님! 여전도회연합회 임원과 회원으로서 주님의 교회를 온전히 섬기지 못하고 충성하지 못했던 저희의 게으름을 용서해 주옵소서. 맡은 바 책임을 다 할 수 있도록 성령의 능력으로 채워 주옵소서. 성령 충만하여 감사하는 마음으로 사명을 감당하게 하시고 힘들고 어려운 이웃에게 복음을 전하며 사랑을 베푸는 여전도회연합회 회원들이 되게 하옵소서.

은혜로우신 하나님! 우리교회 모든 성도들이 성령 충만을 받게 하옵소서. 신령과 진정으로 예배드리며 말씀을 공부하고 전도하며 기도하게 하옵소서. 모든 성도들이 하나님께 감사하며 하나님의 것을 구별하여 온전한 십일조를 드리는 삶을 살게 하시고 어느 곳에 있든지 형통하게 하옵소서.

여전도회연합회 임원들과 모든 회원들의 가정과 사업을 지켜주시고 큰 복을 받게 하시며 건강의 복을 허락하옵소서. 주님께서 주신 은혜로 여전도회연합회가 더욱 부흥케 하시고 화평케 하옵소서.

긍휼에 풍성하신 하나님! 이 나라와 이 민족을 사랑하셔서 하나님을 경외하고 역사를 두려워하며 국민의 탄식소리에 귀를 기울일 줄 아는 지도자를 세워주옵소서. 이 나라 위정자들에게 지혜의 마음을 주셔서 바른 정치를 하게 하시고 모든 국민들이 짜증나지 않고 기쁜 마음으로 살 수 있는 나라가 되게 하옵소서. 싸움판의 정치가 아닌 상생의 정치가 되게 하옵소서.

분단의 아픔을 가지고 살고 있는 우리 민족에게 긍휼을 베푸시고 평화적인 남북통일을 이루게 하여 주옵소서. 고통과 굶주림 속에 있는 북한 동족들을 구원하여 주옵소서. 무너진 성전을 회복하게 하시고 삼천리 방방곡곡에 성령의 불길이 활화산처럼 타오르게 하옵소서.

이 시간 강단에서 말씀을 선포하시는 목사님에게 성령의 충만함과 말씀의 능력을 주시옵소서. 모든 성도들에게 유익하고 생명수와 같은 말씀을 선포하게 하옵소서. 하나님께 정성을 다해 드리는 아가페 성가대의 찬양을 기쁘게 받으시고 그들의 삶을 복되게 하시며 늘 감사와 찬송이 넘치는 삶이 되게 하옵소서. 여전도회연합회 헌신예배를 받아주시옵소서.

감사드리며 예수 그리스도 이름으로 기도 드립니다. 아멘!

남선교회 헌신예배

역사를 주관하시는 하나님!

하나님의 놀라운 사랑과 은총에 감사와 찬송을 드립니다. 죽을 수밖에 없는 죄인들을 불러 하나님의 귀한 백성으로 삼아주시고 죄 가운데 방황하는 저희들을 구름기둥과 불기둥으로 인도하여 주신 극진한 사랑에 깊은 감사를 드립니다.

오늘은 남선교회 회원들이 모여 마음과 뜻과 정성을 모아 사명을 다짐하는 헌신예배를 드립니다. 남선교회 회원들이 복음의 기수로서 청지기의 사명을 다하고 사랑이 메마른 이 땅위에 사랑을 실천하고자 하는 뜨거운 심정을 안고 모였습니다. 하나님께서 역사하여 주시고 성령님께서 저희들의 마음을 인도하여 주옵소서. 저희들의 헌신예배가 하나님께는 큰 영광을 돌리며 저희들에게는 한없는 은혜의 시간이 되게 하옵소서.

하나님 아버지!

하나님의 의로운 오른손으로 우리를 돌보시어 죄악이 만연한 세상 가운데서 신앙의 힘으로 승리할 수 있도록 도와주시옵소서. 이 시간 헌신예배를 드리는 귀한 복음의 역군들에게 성령의 능력과 지혜와 명철을 허락하여 주옵소서. 주님의 몸 된 교회를 위하여 무슨 일을 하든지 하나님의 영광을 위하여 일하는 귀한 존재가 될 수 있도록 인도하옵소서.

오늘도 말씀 속에서 심령의 갈증을 풀 수 있도록 흡족한 은혜의 단비를 내려 주옵소서. 이 은혜를 간직하고 증인으로서 사명을 다하는 모든 회원들이 되게 하옵소서. 이 민족을 향하신 하나님 아버지의 귀하신 뜻이 온전히 이루어지길 원합니다. 저희 남선교회 회원들이 이 땅의 복음화와 통일을 위해서 나라와 교회를 위해서 썩어지는 밀알이 되게 하옵소서. 우리가 믿는 것은 오직 하나님 아버지 한 분 뿐이오니 꿋꿋이 전진하는 신앙인으로 승리하게 하옵소서.

예수님 이름으로 기도드립니다. 아멘.

봉헌기도

1

온 세상을 아름답게 창조하신 하나님!

오늘도 귀한 말씀을 먹이시어 우리 영혼의 소원을 만족케 하시고 윤택케 하시오니 감사드립니다. 생명의 말씀을 혼자만 받아먹을 것이 아니라 이웃들에게도 나눌 줄 아는 마음을 주옵소서. 한 주간의 삶을 통해 구원받은 자의 기쁨을 누리게 하신 하나님 아버지께 구별하여 준비한 예물을 봉헌합니다. 작은 것을 작다 아니하시고 큰 것을 크다 아니하시는 하나님께서는 우리의 중심을 보시는 줄 믿습니다.

구원받은 은총에 감사하여 정성과 신앙의 헌신을 결단하며 드리오니 하늘 문을 여시고 받아 주옵소서. 우리에게 허락하신 모든 것이 주님 것이오나 그 중에 작은 것을 바칩니다. 십의 구까지라도 주님의 사업을 위하여 바칠 수 있는 믿음을 주옵소서. 모여진 예물들이 주의 사업을 위해 쓰이는 곳곳마다 주의 영광이 나타나길 원하옵니다.

주님께 바치는 손길들을 기억하시어 그 손길과 그 가정들이 생명력 있는 성도가 되게 하옵소서. 물질에 대한 청지기 사명을 잘 감당케 하시어 복된 삶이 되게 하옵소서. 물질만이 아니라 우리의 마음과 몸을 함께 얹어 봉헌합니다. 받아주시옵소서.

예수 그리스도 이름으로 기도합니다. 아멘.

은혜로우신 하나님!

주님의 복된 성일을 허락하셔서 저희들로 하여금 말씀으로 은혜 받는 귀한 시간을 갖게 하시니 감사와 찬양을 드리나이다. 또한 저희들에게 적당한 물질을 주셔서 부족함 없게 살게 하시니 감사합니다.

이 시간 주님의 사랑과 은혜가 너무 고마워서 이 예물을 드리오니 받아 주옵소서. 이 예물에는 저희들의 피와 땀과 눈물이 담겨 있사오니 기쁘게 받으시고 복 내려 주옵소서.

이 시간 여러 가지 감사의 조건을 가지고 바친 손길들을 주님께서 기억해 주시고 여신도들의 정성어린 성미를 받으시고 그들의 쌀독에 영과 육의 양식이 언제나 차고 넘치게 복 주시옵소서. 성가대를 통하여, 교사의 직분을 통하여 봉사하고 충성하는 저들의 정성도 받아 주시고 이름도 없이 빛도 없이 주님을 받드는 모든 손길들을 기억하옵소서.

하나님! 저희들이 세상에 살면서 물질 때문에 고통당하지 않게 하시고 시험에 들지 않게 하옵소서. 늘 주님만 섬기는 귀한 믿음도 허락하옵소서. 저희들의 물질이 그리스도의 영광만을 드러내는데 쓰여지게 하시며 물질이 없어서 고통당하는 저희들의 이웃과 형제들에게 복되게 쓰이는 헌금이 되게 하옵소서.

이 모든 말씀을 복의 근원되시는 우리 주 예수 그리스도 이름으로 기도드립니다. 아멘.

3

만왕의 왕이 되신 하나님 아버지!

아버지의 뜻을 따르기 위해 목숨까지도 아끼지 않고 바치신 순종의 주님을 바라봅니다. 저희를 죄로 말미암아 멀어졌던 하나님 아버지와 화해시키고 이런 죄인들을 구원하시기 위해 십자가에 달리신 주님의 피 공로를 생각할 때마다 감사드립니다.

저희는 주님의 선한 사업에 동참하겠다고 맹세하고서도 세상 일이 바빠서, 시간이 없어서, 물질이 없어서라는 핑계를 대면서 주님의 일을 소홀히 한 적이 얼마나 많았습니까? 그러면서도 뻔뻔스럽게 안 그런 척 하고 예수 잘 믿는 척 꾸며대는 가증스런 이 죄인들을 용서하여 주옵소서.

사랑이 많으신 주님!

이 시간 순서에 따라 저희들이 정성껏 주님 앞에 제물을 드립니다. 그러나 아직도 저희들이 헌금의 정신을 올바로 알지 못하여 주님께 대한 헌신보다는 체면 때문에 제물을 바치고, 기꺼운 마음으로 바치지 않고 아까워하면서 바치고 있지는 않습니까? 과부의 렙돈 두 닢을 수 천금보다도 더 귀하게 여기시는 주님께서는 액수의 많고 적음을 보시지 않으시고 바치는 손길의 정성을 보신다는 것을 저희로 알게 하여 주옵소서. 이 시간 주님 앞에 제물을 드린 손길들을 복주시고 영육에 궁핍함이 없도록 은혜 내려주시며 물질이 없어 바치지 못한 심령들도 낙심치 않고 어려운 때일수록 더욱 더 주님께 매어달리는 믿음을 허락하여 주옵소서.

이 물질이 쓰이는 곳마다 주님의 영광이 나타나는 놀라운 은혜도 허락하옵소서. 특별히 관리하는 회계부원들에게 강건한 믿음을 허락하여 주셔서 물질로 말미암아 시험 당하는 일이 없도록 그 믿음을 붙들어 주시옵소서.

예수님의 이름으로 기도드립니다. 아멘.

4

천지만물의 주재이신 여호와 하나님!

거룩한 성일에 저희들을 주님 전에 불러 모아주시고 저희로 주의 장막에서 즐거운 예배를 드리고 노래하며 주님을 찬송하게 하시며 또한 저희를 주님의 말씀으로 이끌어 주셔서 저희 영혼이 부요해질 수 있는 복과 지혜를 허락해주신 은혜에 감사를 드립니다. 이 예배를 통해서 저희 심령이 평안을 얻고 저희 상한 마음이 위로를 받을 수 있게 하여 주시옵소서.

은혜로우신 하나님 아버지!

이 시간 저희들이 주님 앞에 나올 때에 빈손으로 나오지 않고 주님께서 저희들에게 베풀어 주신 은혜에 감사하여 정성스런 마음으로 물질을 바칩니다. 주께서 저희에게 값없이 쏟아 부어주신 은혜에 비하면 저희의 헌물이 보잘 것 없지만 정성을 다하여 이 헌물을 드리오니 기쁘게 받으시고 저희를 복되게 하옵소서. 각자의 처지나 형편에 따라서 십일조로, 월정헌금으로, 감사헌금으로 예물을 드린 손길에 한없는 복을 내려주시어 영육간에 풍성한 삶을 살 수 있도록 인도하여 주옵소서. 저희들이 드린 이 헌물이 많은 것 가운데 형식적으로 일부를 드리는 식의 헌금이 아니라 자신의 삶을 전체로 드린 과부의 귀중한 헌금이 되게 하옵소서.

이 헌금 속에 저희의 마음과 노력을 묶어 바칠 수 있게 하옵소서. 이 시간 바칠 물질이 없어 주께 예물을 바치지 못한 성도들을 주께서 친히 찾아가셔서 그 마음을 위로하여 주옵소서. 사르밧 과부의 기름병과 밀가루 부대에서 기름과 가루가 마를 날이 없도록 복을 주신 것처럼 그들에게도 물질의 복을 허락하시고 받은 바 은혜에 감격하여 주께 물질로 헌신하는 기쁨을 누리게 하옵소서.

하나님!

저희 심령을 산 제물로 받아주시고 주의 영이 예배 가운데 임재하옵소서.

아직도 주님을 영접하지 못한 심령들의 영안이 밝아져서 주님을 알아보고 기쁨으로 영접하는 은혜의 한 시간 되게 하여 주시고 실패와 고통으로 상한 심령들은 생수를 마시는 복된 시간이 되게 하옵소서.

예수 그리스도의 이름으로 기도하옵나이다. 아멘.

구역예배

저희들의 생명이시며 소망이 되시는 하나님!

전능하신 주님께 영광을 돌리옵니다. 교회의 지체된 저희들이 이 시간 구역예배로 주님께 영광 돌릴 수 있게 복을 주시니 감사하옵니다.

하나님!

주님께서는 저희들을 택하여 주시고 오늘날까지 보호하시고 지켜주셨지만 저희들은 주님의 뜻을 깨닫지 못하고 죄악 가운데 살았습니다. 주님께서 저희들을 불쌍히 여기셔서 죄 가운데서 구원해 주시고 하나님께 충성된 삶을 살도록 도와 주옵소서. 저희들은 넘어지기 쉽고 주님의 뜻을 저버리고 살기 쉬우니 붙잡아 주옵소서.

사랑의 주님!

저희 구역 식구들을 위하여 기도합니다. 저희 구역이 더욱 하나님께 인정받는 구역이 되게 하시고 사랑과 평화가 끊임없이 솟아나게 하시옵소서. 그리하여 모든 구역 식구들의 마음을 한 마음으로 묶어 주옵소서. 저희 구역의 가정들을 하나님께서 돌보아 주옵소서. 여러 가지 문제를 걱정하며 기도하는 그들의 기도가 다 이루어지게 하옵소서. 여러 가지 처지와 환경에 따라 출타해 있는 식구들이 어느 곳에 있든지 굳건한 믿음으로 살게 하셔서 기쁨의 소식이 늘 끊어지지 않게 도와 주옵소서. 구역을 위하여 수고하시는 구역장에게 더 큰 복을 주셔서 구역을 돌보는 데 부족함 없게 하시고 건강을 지켜 주옵소서.

하나님!

저희 교회에 속한 모든 구역을 주께서 감찰하시고 지켜주셔서 모든 구역들이 주님께 영광 돌리며 몸 된 교회를 섬기는데 부족함이 없게 하옵소서. 한 구역도 실족하지 않게 하시고 모든 구역장들에게 능력을 더해 주시옵소서. 이 시간 말씀을 전하시는 구역장에게 능력을 주셔서 준비하신 말씀을 잘 전하게 하시고 저희에게는 주의 말씀을 사모하는 열정을 주옵소서.

예수님의 이름으로 기도합니다. 아멘.

성가대를 위한 기도

찬양과 영광을 받으시기에 합당하신 하나님!

저희 인생의 제일 된 목적으로 하나님을 영화롭게 하시는 일을 맡겨 주심에 따라 저희로 하여금 날마다 하나님을 찬양할 수 있게 하심을 감사드립니다.

특별히 우리 교회에 성가대원들을 뽑아 주서서 특별한 소질과 노력으로 하나님의 성호를 찬양하여 하나님께 영광을 돌리고 또한 듣는 모든 성도들의 영혼을 일깨우게 하시니 감사를 드립니다.

은혜의 주님!

우리 교회에 조직되어 있는 성가대를 기억하시고 이들에게 더욱 충성할 수 있는 믿음과 열심과 재능을 더하여 주옵소서. 또한 성가대를 지도하는 성가대장님과 지휘자와 반주자에게 주님의 특별한 은사와 지혜와 충성심과 건강을 주서서 인간적인 재주와 능력으로 지도할 것이 아니라 하나님의 말씀과 믿음의 감화로 지도해나갈 수 있게 하옵소서.

모든 성가대원들에게도 함께 하서서 이들이 드리는 모든 찬양이 하나님께 상달되며 그들의 심령이 하나님께 상달될 수 있게 하옵소서. 이들이 입술로만 하나님을 찬양하지 않고 온 몸과 온 영혼으로 하나님께 헌신케 하옵소서.

예수님 이름으로 기도드립니다. 아멘.

장로장립식

선한 목자이신 하나님!

하나님께 영광과 찬양을 드립니다.

주님! 감사합니다. 주님의 몸 된 교회를 사랑하셔서 양의 무리를 치며 성도들을 섬기실 장로들을 이 시간 기름 부어 세우게 해주심을 감사합니다.

온 성도들이 사랑하고 존경하는 여러분을 뽑아서 세웠으니 주님의 귀한 종들에게 은혜를 풍성히 허락하여 주옵소서. 성령이 충만한 장로들이 되게 하옵소서. 사랑이 넘치는 장로로 세워 주시옵소서. 능력 있고 덕이 있는 장로로 복을 주옵소서. 모든 양 무리의 본이 되시는 장로가 되게 하옵소서.

하나님!

교회가 장로들을 기름 부어 세워서 우리교회가 더욱 생동하며 전진하고 빛을 발하게 하옵소서. 그들의 가정에 복을 주옵소서. 교회의 귀한 직분을 맡았으니 이 영광된 이름에 합당하게 살아 모든 성도들에게 힘이 되게 하시며 봉사의 선봉이 되게 하여 주옵소서.

불길 같은 성령이여!

이 시간 안수 받으시는 귀한 종들에게 임하시고 그 심령을 뜨겁게 하옵소서. 뜨겁게 주님을 사랑하고 몸 된 교회를 위해 최선을 다해 봉사하고 시들지 아니하는 영광의 면류관을 받을 수 있는 충성된 종들이 되게 하옵소서. 예수 그리스도의 이름으로 기도합니다. 아멘.

집사 안수식

교회의 머리되신 하나님!

영광과 감사와 존귀를 주님께 돌립니다. 오늘 이처럼 귀한 하나님의 종들을 주님의 몸 된 교회의 집사로 안수하여 세우게 해주신 은총을 생각하며 감격하며 감사를 드립니다.

사랑하는 하나님!

이 시간 집사로 기름 부어 세움 받는 여러 종들에게 복을 주옵소서. 초대 교회의 일곱 집사들같이 성령 충만한 집사들이 되게 하시고 세상 사람들에게도 존경을 받는 종들이 되게 하옵소서. 저희 집사들에게 믿음 주신 것을 감사드립니다. 믿음 위에 믿음을 더하여 주시고 은혜 위에 풍성한 은혜 베풀어 주시고 건강을 더해 주셔서 주님의 교회를 봉사하시는데 조금도 부족함이 없도록 인도해 주옵소서. 하시는 생업에도 형통케 하시며 가정과 식구에게도 은혜를 내려주셔서 한 마음으로 협력하며 귀한 사명을 잘 감당하게 하옵소서.

저희 교회가 오늘 이 귀한 종들을 세움으로 전보다 더 많은 복을 받게 하시고 부흥하게 하시며 큰 영광을 하나님께 돌리게 하옵소서.

예수 그리스도의 이름으로 감사하며 기도드립니다. 아멘.

권사 임직식

저희를 사랑하는 우리들의 아버지!

오늘 많은 여성도들을 그동안도 제자 삼아 길러주시고 권사로 임직할 수 있게 하시니 감사드립니다. 부족한 것을 보지 아니하시고 주님의 은혜로 귀한 사역을 허락하셨음을 감사드립니다. 성령의 기름 부으심이 있게 하시고 모든 것을 주님의 신으로 능하게 하옵소서.

사랑하는 주님!

원하기에는 이들이 명예에 머물지 않게 하시고 자리만 차지하지 않게 하시고 풍성한 은사를 더 하셔서 주의 이름으로 병자와 환난 당한 자와 믿음이 연약한 자를 심방하여 위로하고 권고하며 기도하게 하시고 항상 낮은 마음으로 낮은 곳을 주시고 사랑의 수고를 다하게 하옵소서.

일생동안 오늘 기도하고 서약하고 다짐한 것을 잊지 않게 하여 주시기를 원합니다. 건강과 지혜를 주셔서 맡겨주신 이 사명을 잘 감당하게 하시고 이 땅에 머무는 동안 평강과 형통이 넘치게 하옵소서. 주님 다시 오시는 그날까지 주님을 자랑스럽게 만나는 그 아름다운 광경을 맞이하게 하옵소서.

예수님 이름으로 기도합니다. 아멘.

제직임명식

살아계신 하나님!

사랑의 하나님 아버지께 영광과 찬양을 드립니다. 하나님의 은혜와 사랑은 만개의 입이 있다고 해도 감사와 찬송을 드리기에 부족합니다. 하나님께서 우리 교회를 사랑하셔서 오늘의 성장과 부흥을 가져오게 하심을 감사드립니다. 주님의 몸 된 교회에 많은 일꾼이 필요하여 오늘 여러 종들을 임명하여 세우게 하시니 감사합니다.

주님의 교회에 귀한 직분을 맡으시는 주의 종들에게 복을 주시옵소서. 성령으로 충만하여 능력 있는 종들이 되게 하시고 하나님 앞에서나 사람 앞에 칭찬 받는 충성된 종들이 되게 하옵소서. 주님을 사랑하는 마음으로 이 직분을 감당하게 하시고 이 귀한 직분이 종들에게 조금이라도 부담스러운 것이 되지 않게 하시고 무슨 직분을 맡았던지 감사와 감격 속에서 감당하게 하옵소서. 모든 성도에게 본이 되게 하시며 직분을 잘 감당하여 본인에게 복되게 하실 뿐 아니라 가정에까지 큰 복이 되게 하옵소서.

마지막 날 하나님 앞에 설 때 "착하고 충성된 종아 네가 작은 일에 충성하였으니 내가 네게 큰 것으로 맡기리니 주인의 즐거움에 참예할찌어다" 하는 칭찬을 꼭 받을 수 있게 하옵소서. 오늘 세우심을 받는 일꾼들로 인해서 우리 교회가 더 사랑스러워지고 은혜가 충만하고 크게 부흥해서 교회의 사명을 잘 감당하게 하옵소서.

예수 그리스도의 이름으로 기도드립니다. 아멘.

추도예배

인간의 생사를 주관하시는 하나님!

슬픔과 절망의 어두운 그늘 속에서도 우리가 예수 그리스도의 은혜와 성령의 인도하심으로 믿음과 희망을 가지고 살게 하심을 감사드립니다.

오늘은 하나님께서 일찍이 고 (   ) 성도님 (어른, 선생님)을 하나님 나라로 불러 가신 날이어서 유족들과 고인과 관계된 이들이 함께 모여 예배를 드립니다.

언제나 용서하시는 하나님!

우리가 고인을 통한 큰 뜻을 헤아릴 수 없어 그 뜻을 펴지 못한 우리의 부족함을 고백합니다. 우리 각자가 그리스도 안에서 고인에게 다하지 못한 모든 정을 생각하며 우리의 부족을 고백하오니 용서하여 주옵소서.

자비로우신 하나님!

여기 모인 우리 모두에게 하늘의 영원한 복을 허락하옵소서. 그리하여 우리로 하여금 우리 주 예수 그리스도 안에서 성령의 인도하심을 받아 고인의 삶을 기억하며 하나님의 뜻을 이 땅위에 널리 펴는 새로운 은혜를 베풀어 주옵소서.

예수님의 이름으로 기도드립니다. 아멘.

개업예배

우리의 영원한 생명이 되시며 소망이 되신 하나님!

하나님의 은혜와 사랑을 감사합니다. 복의 근원되시는 주님의 은혜로 사랑하는 주님의 형제에게 이렇게 새로운 사업을 열게 하심을 감사드립니다.

주께서 복을 주시지 않으시면 일찍 일어나고 늦게 누우며 수고의 떡을 먹어도 헛되다고 하셨습니다. 나 여호와를 경외하며 그 도에 거할 때 손이 수고한대로 먹을 것이라고 약속하신 그 언약을 이루어 주옵소서.

이 땅 위에 크고 작은 모든 일을 주관하시는 주님!

이 사업을 보호하여 주옵소서. 마음의 경영은 사람에게 있어도 말의 응답은 여호와께로서 난다고 하셨습니다. 잠깐 보이다가 없어지는 안개와 같은 인간의 계획에 맡기지 마옵시고 주님의 뜻대로 이 사업이 운영되게 하옵소서. 같이 수고하는 모든 종업원들에게도 은혜를 베푸시고 마음이 하나되어 각자 맡은 일에 성실하게 하시고 많은 고객들로 하여금 신실한 믿음이 이루어지게 하옵소서. 사랑하는 주의 형제님의 이 사업을 통해 주님의 영광이 드러나게 하시고 더욱 더 건강을 지켜 주옵소서. 너희는 먼저 그의 나라와 그의 의를 구하라 그리하면 이 모든 것을 너희에게 더하시리라고 하신 것처럼 주님이 주시는 것으로 이 땅위에 주님의 나라가 건설되고 영광스러운 사업을 위해 봉사케 하옵소서.

사랑이 많으신 예수님 이름으로 기도드립니다. 아멘.

회사 기도모임

전능하신 하나님!

오늘 주님이 사랑하는 믿음의 형제들이 주님 앞에 한데 모여 가정의 건강과 회사의 발전 등 여러 가지 기도제목을 가지고 기도회를 갖게 하심을 감사드립니다.

그동안 육신을 통해 세상을 살면서 주님을 멀리하고 세상의 뜻과 내 의지대로 살아왔던 모든 저희의 모습을 회개하고 고백하오니 용서하여 주시옵소서.

우리 믿음의 형제들이 오늘 이 시간 주님 앞에 기도와 간구로 주님께 구한 모든 기도 제목들을 들어 응답하여 주시옵소서. 우리 회사 사장님을 비롯한 모든 형제들이 주안에서 함께 하며 모든 일들이 주님 뜻대로 이루어지게 하옵소서. 하늘의 신령한 복과 땅의 기름진 복으로 채워주시고 건강을 지켜 주시옵소서. 아직까지 믿지 않는 우리 회사 모든 직원들을 주님의 귀한 자녀 삼아 주시고 악한 자의 해를 받지 않도록 늘 보호하여 주시옵소서. 특별히 우리 사랑하는 형제의 귀한 딸이 병으로 고통받으며 치료 중에 있습니다. 치료하는 의사선생님과 간호사선생님과 보호하는 모든 손길 위에 주님의 능력을 더하여 주시고 보혈의 피 묻은 손으로 안수하시고 깨끗이 치료하여 주시옵소서.

이 기도회를 통해 주님을 새롭게 영접하는 형제 및 그 가정에 주님의 한없는 복을 더하여 주시고 주님을 섬기는데 더욱 더 헌신할 수 있도록 능력을 허락하여 주시옵소서. 또한 사랑하는 자매님의 친정 부모님께서도 질병으로 고통 받으며 치료 중에 있습니다. 치료하는 모든 손길 위에도 주님의 능력을 더하여 주시고 깨끗이 치료하여 주시옵소서. 혈루병을 앓던 여인네가 주님께 간절히 구하고 주님을 믿고 따르는 믿음으로 치료되었던 역사와 같이 우리의 믿음도 더하여 주시옵소서. 두려워 말라 내가 너와 함께 함이니라 놀라지 말라 나는 네 하나님이 됨이라 내가 너를 굳세게 하리라 참으로 너를 도와주리라 참으로 나의 의로운 오른 손으로 너를 붙들리라는 주님의 말씀을 따라 더욱 더 담대히 나설 수 있는 믿음을 주시옵소서.

아브라함의 절대믿음, 절대순종, 절대헌신, 절대감사하는 신앙생활의 모습이 우리에게도 항상 존재하기를 간절히 원합니다. 오늘 기도회에 참석한 우리 믿음의 형제들이 잠깐 보이다가 없어지는 안개와 같은 인간의 계획에 의지하지 않고 주님께 기도와 간구로서 모든 것을 구하게 하시고 날마다 때마다 주안에서 승리케 하여 주시옵소서. 너희는 먼저 그의 나라와 그의 의를 구하라 그리하면 이 모든 것을 너희에게 더하시리라는 주님의 말씀을 상고하며 오늘 남은 시간도 주님이 함께 하셔서 승리하는 시간되게 하시옵소서.

예수님의 이름으로 기도드리옵나이다. 아멘.